인문학
논술

인문학 논술

발행일   2016년 11월 15일

지은이   이도희, 김장환, 안효숙, 이서영, 정재원, 최운, 한경숙, 황선영
펴낸이   손 형 국
펴낸곳   (주)북랩
편집인   선일영   편집   이종무, 권유선, 안은찬, 김송이
디자인   이현수, 이정아, 김민하, 한수희   제작   박기성, 황동현, 구성우
마케팅   김회란, 박진관
출판등록 2004. 12. 1(제2012-000051호)
주소   서울시 금천구 가산디지털 1로 168, 우림라이온스밸리 B동 B113, 114호
홈페이지 www.book.co.kr
전화번호 (02)2026-5777   팩스   (02)2026-5747

ISBN   979-11-5987-280-8 73370(종이책)   979-11-5987-281-5 75370(전자책)

잘못된 책은 구입한 곳에서 교환해드립니다.
이 책은 저작권법에 따라 보호받는 저작물이므로 무단 전재와 복제를 금합니다.

이 도서의 국립중앙도서관 출판예정도서목록(CIP)은 서지정보유통지원시스템 홈페이지(http://seoji.nl.go.kr)와
국가자료공동목록시스템(http://www.nl.go.kr/kolisnet)에서 이용하실 수 있습니다.
(CIP제어번호 : CIP2016027602)

(주)북랩 성공출판의 파트너

북랩 홈페이지와 패밀리 사이트에서 다양한 출판 솔루션을 만나 보세요!

홈페이지 book.co.kr   1인출판 플랫폼 해피소드 happisode.com
블로그 blog.naver.com/essaybook   원고모집 book@book.co.kr

논술 실력을 부쩍 키워주는 최고의 실전 전략

인문학 논술

이도희, 김장환, 안효숙, 이서영
정재원, 최 운, 한경숙, 황선영 지음

북랩 book Lab

이야기로 키우다

책은 마음을 물들입니다.
책 속의 이야기는
호들갑스럽지 않게
친구가, 길잡이가, 우리들의 꿈이 되어 주기도 합니다.

인문학적인 상상력과 창의성, 바른 인성을 갖춘
창의 융합형 인재를 키우기 위하여
교단에서 많은 선생님들이 부단히 새로운 시도를 하고 있습니다.
배움을 즐기는 학생
그를 통하여 꿈과 끼를 키우는 학생
지성과 감성, 인성을 고루 갖춘 학생
그들이 우리의 미래이고 희망입니다.

해야 할 것만 많은 이 시대에
하고 싶은 것을 찾아가는, 행복한 배움의 여정에
수석교사라는 이름으로 길잡이가 되어 주고자 합니다.

'책'을 재료로 하여

생각하고, 느끼고, 표현하고, 공유하며 그들의 꿈에 가까이 갈 수 있도록

대한민국 수석교사 8인의 논술학습법 시리즈 그 세 번째인 『인문학 논술』을 선보입니다.

학교 현장에서, 가정에서 우리 아이들의 창의적인 생각을 키우고 표현하는 데 이 책이 도움이 될 수 있기를 희망합니다.

2016년 가을
대한민국 초중등 수석교사 8인

인문학 논술 차례

- 들어가는 글_ 4
- 이렇게 활용해 보세요_ 8

I. 초등
인문학 논술

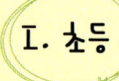

- 돼지책_ 22
- 도망쳐, 아자드!_ 34
- 난 네가 부러워_ 46
- 요 사고뭉치들 내가 돌아왔다_ 58
- 아낌없이 주는 나무_ 68
- 꽃들에게 희망을_ 90
- 몽실언니_ 106
- 어린 왕자_ 125
- 오후 3시 베이커리_ 142
- 따로 또 같이_ 158
- 원숭이 꽃신_ 170
- 마당을 나온 암탉_ 183
- 까매서 안 더워?_ 210
- 어린이를 위한 심리학 여행_ 236
- 정서 심리학_ 263

Ⅱ. 중등
인문학 논술

- 인생을 바꾸는 자기 혁명 몰입_ 292
- 성공한 리더는 독서가다_ 296
- 불타는 투혼_ 300
- 흔적_ 304
- 예술과 상상력_ 308
- 한복 입은 남자_ 311
- 선시 깨달음을 읽는다_ 315
- 비유는 나의 힘_ 319
- 몽유도원_ 323
- 워털루 전투_ 326
- 다빈치가 그린 생각의 연금술_ 329
- 남자의 물건_ 332

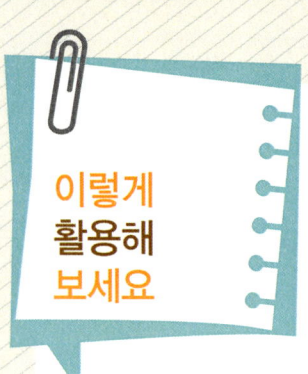

『인문학 논술』은 교사, 학생, 학부모 모두가 활용할 수 있는 도서로 활용방법은 다음과 같습니다.

💡 들어가기 - 도서 선정 이유
- 도서 선정 의도 및 배경
- 선정 도서와 관련한 교육과정 내용, 발달 단계를 고려한 수업자의 의도

💡 내용 엿보기 - 책의 내용 알기
- 선정한 도서의 줄거리를 간략하게 구성
- 책을 미리 읽지 않은 학생들이 활용할 수 있음
- 독서 전 활동이나 독서 후 정리 활동에 활용할 수도 있음

💡 제시문 읽기 - 수업활동 안내
- 온 책 읽기(슬로우 리딩) 형식으로 도서당 약 10차시 내외로 구성
- 책의 내용과 관련하여 다양한 방법의 차시별 활동 내용 안내
- 본 차시별 주제와 관련하여 다양한 기법의 활동 안내
- 하브루타, 질문 만들기, 다양한 토의·토론활동 수업 사례 제시
- 수업 활동 중 제시된 토의·토론 기법

하브루타 수업

① 질문 중심 하브루타 수업

> 질문 만들기 → 짝 토론 → 모둠 토론 → 발표 → 쉬우르(교사: 학생 전체)

② 논쟁 중심 하브루타 수업

> 논제 조사하기 → 짝 논쟁 → 모둠 논쟁 → 발표 → 쉬우르(교사: 학생 전체)

③ 비교 중심 하브루타 수업

> 비교 대상 정하기 → 짝 토론 → 모둠 토론 → 발표 → 쉬우르(교사: 학생 전체)

④ 친구 가르치기 하브루타 수업

> 내용 공부하기 → 친구 가르치기 → 배우면서 질문하기 → 입장 바꾸기 → 이해 못한 내용 교사에게 질문하기 → 쉬우르

⑤ 문제 만들기 하브루타 수업

> 문제 들기 → 짝과 문제 다듬기 → 모둠과 문제 다듬기 → 문제 발표 → 쉬우르

토의·토론 활동 - 피라미드 기법

순	내용
1	과제에 대한 의견 1인당 3개 적기(상황에 따라 1~5개도 가능)
2	두 사람이 토의·토론으로 3개의 의견을 모은다. - 두 사람이 짝을 지어 각각 3개씩 적어 놓은 총 6개의 포스트잇을 책상에 붙여 놓고, 토의·토론을 통해 3개로 줄인다. 이때 대안들은 수정할 수도 있고, 지우고 새로 적을 수도 있다. 즉, 중복되는 것은 빼고, 포함관계인 것은 더 넓은 개념으로 대체하는 등 최종적으로 3개 안을 합의한다.
3	네 사람, 여덟 사람, 이런 식으로 5개의 의견을 모은다. - 두 사람이 3개 안을 합의하였듯이 4, 8, 16명으로 학생 수가 늘어나도 토의·토론을 통해 대안은 계속 3개를 유지한다.
4	학급 전체의 최종 의견 3개를 발표한다. - 최종적으로 3개 안이 모이면, 이것은 결국 학급 전체의 의견이 된 셈이다.
5	교사가 이 5개의 의견을 최종적으로 발표한다.

토의·토론 활동 - 브레인라이팅 기법

순	내용
1	4~6명의 소집단을 구성하고 B4용지와 포스트잇을 나누어 준다. - B4용지는 한 모둠에 한 장만 나누어 주고 포스트잇은 1인당 5매 정도가 좋다.
2	교사가 토의·토론 주제를 제시한다. - 교사가 토의·토론 주제를 설명해 주되, 모든 학생이 동일하게 이해하도록 하여, 주제에 대한 서로의 이해가 달라 토의·토론이 겉도는 것을 방지한다.
3	학생은 먼저 개인적인 의견을 포스트잇에 적는다. - 만약 5개를 나누어 주었으면 개인이 5개의 의견을 적게 한다. 예를 들어 4명이 한 모둠이라면 20개의 의견이 나오는 것이다.
4	학생이 적은 포스트잇들을 B4용지에 임의로 붙여 놓고 같은 종류로 분류한다. - 임의로 붙인 포스트잇들을 토의·토론을 통해 4~5개의 하위 주제로 분류하게 한다. 가능하면 중복되거나 빠지지 않고 전체를 아우르는 하위 주제가 되도록 한다.
5	분류된 포스트잇을 대표할 만한 상위 제목을 적어서 위에 붙인다. - 분류된 내용들의 상단에 대표할 만한 하위 주제를 적는다. 이때 다른 색깔을 포스트잇을 활용하여도 좋다.
6	소집단 별로 발표한다. - 과제가 완성되면 모둠별로 임의의 모둠원이 발표할 기회를 가진다.

- **신호등 토론 기법**

    - 신호등의 색깔로 찬성(초록), 반대(빨강), 중립(노랑)의 의사 표현하기
    - 논제 선정 시 활용할 수 있음
    - 한눈에 알아볼 수 있는 장점이 있음

- **다중투표 기법**

    - 모둠원들의 다양한 생각을 투표로 결정(스티커로 포스트잇에 붙이기)

- **짝 토론**

순	발언자	내용	방식	시간
1	찬성 측 토론자	찬성편의 주장과 근거 제시	입안(주장 펼치기)	1분
2	반대 측 토론자	찬성편의 주장과 근거에 대한 반론 및 질문	반론(교차 질의)	2분
3	반대 측 토론자	반대편의 주장과 근거 제시	입안(주장 펼치기)	1분
4	찬성 측 토론자	반대편의 주장과 근거에 대한 반론 및 질문	반론(교차 질의)	2분

- **회전목마 토론**

    1. 두 개의 원을 만든다.
    2. 찬성 원은 안쪽, 반대 원은 밖에서 서로 마주 본다.(찬성과 반대 원을 바꾸어도 무방)
    3. 바깥쪽 원의 학생들이 질문하고 안쪽 원의 학생들은 자기 생각을 말한다.
    4. 바깥쪽 원의 학생은 안쪽 원 학생들의 생각을 메모한다.
    5. 바깥쪽 원의 학생은 이동한다.(2칸 옆으로)
    6. 시간을 통제하고, 회전목마처럼 옆으로 여러 번 이동하여 토론한다.

2:2 토론

순	발언자	내용	방식	시간
1	찬성 측 첫 번째 토론자	찬성편의 주장과 근거 제시	입안 (주장 펼치기)	1분
2	반대 측 첫 번째 토론자	반대편의 주장과 근거 제시	입안 (주장 펼치기)	1분
3	반대 측 두 번째 토론자 → 찬성 측	찬성편의 주장과 근거에 대한 반론 및 질문	반론 (교차 질의)	2분
4	찬성 측 두 번째 토론자 → 반대 측	반대편의 주장과 근거에 대한 반론 및 질문	반론 (교차 질의)	2분
5	반대 측 첫 번째 토론자	반대편의 주장 정리 및 강조	주장 다지기	1분
6	찬성 측 첫 번째 토론자	찬성편의 주장 정리 및 강조	주장 다지기	1분

학급 전체 토론

학급 구성원을 찬성과 반대로 나누어 대표들이 토론자가 되어 찬반 대립토론을 한다.

풍차 돌리기(일명 바람개비 돌리기)

모둠원이 완성한 학습 결과물을 1 → 2 → 3 → 4 → 5 → 6 순서로 돌려 보면서 서로의 정보를 공유하며 자기 생각 만들기 완성해 가는 학습 형태

모둠 투어(일명 둘 남고 둘 가기)

4인 1조의 모둠원이 완성한 학습 결과물에 대해 2명은 남아서 자기 모둠 학습에 대해 설명해 주고 2명은 다른 모둠으로 투어를 가서 서로의 학습 결과물을 공유하는 수업 형태

- 모둠 문장 완성하기

모둠원들의 생각 붙이기
(　　)이란 ＿＿＿＿＿＿이다. 왜냐하면 ＿＿＿＿＿＿＿＿이기 때문이다.
모인 생각을 배열하여 한 편의 시로 만들기

생각하기 - 토의·토론활동을 위한 질문

- 차시별 활동에 따른 생각거리 제공
- 다양한 질문들 중에 선택하여 토의·토론 활동
- 선정 도서의 전 부분에서 생각해 볼 수 있는 다양한 질문 소개

논제 만들기 - 논술 글쓰기 활동을 위한 토의·토론거리

- 생각하기에서 나온 많은 질문들 중에 선택하기
- 토의·토론과 연계한 글쓰기 논제 제공

📝 답안 쓰기 - 논술 글쓰기

- 주어진 논제에 맞는 논술문 예시 자료 제공
- 학생들이 논제로 정한 주제에 대하여 토론하고, 그 토론활동을 토대로 자유롭게 구조화된 그림을 그리고, 그를 통하여 자신만의 다양하고 창의적인 생각을 글로 쓰는 활동
- 간략하게 논술하기는 4단 논법이나 6단 논법으로 활용

● 4단 논법

주장 - 이유 - 설명이나 근거 - 재주장(정리)

단계	내용	예시
주장	안건에 대해 찬성 또는 반대	아버지를 위해 몸을 팔기로 한 심청의 선택은 옳았다.
이유	찬성한다면 찬성하는 나의 생각이나 의견, 반대한다면 반대하는 나의 생각이나 의견	아버지를 위하여 하나밖에 없는 소중한 목숨을 바쳤기 때문이다.
설명	나의 생각에 대한 이유가 옳음을 설명하는 내용	누구에게나 생명은 소중하다. 아무리 효녀일지라도 자신을 희생하면서까지 다른 사람을 살릴 생각을 하는 것은 쉽지 않다.
재주장(정리)	자신의 주장 다시 한 번 정리	그래서 아버지를 위하여 목숨을 버린 심청의 선택은 옳았다.

6단 논법

단계	내용	예시
안건	주제 안에서 찬반 대결이 가능하도록 제시한 문제	아버지를 위해 몸을 팔기로 한 심청의 선택은 옳았는가?
결론	찬성 또는 반대	심청의 선택은 옳았다.
이유	찬성한다면 찬성하는 나의 생각이나 의견, 반대한다면 반대하는 나의 생각이나 의견	아버지를 위하여 하나밖에 없는 소중한 목숨을 바쳤기 때문이다.
설명	나의 생각이 옳은 이유를 설명하는 내용	누구에게나 생명은 소중하다. 아무리 효녀일지라도 자신을 희생하면서까지 다른 사람을 살릴 생각을 하는 것은 쉽지 않다.
반론 꺾기	이유와 설명에 대한 반론 꺾기	물론 심청이 사라진 뒤 상심할 아버지를 생각하면 누구를 위한 선택이었는지, 그것이 진정한 효도인지에 대해서 부정적으로 생각할 수도 있다.
정리	안건에 대한 예외 사항을 정리하면서 자신의 주장 완성	하지만 가장 위대한 사람은 희생을 전제로 한다. 자신을 아끼고 사랑하는 존재인 인간이 자신이 아닌 다른 누군가를 위하여 하나밖에 없는 목숨을 바친다는 것은 쉽지 않은 일이다. 그러므로 아버지를 위하는 심청의 선택은 옳았다고 생각한다.

토론 학습지 양식의 예 - 제시문 읽기

토론 학습지

일시	20 년 월 일 요일		
팀명		토론자	
논제			
나의 주장			

근거(이유)	예상되는 질문	나의 반론

상대의 주장	

예상되는 근거	생각할 수 있는 문제점

최종 발언	

2:2 토론 학습지

구분		토론 내용
우리 편 토론자		
토론 주제		
주장 펼치기 (4단, 6단 논법)	주장	
	근거 및 설명	
반론하기	상대편 주장 요약	
	상대편 주장에 대한 반론과 질문	
	상대편 주장에 대한 답변 또는 반박	
주장 다지기	우리 편 주장 정리	
	상대편에서 제기한 반론 요약	
	반론 꺾기	
	예외 상황	

원탁 토론 학습지

구분	토론자	의견 (찬성,반대)	내용	평가
1차 발언 (주장)				
2차 발언 (질문, 반론)				
3차 발언 (답변, 반박)				
4차 발언 (정리)				

(매우 잘함: ◎, 잘함: ○, 보통: △)

찬반 토론하기

도서명		( ) 학년 ( ) 반 ( ) 번 이름( )

① 주제 확인	☞
② 입장에 대한 근거	저는 (찬성/반대)팀이라서, 이렇게 생각합니다. 1. 2.
③ 팀별 입장 발표	찬성팀부터 이야기합니다.
④ 작전타임 (질문 목록 만들기)	상대방의 주장을 꺾기 위한 질문을 생각해 봅시다. 1. 2. 3.
⑤ 서로 질문하기	반대팀부터 이야기합니다.
⑥ 모둠 의견 결정하기	☞우리 모둠은 (찬성/반대)입니다. ☞왜냐하면: _____ _____
창의적인 의견을 많이 낸 사람	
적극적으로 토론한 사람	
친구의 발표를 잘 들어준 사람	

- 돼지책

- 도망쳐, 아자드!

- 난 네가 부러워

- 요 사고뭉치들 내가 돌아왔다

- 아낌없이 주는 나무

- 꽃들에게 희망을

- 몽실언니

- 어린 왕자

- 오후 3시 베이커리

- 따로 또 같이

- 원숭이 꽃신

- 마당을 나온 암탉

- 까매서 안 더워?

- 어린이를 위한 심리학 여행

- 정서 심리학

I. 초등

인문학 논술

돼지책

앤서니 브라운 글·그림 / 허은미 옮김 / 웅진 주니어

① 들어가기

    그림 동화책은 어린아이부터 어른들에게까지 인기 있는 책이다. 그림 동화책 속의 그림 안에는 무수히 많은 이야기들이 담겨 있고, 짧은 글과 그림을 같이 읽으며 상상의 나라로 빠져들 수 있다. 어른들도 그림 동화책을 읽다 보면 동심의 세계로 돌아가 순수해지고, 어린이 세계를 깊이 이해하게 된다.

    앤서니 브라운의 그림 동화책 『돼지책』은 우리 가정에서 흔히 볼 수 있는 일상의 이야기를 담아낸 책이다. 가족이 행복하고 화목하려면 가족 모두가 서로 배려하고 협력해야 한다는 따뜻한 가르침을 주는 이야기이다. 엄마의 자리는 무엇인지, 가족이 행복하고 화목하려면 엄마 혼자가 아닌 가족 모두의 협력이 필요함을 일깨워 주는 책이다. 가족 구성원들의 역할분담이 필요함을 알고, 우리 가정에서의 자신의 생활을 성찰해 보는 기회가 되기를 바란다.

행복한 가정을 만들기 위해 내가 실천할 수 있는 일들을 생각해 보며 생활 속에서 실천하고 진정한 가족에 대한 올바른 가치관이 형성될 수 있기를 기대해 본다. 행복한 가정 분위기가 행복한 가족들을 만들 수 있다. 가정이 바로 서고 화목해야 가족 모두가 건전하고 행복한 생활을 할 수 있다. 가족 중 누구 한 명이라도 소외되거나 불행을 느낀다면 그 가정은 온전히 행복한 가정이 될 수 없다.

『돼지책』의 가정처럼 엄마만 혼자 힘들어하고 우울해 하며 소외감을 느낄 때 비록 아빠와 두 아들은 행복하게 느꼈을지 모르지만, 가족 모두가 행복하지 않았기에 온전히 행복한 가정이라고 말할 수 없다. 그래서 우리는 가족끼리 서로 돌아보며 힘들 때 함께 도와주고 아픔을 함께 나누며 위로하고 서로를 보듬어 주어야 한다. 용기를 북돋워 주고 희망을 주며 함께 하고 있다는 것을 느끼게 해 주어야 한다. 또 기쁜 일이 있을 때도 함께 기쁨을 나누며 서로 칭찬과 격려를 해 주며 서로 세워 주는 것이 필요하다.

가정이 무너지면 가족도 파멸된다. 가족 모두가 행복해지기 위해 함께 노력하며 온전한 가정을 만들어야 한다. 가족 모두가 행복한 가정을 만들기 위해 가족 모두는 함께 노력해야 한다.

가정은 신이 우리에게 주신 축복의 선물이고 가족은 끝까지 함께 가야 할 운명 공동체이기 때문이다.

♣ 『돼지책』 내용 엿보기

가장인 아빠는 회사에 다니며 아내 일은 전혀 도와주지 않는다. 학교에 다니는 두 아들 사이먼과 패트릭도 집에 돌아오면 전혀 엄마를 도와주지 않는다. 가정의 모든 일은 엄마가 도맡아야 하는 무거운 짐을 안고 살고 있다.

늘 우울한 모습으로 힘겹게 살아가는 피곳 씨 아내이자 두 아들의 엄마는 드디어 무서운 결심을 한다. 어느 날 피곳 씨 아내는 편지 한 장 '너희들은 돼지야!'라는 편지 한 장만을 남기고 가출을 한다. 아내가 없는 피곳 씨와 무엇이든지 다 해 주기만 했던 사이먼과 패트릭의 엄마가 없는 빈자리는 너무나 컸다.

집은 점점 돼지우리가 되어 가고 피곳 씨와 두 아들은 할 수 없이 집안일을 하며 아내와 엄마라는 소중한 존재를 깨닫게 된다. 아내 없이, 엄마 없이 힘들게 지내던 돼지 가족은 다시 가정으로 돌아온 아내와 엄마를 환영하며 가정의 모든 일을 서로 도와주며 함께 한다.

이젠 돼지 가족이 아닌 진정한 가족으로 돌아오게 된 것이다. 집안일을 함께 하며 다시 행복한 가정으로 돌아온 모습에서 돼지 가족은 다시 평화로운 가족의 모습으로 바뀌게 된다.

함께 한다는 것과 가족 모두가 소중하고 함께 존중하며 서로 도와야 한다는 가르침을 주는 이 책은 진정한 가족의 의미가 무엇인지 생각하게 해 준다. 그리고 마지막 페이지에서 차를 수리하고 있는 피곳 씨 아내의 모습에서 남녀의 할 일이 따로 정해진 것이 아니라는 것도 생각하게 해 준다. 결국 가족 모두가 서로 이해하고 배려하며 협력할 때 행복한 가정이 회복될 수 있다는 내용이다.

❷ 제시문 읽기

하나, 책 표지 보고 이야기하기

- 다양한 질문 만들기(하브루타)
- 내용을 알기 전에 상상해 보기

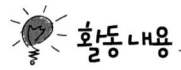 활동 내용

하브루타 수업 방법

① 질문 중심 하브루타 수업

질문 만들기 → 짝 토론 → 모둠 토론 → 발표 → 쉬우르(교사: 학생 전체)

② 논쟁 중심 하브루타 수업

논제 조사하기 → 짝 논쟁 → 모둠 논쟁 → 발표 → 쉬우르(교사: 학생 전체)

③ 비교 중심 하브루타 수업

비교 대상 정하기 → 짝 토론 → 모둠 토론 → 발표 → 쉬우르(교사: 학생 전체)

④ 친구 가르치기 하브루타 수업

내용 공부하기 → 친구 가르치기 → 배우면서 질문하기 → 입장 바꾸기 →
이해 못한 내용 교사에게 질문하기 → 쉬우르

⑤ 문제 만들기 하브루타 수업

문제 만들기 → 짝과 문제 다듬기 → 모둠과 문제 다듬기 → 문제 발표 → 쉬우르

둘, 책 내용으로 이야기하기

아빠는 중요한 회사로, 두 아들 사이먼과 패트릭은 중요한 학교로 휑하니 가 버리고 피곳 씨 아내는 혼자 집안일을 다한 후에 일을 하러 간다. 얼굴은 어둡고 표정도 없는 피곳 씨의 아내는 지치고 힘들어하며 아무에게도 도움을 요청하지 않고 혼자 집안일을 다 한다.

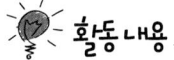 활동내용

(1) 다양한 질문 만들기(하브루타)
- 글을 보고 질문 하브루타하기
    - ☞ 사실(내용)하브루타
        - **예시** 아무도 도와주지 않고 혼자 집안일을 다 하는 피곳 씨의 아내는 어떤 마음이었을까?
    - ☞ 상상(심화)하브루타
        - **예시** 만일 피곳 씨의 아내가 남편과 아이들에게 도움을 요청했다면 어떻게 되었을까?
    - ☞ 적용(실천)하브루타
        - **예시** 나는 가정에서 사이먼과 패트릭 같은 아이는 아닌가?
    - ☞ 종합(메타)하브루타
        - **예시** 지은이는 우리에게 어떤 교훈을 주고 싶어 하나?
        - **예시** 집안일은 여자만 해야 할까?

(2) 이야기식 토론하기(RWS)
- 『돼지책』 가정과 우리 집의 가정의 모습 이야기하기
- 집안일은 여자만 하는 것이 옳은 일인지 생각 나누기
- 양성평등에 대해서 생각 나누기
- 진정한 가족에 대해서 토론해 보기

모둠 토의·토론 활동지

■ 토론 주제: 진정한 가족이란 (   )이다.

■ 진정한 가족이란 한마디로 무엇인가요?(2가지 이상 포스트잇에 생각 적기)

모둠원들의 생각 붙이기
모인 생각을 배열하여 한 편의 시로 만들기

셋, 책 내용으로 이야기하기

어느 날, 피곳 씨 아내는 '너희들은 돼지야!'라는 편지를 써 놓고 가출을 한다. 엄마가 없는 집 안, 아내가 없는 공간은 점점 돼지우리같이 변하고 아빠와 두 아들 사이먼과 패트릭은 아내와 엄마의 소중함을 절실히 느끼며 엄마가 돌아오기를 간절히 기다린다.

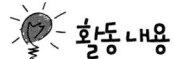 활동내용

(1) 다양한 질문 만들기(하브루타)

- 글을 보고 질문 하브루타하기
  - ☞ 사실(내용)하브루타
    - 예시 피곳 씨 아내는 왜 가출했을까?
    - 예시 피곳 씨와 두 아들은 왜 집안일을 도와주지 않았을까?
  - ☞ 상상(심화)하브루타

예시 만일 피곳 씨 아내가 가출하지 않았다면 어떤 일이 생겼을까?
☞ 적용(실천)하브루타
　　예시 우리 엄마는 피곳 씨 아내와 같은 모습은 아닐까?
　　예시 나는 어떻게 우리 집안일을 도울 수 있을까?
☞ 종합(메타)하브루타
　　예시 피곳 씨 아내가 가출한 것은 잘한 일일까?
　　예시 피곳 씨 아내는 가출 말고는 다른 방법이 없었을까?

(2) 토의·토론하기
- 가족 모두가 행복한 가정을 만들기를 위해 어떻게 해야 할지 이야기 나누기
- 피곳 씨 아내가 가출한 것은 잘 한 일인지 토론해 보기
- 질문으로 논제 만들기
- 논제로 학급 전체 토론하기
  (신호등 토론, 찬반 토론하기)

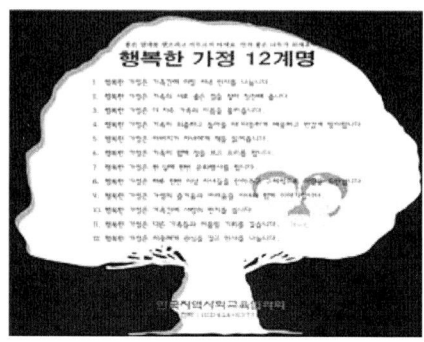
출처: 한국지역사회교육협의회

❸ 생각하기

1) 『돼지책』 겉표지 그림을 보고 어떤 생각이 드나?
2) 가족 모두를 등에 업고 있는 엄마는 어떤 기분일까?
3) 피곳 씨 가족은 왜 집안일을 도와주지 않았을까?
4) 피곳 씨 아내는 왜 집안일을 도와 달라고 부탁하지 않았을까?
5) 피곳 씨 아내가 가출한 것은 잘한 일일까? 다른 방법도 있었을 텐데 왜 꼭 집을 나가야만 했을까? 만일 내가 피곳 씨 아내라면 어떻게 했을까?
6) '일은 돕는 것이 아니라 해야 하는 것'이라는 말에 대해 동의하나? 동의하지 않는다면 왜 그렇게 생각하나?

7) 작가는 왜 제목을 『돼지책』으로 하고 사물과 사람들을 돼지에 비유했을까?
8) 피곳 부인의 마음을 행복하게 해 주기 위해서 집안일을 도와주는 것밖에 없었을까?
9) 현재의 우리 가정의 모습은 어떠한가? 어떤 가정을 만들고 싶은가?
10) '진정한 가족'이란 무엇이고 가족 모두가 행복하려면 어떻게 해야 할까?

❹ 논제 만들기

1) 피곳 씨 아내가 가출한 것은 잘한 일인가? 내가 피곳 씨 아내라면 어떻게 했을까? 자신의 생각을 논술해 보시오. (300자 내외)

2) 집안일은 꼭 여자만 해야 하나? 양성평등의 입장에서 논술해 보시오. (600자 내외)

3) 『돼지책』은 '가족은 무엇이고 가족 모두가 행복한 가정이 되려면 어떻게 해야 할까?'에 대해 고민하게 하는 내용을 다루고 있다. 이를 바탕으로 가족은 무엇인지, 가족 모두가 행복한 가정을 만들려면 어떻게 해야 할 것인지에 대한 자신의 생각을 써 보시오. (600자 내외)

❺ 답안 쓰기

논제 1) 예시 답안 2

피곳 씨 아내가 가출한 것은 잘한 일이라고 생각한다. 왜냐하면 피곳 씨와 두 아들 사이먼과 패트릭은 전혀 집안일을 도와주지 않고 당연히 엄마 혼자 집안일을 해야 하는 것으로 알고 있었다. 피곳 씨는 아내가 가출한 후에야 아내의 빈자리를 절실히 깨닫고 반성하게 되었고, 두 아들 또한 엄마가 가출을 한 후에야 엄마의 소중함을 깨닫게 되었기 때문이다.

피곳 씨 아내가 없는 동안 피곳 씨와 두 아들은 그동안 엄마 혼자만 해 왔던 집안일을 하게 되었고 엄마가, 아내가 얼마나 힘들었는지 깨닫게 된 것이다. 비록 피곳 씨 아내도 집을 나갈 때 마음은 편하지 않았겠지만 가족들에게 생각할 기회를 준 것은 잘한 일이다.

즉, 피곳 씨 아내의 가출로 가족들은 생각과 행동이 바뀌게 되었고 아내와 엄마의 존재를 깊이 깨닫게 되었기에 피곳 씨 아내가 가출한 것은 잘한 일이라고 생각한다.

논제 1) 예시 답안 2

피곳 씨 아내가 가출한 것은 잘한 일이 아니다. 가출 말고 다른 방법도 있을 텐데 꼭 가출을 해야만 했을까?

피곳 씨 아내는 왜 가출하기 전에 먼저 가족들에게 도움을 요청하지 않았을까? 아무 도움도 요청하지 않고 혼자 고민하고 우울하게 지낸 피곳 씨 아내도 문제가 있다. 집안일을 혼자 감당해야 하는 부담을 이야기하며 서로 대화로 풀어나갈 수도 있지 않았을까? 남편과 아이들에게 집안일을 나누어 할 수 있도록 역할분담도 해 주며 도와 달라고 부탁할 수도 있는데 꼭 가출을 선택해야만 했을까?

그리고 꼭 집안일을 도와주는 것만이 피곳 씨 아내가 행복한 것일까? 물론 혼자 힘들어하고 고민하다가 가출을 생각하기까지 많이 힘들었겠지만, 과연 피곳 씨 아내는 가출을 하고 나서 마음이 편했을까?

내가 만일 피곳 씨 아내라면 우선 힘들 때마다 가족들의 도움을 요청하고 대화로 풀어나갔을 것이다.

따라서 가족들에게 아무 도움도 요청하지 않고 혼자 가출을 결정하고 집을 나간 것은 엄마로서 아내로서 잘한 일이 아니다.

논제 2) 예시 답안 1

　요즈음 사회는 양성평등을 추구하는 사회이다. 이러한 사회에 맞추어 살기 위해서는 사회적인 흐름에 따라야 한다. 특히 집안일을 꼭 여자만 해야 한다는 고정 관념은 이제 깨어져야 한다. 남자나 여자나 각자 자기의 능력에 맞는 일을 하는 것이 바람직하다고 생각한다. 남녀를 가리지 말고 서로 평등한 위치에서 서로 도우며 가사분담도 능력에 맞게 하는 것이 옳다고 생각한다.

　우리나라는 예로부터 유교사상을 이어받아 남자는 밖에서 일하며 돈을 벌어 가족의 생계를 책임지는 역할을 했고, 여자는 아이를 키우며 집안일을 도맡아 하는 풍습이 있었다. 그러나 오늘날은 옛날과 다르게 맞벌이 부부가 늘고 있고, 여자도 밖에 나가 일을 하며 돈을 벌고, 남자도 집안일을 돕고 사는 경우를 흔히 볼 수 있다. 더군다나 옛날에는 상상도 못 했던 남자가 돈 버는 대신 집안 살림을 도맡아 하고, 여자가 돈을 벌며 가족 생계를 책임지는 가정도 드물게나마 볼 수 있다. 이렇게 세상이 달라지면서 집안일을 꼭 여자만 해야 한다는 생각은 사라지고 있다. 당연히 맞벌이 부부들은 서로 도우며 남녀 가리지 않고 집안일을 해야 하는 것이 마땅하다. 남자만 생계유지를 위한 경제활동에 참여하고 있다면 여자는 가정에서 주어진 역할에 충실하며 집안일을 좀 더 많이 할 수도 있지만, 중요한 것은 서로를 존중한다면 힘든 일은 서로 협력하며 도와야 하는 것이 좋을 것이다. 또 양성평등의 입장에서 보면 여자도 남자들이 하던 일을 할 수 있다면 하고, 남자 또한 여자들이 하던 일을 하는 것을 부끄럽게 생각하지 말고 당당하게 해야 하는 것이 옳다고 생각한다.

　남녀평등은 결국 남녀 가리지 말고 각자의 능력에 맞는 일을 하면서 서로 돕고 서로 존중해 주며 함께 행복하게 지내는 것이라고 할 수 있다.

논제 2) 예시 답안 2

　집안일을 여자만 해야 하는 것은 옳지 않다. 남자도 여자도 서로 할 수 있는 일들을 도우며 함께 해야 한다. 행복한 가정을 만들기 위해서 우리는 다음과 같은 것들을 생각하며 실천해야 한다.

첫째, 가족은 서로 함께 도우며 살아야 하는 공동운명체이다. 공동운명체란 서로 함께 도우며 함께 운명을 같이 해야 한다는 것이다. 따라서 서로 돕지 않고 산다면 가족의 일원이 될 수 없다. 따라서 여자만 집안일을 한다는 것은 가족의 틀에서 깨어진다는 것이기도 하다. 함께 운명을 같이 해야 할 가족 공동운명체이기에 여자만 집안일을 하는 것은 옳지 않다.

둘째, 지금은 '양성평등'의 사회이다. 예전의 사회와는 많이 달라졌다. 남녀 모두 능력에 맞는 일을 찾아 각자 일터에서 주어진 일에 최선을 다하면 된다. 요즈음은 여자도 직업을 갖고 사회에서 인정받고 활동하는 여자들도 많이 볼 수 있다. 맞벌이 부부가 증가하는 것도 사회 변화 현상의 하나이다. 따라서 남자들에게 집안일은 돕는 것이 아니라 마땅히 함께해야 할 일이라는 생각으로 바뀌어야 한다.

셋째, 여자에게도 쉴 시간과 공간이 필요하다. 여자 혼자 그 많은 집안일을 하다 보면 육체적, 정신적인 피로와 스트레스로 더 큰 피해를 볼 수 있기 때문이다. 여자도 일과 적당한 휴식의 균형이 필요한 것이다.

즉, 여자가 집안일을 혼자만 감당해야 하는 것은 양성평등 정신에 어긋난다. 피곳 부인도 그동안 몸과 마음의 피로가 쌓여 피할 곳이 필요했던 것 같다. 그래서 가출을 해서라도 자신의 휴식은 물론 가족들에게 자신의 존재를 깨닫게 해 주고 싶었을 것이다. 피곳 씨도 사이먼과 패트릭도 아내가, 엄마가 가출하기 전에 함께 집안일을 도우며 함께 했어야 마땅하다. 엄마에게도 몸과 마음의 휴식과 함께 행복을 느낄 수 있는 분위기를 만들어 드렸어야 한다.

따라서 남녀 일을 나누지 말고 각자 잘할 수 있는 일을 역할분담해서 함께 집안일을 하며 사는 것이 남녀평등의 시대에 맞는 일이라고 할 수 있다.

논제 3) 예시 답안

가족 모두가 행복한 가정을 만들려면 어떻게 해야 할까?

어려운 집안일을 서로 나누어 분담하며 서로 함께 돕고 존중하고 배려하는 것이 필요하다. 가족 중 누구 한 명이라도 힘들어하고 불행을 느낀다면 행복한 가정이라고 말할 수 없다. 가족 모두가 행복한 가정을 만들기 위해서는 다음과 같은 것들을 실천해야 한다.

첫째, 가족들이 각자 잘할 수 있는 일로 역할분담을 해서 가사분담을 해야 한다. 엄마 혼자서 그 많은 집안일을 다 하다 보면 너무 힘들 수밖에 없다. 엄마가 몸과 마음이 피곤하고 스트레스를 받으면 집안이 평화로울 수가 없다. 모두가 행복해야 행복한 가정이라고 말할 수 있다. 집안일도 혼자 하는 것보다는 각자 잘할 수 있는 일로 역할분담을 해서 하면 시간도 절약되고 일의 능률도 오를 것이다.

둘째, 가족 모두 서로 배려하지 않으면 행복한 가정이 될 수 없다. 서로 존중해 주고 배려하다 보면 저절로 어려운 일도 함께 도울 수밖에 없다. 기쁜 일이 있을 때 함께 기쁨을 나누고 힘들 때 서로 짐을 나누며 위로와 격려를 해 주면 가족은 더 소중하게 느껴질 것이고 가족 모두가 행복해질 것이다.

셋째, 어린 자녀들도 집안일에 동참하는 것이 필요하다. 어려서부터 일에 대한 긍정적인 태도를 심어 줄 수 있고 또 자신의 역할을 감당하면서 책임감도 배우고 일의 성취감도 얻을 수 있기 때문이다.

넷째, 가족끼리 서로 생일이나 기념일을 챙겨주는 것이 필요하다. 가족끼리 서로 작은 선물이나 사랑이 담긴 편지나 문자라도 보내 주면 가족의 사랑을 깊이 느끼게 될 것이다.

다섯째, 가족끼리 함께 독서토론을 하는 것도 행복한 가정을 만드는 데 중요한 역할을 한다. 가족 모두 같은 책을 읽고 한 달에 한 번쯤 독서토론을 하며 서로의 생각을 나누는 것은 서로를 이해하는 데 아주 중요한 역할을 한다. 독서 대화를 나누며 서로 몰랐던 점도 발견하게 되고 함께 모여 서로 지식을 쌓아가며 성장하는 모습을 보면서 뿌듯함을 느끼게 될 것이다.

서로 역할분담으로 집안일을 나누어 하고 협력할 때, 서로 존중해 주고 배려해 주며, 서로의 생일과 기념일을 챙겨줄 때, 또 독서토론을 통해 생각을 나누고 서로 이해하며 함께 성장할 때 행복한 가정이 만들어질 것이다.

도망쳐, 아자드!
에리카 팔 글·그림 / 해밀뜰 옮김 / 미래아이

❶ 들어가기

    요즈음 우리나라에서 심각하게 대두되고 있는 '아동학대' 문제는 후진국, 선진국 등 어느 나라 할 것 없이 여기저기서 거론되고 있는 충격적인 문제이다. 우리 어린이들이 아동으로서의 권리를 되찾고 행복하게 살 수 있는 방법은 없을지 생각해 보며 '아동학대' 문제와 '아동 노동력 착취' 문제 등에 대해 생각해 볼 수 있는 책이 바로 『도망쳐, 아자드!』이다.

    그림 동화책 『도망쳐, 아자드!』는 낙타 경주의 기수인 어린아이들의 아픔과 상처를 표현한 책이다. 현재 세상에서 벌어지고 있는 어린이들의 인권유린의 문제를 제시한 날카로우면서도 따뜻한 마음을 갖게 하는 책이다. 중동의 인기 스포츠 낙타 경주는 몸무게가 가벼운 어린 소년들을 낙타 기수로 쓰고 있다고 한다. 몸무게가 늘지 않도록 먹을 것도 제대로 안 주고 가혹한 훈련을 시키며 힘든 삶을 살게 하는 어른들의 나쁜 행위와 또 낙타 기수로 사용할 어린아이들을 사고파는 어른들의 야만적인 행위에 대해 생각해 보고 어떻게 이런 문제들을 해결할 수 있을지 해결 방안을 찾아보는 계기가 되기를 바라고 있다. 그림 동화책 『도망쳐, 아자드!』를 통해 어린이뿐만 아니라 어른들도 어린이 인권을 지켜 주고 어린이 인권의 소중함을 깨닫게 해 주는 계기가 되기를 바라고 있다. 어린이 인권신장에 대한 인식과 실천, 인권교육 내실화 및 인권 감수성을 키우는 기회가 되기를 바란다.

또한 아직도 배고픔에 시달리며 영양실조와 각종 질병으로 시달리는 세상의 많은 어린이와 노동력 착취를 당하고 어둠 속에서 살아가는 가엾은 우리 어린이들에게 희망의 소식이 들리기를 바라고 있다.

또 내전으로 총과 칼을 소지하고 소년, 소녀 병사로 전쟁 속에 시달려야 하는 우리의 어린 친구들에게도 평화를 되찾아 주고 누려야 할 권리를 누릴 수 있게 도와주어야 한다.

이 지구상의 우리가 알지 못하는 소외된 세상에 사는 많은 어린 친구들의 아픔과 상처를 알고 그들에게 관심을 갖고, 함께 나눌 수 있는 방법을 찾아보며 나눔과 배려가 생활 속에서 실천되기를 기대해 본다.

인권을 박탈당하고 노동력 착취를 당하며, 또 아동학대에 시달리고 있는 세상의 가엾고 불쌍하게 살아가는 많은 어린이들에게 희망의 빛이 되기를 간절히 소원하며, 용감한 아자드처럼 자유를 찾아 용기를 갖고 자유와 희망의 길을 찾기를 응원한다.

♣ 『도망쳐, 아자드!』 내용 엿보기

고아 소년 아자드는 돌봐 줄 사람이 없어 삼촌 집에서 지내고 있다. 삼촌도 형편이 어려워 제대로 돌봐 주기 어려운 상황인데 마침 지나가던 상인이 아자드의 마른 몸과 기교를 부리는 모습을 보고 삼촌에게 팔라고 요청한다.

낙타 기수로 키워 주겠다며 아자드를 사겠다는 상인의 말을 듣고 삼촌은 아자드를 돈을 받고 판다. 팔려간 아자드는 먹을 것도 제대로 먹지 못하면서 낙타 기수가 되기 위한 혹독한 훈련에 시달리게 된다.

어느 날, 아자드의 낙타인 아스퍼가 아자드에게 도망칠 방법을 이야기해 주며 같이 도망가자고 제안한다. 낙타 경기 때 결승선을 지나 계속 달려 도망치자는 것이다. 아자드와 아스퍼는 결국 낙타 경주 때 계획한 것을 실천한다. 용기를 갖고 자유의 땅을 향해 힘껏 달리고 드디어 속박과 폭력으로부터 탈출한다. 자유의 땅 사막에서 따뜻한 이웃들을 만나게 되고 아자드와 아스퍼는 이웃들과 함께 자유를 찾아 평화롭게 지내게 된다.

❷ 제시문 읽기

하나, 책 뒤표지 보고 이야기하기

- 다양한 질문 만들기(하브루타)
- 내용을 알기 전에 상상해 보기

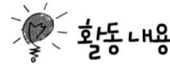 활동 내용

● **하브루타 수업 방법**

① 질문 중심 하브루타 수업

질문 만들기 → 짝 토론 → 모둠 토론 → 발표 → 쉬우르(교사: 학생 전체)

② 논쟁 중심 하브루타 수업

논제 조사하기 → 짝 논쟁 → 모둠 논쟁 → 발표 → 쉬우르(교사: 학생 전체)

③ 비교 중심 하브루타 수업

비교 대상 정하기 → 짝 토론 → 모둠 토론 → 발표 → 쉬우르(교사: 학생 전체)

④ 친구 가르치기 하브루타 수업

내용 공부하기 → 친구 가르치기 → 배우면서 질문하기 → 입장 바꾸기 →
이해 못한 내용 교사에게 질문하기 → 쉬우르

⑤ 문제 만들기 하브루타 수업

문제 만들기 → 짝과 문제 다듬기 → 모둠과 문제 다듬기 → 문제 발표 → 쉬우르

둘, 책 내용으로 이야기하기

고아인 아자드가 삼촌 집에서 도움을 받으며 지내고 있을 때 지나가던 상인이 아자드를 낙타 기수로 만들어 주겠다며 팔라고 한다. 삼촌은 결국 아자드를 팔았고 아자드는 낙타 기수로 팔려가 먹을 것도 제대로 먹지 못하면서 고된 훈련에 시달려야 했다.

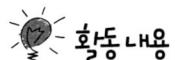 활동 내용

(1) 다양한 질문 만들기(하브루타)
- 글을 보고 질문 하브루타하기
  - ☞ 사실(내용)하브루타
    - **예시** 조카인 아자드를 파는 삼촌의 마음은 어떤 마음이었을까?
    - **예시** 팔려가는 아자드의 마음은 어떠했을까?

☞ 상상(심화)하브루타

  예시 만일 아자드가 팔려가지 않았다면 아자드의 인생은 어떻게 달라졌을까?

☞ 적용(실천)하브루타

  예시 아자드처럼 더 나은 것을 위해 용기 있는 행동을 한 경험이 있나?

☞ 종합(메타)하브루타

  예시 사람을 사고파는 것은 옳은 일인가?

  예시 어린이를 낙타 기수로 사용하는 것은 바람직한 일일까?

(2) 이야기식 토론하기(RWS)

- 어린이 인권문제와 아동 노동력 착취 문제에 대해 이야기하기
- 어린이를 사고파는 어른들의 행위에 대해 생각해 보기
- 낙타 기수로 키우기 위해 먹을 것도 제대로 주지 않으면서 고된 훈련을 시키는 아동 학대 문제에 대해 토의 토론하기

출처: http://blog.naver.com/davin7777/40207188028

셋, 책 내용으로 이야기하기

어느 날, 아자드와 아자드의 낙타 아스퍼는 탈출 계획을 세우게 된다. 낙타 경주가 있는 날 결승선을 통과해서도 계속 달리자고 약속을 한다. 억압과 폭력으로부터 자유를 향한 탈출을 결심하고 실천한 아자드와 아스퍼는 결국 자유의 땅으로 가서 새로운 이웃들을 만나 행복하게 지내게 된다.

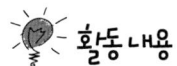 활동내용

(1) 다양한 질문 만들기(하브루타)
- 글을 보고 질문 하브루타하기
    - ☞ 사실(내용)하브루타
        - 예시 아자드와 아스퍼는 왜 탈출 계획을 세웠을까?
        - 예시 아스퍼는 왜 아자드를 도와주고 싶어 했을까?
    - ☞ 상상(심화)하브루타
        - 예시 만일 아자드와 아스퍼가 탈출하지 않았다면 어떤 일이 생겼을까?
    - ☞ 적용(실천)하브루타
        - 예시 아스퍼처럼 남을 도와주려고 마음먹었던 적이 있나?
        - 예시 아자드처럼 큰 꿈을 위하여 용기를 갖고 실천해 본 경험이 있나?
    - ☞ 종합(메타)하브루타
        - 예시 자유를 향해 희생을 각오하고 탈출 계획을 세운 아자드와 아스퍼는 그 후 어떤 삶을 살게 되었을까?
        - 예시 미래의 더 높은 꿈을 향하여 현재 희생의 대가를 치르는 것에 대해 어떻게 생각하나?

(2) 토의·토론하기
- 더 나은 것을 위해 현재의 희생을 경험했던 이야기 나누기
- 시도하지 않으면 결국 제자리라는 사실을 생각하고 용기와 도전에 대해 생각해 보기
- 질문으로 논제 만들기
- 논제로 학급 전체 토론하기(신호등 토론, 가치수직선 토론하기)

출처: http://kimss3k.blog.me/220643755796

❸ 생각하기

1) 아자드를 키울 능력이 없는 삼촌으로부터 낙타 기수로 팔려 간 고아 소년 아자드의 마음은 어떠할까?
2) 낙타 기수 아자드와 낙타 아스퍼는 낙타 경주에서 왜 결승선을 지나 계속 달리며 도망쳐야만 했을까?
3) 낙타 경주에서 왜 하필이면 어린아이들을 낙타 기수로 할까?
4) 무사히 탈출에 성공한 아자드와 낙타는 사막에 도착하여 사막의 방랑자들과 새로운 가족이 된다. 그들은 라바바를 켜며 아자드와 낙타의 용기를 칭송하는 노래를 지어 불렀는데 그 내용은 어떠했을까?
5) 책 속 인물 중 잘못된 행동을 한 사람들은 누구이며 왜 그렇게 생각하나요? 그리고 이런 사람들에게 우리는 어떻게 경고해야 할까?
6) 억압에서 벗어나 자유를 되찾은 아자드와 그의 낙타 아스퍼의 삶은 어떻게 되었을까?
7) 아직도 이렇게 어린이들을 사고팔며 어린이들의 노동력을 착취하는 나라들의 실상에 대해서 조사해 보자.
8) 돈을 받고 아자드를 판 삼촌의 마음은 어떠했을까?
9) 세계 여러 나라에는 우리들의 작은 손길과 관심이 필요한 어린이들이 많이 있다. 이런 어린이들이 아동 인권을 되찾고 정당하게 살 수 있는 방법은 무엇일까?
10) 어려운 환경 속에서 힘든 삶을 살아가는 인권을 잃어버린 어린 친구들에게 우리들이 도울 수 있는 구체적인 방법에는 어떤 것들이 있을까?

❹ 논제 만들기

1) 중동의 인기 스포츠 낙타 경주는 몸무게가 가벼운 어린 소년들을 낙타 기수로

쓰고 있다고 한다. 낙타 기수로 쓰는 어린이들에게 몸무게가 늘지 않도록 먹을 것도 제대로 안 주면서 혹독한 훈련을 하며 힘든 삶을 살게 하는 어른들의 행위와 낙타 기수로 사용할 어린아이들을 사고파는 어른들의 행위에 대해 생각해 보고 어떻게 이런 문제들을 해결할 수 있을지 해결 방안을 찾아 논술해 보시오. (800자 내외)

2) 낙타 경주 기수로 팔려 와서 힘들게 살고 있는 어린이들처럼 북한을 비롯한 가난하고 살기 힘든 나라들의 아동 노동력 착취와 아동 인권 박탈 문제에 대하여 여러분은 어떻게 생각하는지, 어떻게 문제를 해결해야 할지 생각해 보며 자신의 생각을 논술하시오. (800자 내외)

3) 요즈음 우리나라에서 심각하게 이슈화 되고 있는 '아동학대' 문제는 후진국, 선진국 등 어느 나라 할 것 없이 여기저기서 거론되고 있는 충격적인 문제이다. 우리 어린이들이 아동으로서의 권리를 되찾고 행복하게 살 수 있는 방법에 대하여 생각해 보며 '아동학대' 문제와 이를 해결할 수 있는 방안에 대한 자신의 생각을 논술하시오. (800자 내외)

❺ 답안 쓰기

논제 1) 예시 답안

몸무게가 가볍다는 이유로 어린 소년들을 낙타 경주 기수로 쓰고 있다고 하는 것은 정말 가슴 아픈 일이다. 더군다나 몸무게가 늘지 않도록 먹을 것도 제대로 안 주면서 혹독한 훈련을 하며 힘든 삶을 살게 하는 어른들의 행위는 천벌을 받아 마땅하다. 그리고 낙타 기수로 사용할 어린아이들을 사고파는 어른들의 행위는 정말 가혹한 일이 아닐 수 없다. 이러한 문제들이 있는 현실이 참 슬프다. 반드시 해결해야 할 문제들이고, 다시는 이런 문제들이 발생하지 않도록 해결방안을 찾아야 한다. 어린이들이 누려야 할 자유와 행복을 빼앗기고 인권을 박탈당하며 살고 있는 이 세상의 어린이들에게 참 자유와 희망과 행복을 찾게 해 주어야 한다. 그러면 어떻게 이런 문제들을 해결할 수 있을지 해결방안을 찾아보고자 한다.

첫째, 낙타 경주를 없애든지 아니면 꼭 해야 한다면 낙타 경주 기수로 어린이를 쓰지 말아야 한다. 낙타 경주는 어른들을 위한 경기이지 어린이들을 위한 경기가 아니다. 무엇보다 몸무게가 적게 나가는 어린이들을 먹을 것도 제대로 안 주면서 혹독한 훈련을 하며 힘든 삶을 살게 하는 어른들의 행위는 더 이상 있어서는 안 된다. 당연히 어른을 위한 경기는 어른이 참여해야지, 어린이를 이용해서는 절대로 안 된다.

둘째, 낙타 기수로 사용할 어린아이들을 사고파는 어른들의 행위는 정말 잘못된 일이고 반드시 해결해야 할 문제이다. 어린이는 물건이 아니다. 소중한 생명이 있고 어린이들이 누려야 할 인간의 권리를 누려야 한다. 어린이들을 사고파는 어른들은 반드시 무거운 벌을 받아야 한다. 처벌을 받을 법도 더 강화되어야 한다.

셋째, 어린이는 어른들이 보호해야 할 의무가 있다. 어른들은 어려운 상황에 처해 있는 이러한 어린이들을 구하고 보호해야 할 책임이 있다.

따라서 어른들은 위험에 처해 있는 어린이들을 구하는 방법을 찾아 도와주고 보호하는 것이 필요하다. 전 세계의 어른들이 이러한 문제에 관심을 갖고 해결하며 어린이들에게 희망의 빛을 안겨 주어야 한다.

낙타 경주를 위해 어린이를 기수로 쓰며, 먹을 것도 안 주고 몸무게가 늘지 않게 하면서 혹독한 훈련을 하게 하는 행위는 반드시 사라져야 한다. 또 낙타 기수로 사용할 어린아이들을 사고파는 어른들의 행위도 다시는 있어서는 안 된다. 낙타 경기가 없어지든지, 어린이 대신 어른들이 직접 참여해야 마땅하다. 그리고 자유와 인간의 권리를 누려야 할 어린이들이 사고 팔리는 세상이 되어서는 안 된다. 이런 사람들에게는 무거운 형벌을 가해서 다시는 이런 일들이 없도록 전 세계의 모든 사람들이 관심을 갖고 이러한 문제들을 해결하도록 노력해야 한다. 그래서 어린이들이 누려야 할 권리를 되찾고 행복하게 살 수 있도록 모두가 힘과 지혜를 모아야 한다.

논제 2) 예시 답안

　낙타 경주 기수로 팔려 와서 힘들게 살고 있는 아자드 같은 어린이들처럼 북한을 비롯한 가난하고 살기 힘든 나라들의 아동 노동력 착취와 아동 인권 박탈 문제는 반드시 해결되어야 한다. 어린이들이 무슨 죄가 있다고 그렇게 힘든 노동을 시키고 배부른 어른들의 노동력을 대신해야 하는지 정말 가슴 아픈 일이다. 이러한 일들은 정말 있어서는 안 된다. 중동의 낙타 경주를 위해 아직도 어린이들을 낙타 기수로 사용하며 인권을 빼앗는 행위도 사라져야 하고, 많은 어린이들이 배고파도 먹을 것이 없어 죽어가고 있는데도 병든 어린이들이나 나약한 어린이들은 처형당한다는 북한의 잔인한 태도도 반드시 사라져야 한다. 그리고 어린이들을 노동 현장에 무리하게 투입하여 힘없는 어린이들이 노동력 착취를 당하고 있는 북한의 아동 노동력 착취 문제도 반드시 해결되어야 한다. 불쌍한 어린이들의 소중한 인권을 되찾아 주어야 하고 그러기 위해서 우리는 모두 힘을 모으며 이러한 어린이들에게 희망을 안겨 주기 위해 다음과 같은 실천을 해야 한다.

　첫째, 어린이들의 노동력 착취를 하는 어른들을 처벌해야 한다. 특히 저임금으로 어린이들의 노동력을 착취하는 어른들에게 무서운 형벌을 내리거나 무거운 벌금을 물게 해야 한다.

　둘째, 우리 주변부터 어린이들의 노동력을 착취하는 현장을 찾아내야 한다. 몰래 숨어서 나약한 어린이들의 노동력을 착취하는 어른들을 찾아내고 이렇게 당하고 있는 어린이들을 구해내야 한다.

　셋째, 양육과 교육의 권리를 누릴 수 있도록 우리 모두가 힘을 합쳐 도와야 한다. 굶주림에 시달리고 있는 북한 등 가난한 나라의 어린이들에게 먹을 것을 보내 주고 성장에 지장이 없도록 구호의 손길들을 보내 주어야 한다. 어린이는 양육과 교육을 받을 권리가 있다. 먹을 것이 없어 배고픔에 시달리는 어린이들에게 먹을 것을 보내 주고 교육을 받지 못하는 어린이들에게는 교육을 받을 수 있는 여건을 만들어 주어야 한다. 우리 각자 조금씩 절약하고 용돈을 모아 유니세프 같은 구호기관에 구호금을 보내는 작은 실천이 필요하다.

　넷째, 어린이들의 노동력을 착취하고 어린이들의 권리를 빼앗는 국가들은 전 세계에 알려서 국가적인 망신을 당하게 하고 어린이 구호를 위해 보내진 지원금마저 빼돌려서 다른 곳에 사용하는 국가들도 전 세계에 알려서 스스로 부끄러움을 느끼게 해야 한다. 세상의 많은 어린이들이 일한 대가도 제대로 받지 못하는 어려운 상황에 놓여 있는 것을 유튜브를 통해서 볼 수 있다. 생존을 위해서 일터에서 일한 대가도 제대로 받지 못하고 노동력을 착취당하는 어린이, 구호금까지도 빼돌려서 무기를 만들고 전쟁을 준비하는 비겁한 나라들, 이런 사실들을 세상에 알려서 다시는 이런 일이 일어나지 않도록 해야 한다.

아직도 어린이들을 낙타 기수로 사용하며 인권을 빼앗는 중동의 여러 나라들과 북한의 굶주림에 허덕이는 많은 어린이들, 특히 병든 어린이들이나 나약한 어린이들이 처형당하는 북한의 잔인한 태도는 반드시 사라져야 한다. 그리고 가난한 국가의 어린이들이 노동 현장에 무리하게 투입되어 노동력 착취를 당하고 있는 나라들의 문제도 해결되어야 한다. 시리아 등 내전에 시달리며 전쟁의 공포 속에서 헤어나지 못하는 우리 어린이들에게도 평화를 되찾아 주어야 한다. 우리 모두 힘을 합하여 인권을 박탈하고 노동력을 착취당하며 배고픔과 전쟁 속에서 살아가는 가엾은 어린이들의 소중한 인권을 되찾아 주어야 한다. 그러기 위해서 우리는 모두 지혜와 힘을 모으며 이러한 어둠 속에서 살고 있는 어린이들에게 희망을 안겨 주어야 한다.

논제 3) 예시 답안

요즈음 우리나라를 비롯한 전 세계에서 심각하게 이슈화 되고 있는 '아동학대' 문제는 충격적인 문제가 아닐 수 없다. 우리 어린이들이 아동으로서의 권리를 되찾고 행복하게 살 수 있는 방법을 생각해 보며 '아동학대' 문제와 이를 해결할 수 있는 방안에 대해 생각해 보고자 한다.

첫째, 아동학대 문제를 해결하기 위해 가정폭력 문제가 해결되어야 한다. 우선 우리 주변의 가정폭력 등 아동학대를 당하고 있는 어린이들을 찾아야 한다. 가정폭력으로 부모님에게 학대를 당하고 있는 어린이들이 많이 있는 것을 뉴스에서 종종

보게 된다. 자녀들을 잘 키우고 교육시키고 행복하게 살게 해 주어야 할 부모님들이 자신의 자녀들에게 폭력을 가하며 먹을 것도 주지 않고 힘든 일만 시키는 것은 정말 부모로서의 자격이 없는 것이다. 이런 부모님들을 찾아 마땅한 벌을 주고 반성을 하게 해야 한다. 정상적이지 못한 부부 문제가 자녀 문제까지로 연결되어 죄 없는 어린 자녀들이 부모들의 화풀이 대상이 되거나 가정이 파괴되어 어린아이들이 버려지는 경우도 있어서는 안 된다.

둘째, 학교폭력 문제도 해결되어야 한다. 친구들로부터 혹은 선생님으로부터 학대와 멸시와 조롱을 당하고 있는 어린이들을 구해내야 한다. 우리 주변의 학교폭력 문제로 고민하거나 어려움을 겪고 있는 우리 어린이들을 찾아 따뜻한 마음으로 위로와 함께 해결방안을 찾아 도와주어야 한다.

셋째, 아동학대를 당하고 있는 어린이들을 위한 상담과 치료 등 전문적인 기관들이 필요하다. 언제든지 마음을 열고 상담할 수 있는 전문가와 기관들이 곳곳에 있어서 이러한 어린이들을 도와주고 문제를 해결해 주어야 한다.

넷째, 의무교육을 무시하고 학교에 보내지 않는 부모님들을 찾아 처벌하고 자녀들이 반드시 의무교육에 참여할 수 있도록 환경을 만들어 주어야 한다. 아이들을 일터로 보내기 위해 학교로 보내지 않는 것은 가혹한 일이다.

다섯째, 부모님 교육이 필요하다. 가정에서는 소중한 인권을 가진 자녀들이 행복하게 살 수 있도록 환경을 만들어 주고 학교에서는 선생님들이 소외되는 어린이들이 없도록 지켜보아야 한다. 부모님들 교육과 선생님들 교육이 동시에 이루어지면 훨씬 아동학대 문제가 줄게 될 것이다.

우리나라를 비롯한 전 세계에서 심각하게 문제 되고 있는 '아동학대' 문제는 나부터 관심을 갖고 우리 모두가 해결방안을 찾아 노력할 때 이러한 문제들이 사라질 것이다. 부모님 교육 선생님들 교육으로 가정폭력, 학교폭력 문제를 찾아 해결하고, 모든 어린이들이 의무교육에 참여하며 아동으로서의 권리를 되찾고 행복하게 살 수 있게 해 주어야 한다.

난 네가 부러워

김영민 글·그림 / 뜨인돌 어린이

❶ 들어가기

 잘사는 나라일수록 어린이들의 행복 만족도는 떨어진다는 조사 결과가 있다. 잘 살면 오히려 그 반대이어야 할 텐데 왜 그럴까? 잘사는 집 아이들이라고 다 행복한 것은 아니고 생활환경과 조건에 상관없이 자존감이 높은 아이들이 행복 만족도가 높다는 이야기에 동감한다. 환경이 어려워도, 비록 내게 주어진 상황과 조건이 좋지 않더라도 자신을 사랑하고 자신을 존중하는 사람들이 자신의 삶에 만족하며 행복한 생활을 하고 있다. 어려서부터 자존감이 높은 사람으로 성장한 사람은 커서도 자신을 사랑하고 자신을 소중하게 여기며 자신 있게 살아간다. 『어린 시절이 심리학을 말한다』라는 저서에서도 어린 시절의 생활이 얼마나 중요한지를 깨닫게 해 준다. 어려서부터 자신을 소중하게 여기고 사랑하는 태도를 갖도록 해 주는 것이 필요하다. 긍정적인 생각과 적극적인 생활태도가 자존감을 높여 줄 수 있고, 자존감이 높은 사람들은 다른 사람과 상황에 흔들림 없이 꿋꿋하게 자신을 지켜 나가며 자신의 생활에 만족하며 행복하게 살 수 있다. 그림 동화책 『난, 네가 부러워』는 자존감을 높여주고 자신을 돌아보며 자신의 소중함을 느낄 수 있게 하는 책이다. 이 그림 동화책은 여러 아이가 등장하며 자신이 생각하는 단점을 말하면 다른 아이들은 그 아이의 단점을 오히려 장점으로 생각하여 부러워하며 서로 꼬리를 물고 이어가는 이야기이다.

나의 단점이 나의 특별함이 되고 개성이 되며 남들이 부러워하는 것이 될 수도 있다는 것을 깨닫게 해 준다. 우리 모두는 저마다 다르고 각자 장점을 갖고 있으며 나의 단점이 다른 이들에게는 부러움이 될 수 있음을 알 수 있다. 즉, 우리 모두는 나만의 개성과 독특함을 갖고 태어났다. 그래서 단점을 찾기보다는 나의 장점을 찾아가며 밝고 긍정적인 마음가짐을 갖고 살아갈 수 있도록 생각하게 해 주는 책이다. 자존감이 약한 사람들에게 자존감을 키워 줄 수 있는 사랑스러운 책이다. 이 책을 통해 나는 이 세상에서 소중한 존재이고 그래서 나를 더 아끼고 사랑하는 마음을 갖게 되기를 바라고 있다. 나에게 주어진 장점을 찾아 계발하고 나의 단점을 개성과 특별함으로 발전시킬 수 있는 계기가 되기를 희망해 본다.

♣ 『난 네가 부러워』 내용 엿보기

『난 네가 부러워』 그림 동화책에는 곱슬머리 친구를 비롯한 여러 명의 친구들이 등장한다. 자신들의 장점 대신 단점을 발견하고 다른 친구들을 부러워하는 친구에게 장점을 찾아 주며 부럽다고 말한다. 릴레이식으로 서로 꼬리를 물며 칭찬해 주고 부러워하는 이야기 속에서 더 이상 친구를 부러워하기보다는 자신의 있는 그대로의 모습에 만족하게 된다. 진정한 나를 발견하게 되는 것이다. 내가 몰랐던 나의 장점을 다른 친구들을 통해 알게 되는 이야기이다.

❷ 제시문 읽기

하나, 책 뒤표지 보고 이야기하기

- 다양한 질문 만들기(하브루타)
- 내용을 알기 전에 상상해 보기

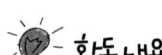 활동 내용

● 하브루타 수업 방법

① 질문 중심 하브루타 수업

> 질문 만들기 → 짝 토론 → 모둠 토론 → 발표 → 쉬우르(교사: 학생 전체)

② 논쟁 중심 하브루타 수업

> 논제 조사하기 → 짝 논쟁 → 모둠 논쟁 → 발표 → 쉬우르(교사: 학생 전체)

③ 비교 중심 하브루타 수업

> 비교 대상 정하기 → 짝 토론 → 모둠 토론 → 발표 → 쉬우르(교사: 학생 전체)

④ 친구 가르치기 하브루타 수업

> 내용 공부하기 → 친구 가르치기 → 배우면서 질문하기 → 입장 바꾸기 →
> 이해 못한 내용 교사에게 질문하기 → 쉬우르

⑤ 문제 만들기 하브루타 수업

문제 만들기 → 짝과 문제 다듬기 → 모둠과 문제 다듬기 → 문제 발표 → 쉬우르

둘, 책 내용으로 이야기하기

책 속에 등장하는 아이들은 모두 자신의 장점 대신 단점을 발견하고 불만하며 남들을 부러워한다. '난, 네가 부러워'

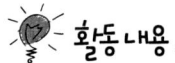 활동 내용

(1) 다양한 질문 만들기(하브루타)
- 글을 보고 질문 하브루타하기
    - 사실(내용)하브루타
        - **예시** 책 속의 주인공들은 왜 자신의 좋은 점은 발견하지 못하고 남들만 부러워하는 것일까?
    - 상상(심화)하브루타
        - **예시** 만일 이 세상 사람들이 남들만 부러워하고 산다면 어떤 일이 생길까?
    - 적용(실천)하브루타
        - **예시** 다른 사람을 부러워하고 시기와 질투를 해 본 경험이 있나?
    - 종합(메타)하브루타
        - **예시** 나를 사랑하고 존중하려면 어떻게 해야 할까?
        - **예시** 다른 사람을 부러워하는 것이 내 삶에 도움이 될까?

(2) 이야기식 토론하기(RWS)
- 다른 사람을 부러워한 경험 이야기하기
- 나의 장단점에 대해 생각해 보기

- 남들이 부러워하는 나의 모습은 무엇인지 생각해 보기

셋, 책 내용으로 이야기하기

어느 날, 자신의 곱슬머리에 불만하며 찰랑찰랑 긴 머리를 가진 친구를 부러워하던 책 속의 주인공은 결국 자신의 곱슬머리를 좋아하게 된다.

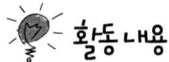 활동내용

(1) 다양한 질문 만들기(하브루타)
- 글을 보고 질문 하브루타하기
    - ☞ 사실(내용)하브루타
        - 예시 자신의 곱슬머리 대신 찰랑찰랑 긴 머리를 좋아하던 주인공은 어떻게 자신의 곱슬머리를 좋아하게 되었을까?
    - ☞ 상상(심화)하브루타
        - 예시 만일 내가 책 속의 주인공처럼 곱슬머리라면 나는 내 모습에 만족할까?
    - ☞ 적용(실천)하브루타
        - 예시 곱슬머리 친구처럼 자신의 불만을 만족으로 바꾼 적이 있나?
    - ☞ 종합(메타)하브루타
        - 예시 자신을 소중히 여기지 않는 것은 나에게 도움이 될까?
        - 예시 자신의 있는 그대로의 모습을 사랑하려면 어떻게 해야 할까?

(2) 토의·토론하기
- 책 속 곱슬머리 친구의 성격 이야기 나누기
- 나는 있는 그대로의 나의 모습에 대해 어떻게 생각하는지 이야기하기

- 질문으로 논제 만들기
- 논제로 학급 전체 토론하기(신호등 토론, 가치수직선 토론하기)

❸ 생각하기

1) '나'는 누구이며 '나'에 대해서 얼마나 잘 알고 있나?
2) 이 책 끝부분에는 거울이 붙어 있는데 작가는 왜 그랬을까?
3) 자신의 곱슬머리에 불만이었던 곱슬머리 친구는 나중에 왜 자신의 머리를 좋아하게 되었나?
4) 나의 장점과 단점은 무엇일까? 나의 장점을 어떻게 계발하고 발전시키며, 나의 단점은 어떻게 극복하고 더 특별한 장점으로 만들 수 있을까?
5) 사람들은 왜 자신의 좋은 점을 발견하지 못하고 다른 사람들을 부러워하는 것일까?
6) 장애의 어려움을 극복하고 자신을 사랑하고 존중하며 행복하게 사는 닉 부이치치 같은 사람들은 정말로 행복한 것일까?
7) 나는 나를 사랑하고 존중하며 소중한 존재로 생각하고, 행복한 마음으로 살아가고 있나?
8) 나 자신을 존중하고 사랑하며 살기 위해서 나는 지금부터 어떻게 해야 할까?
9) 과거의 '나'의 모습은 어떠했으며 현재의 '나'의 모습은? 그리고 미래의 '나'의 모습은 어떻게 달라질까?
10) 내가 바라는 '나'의 모습을 상상하며 적어보고 친구들과 이야기를 나누어 보자.

❹ 논제 만들기

1) 책 속의 곱슬머리 주인공처럼 많은 사람들이 자신의 장점을 발견하고 자신을

사랑하는 것보다는 다른 사람을 부러워하고 자신의 삶에 대해 만족하지 못한다. 나의 모습과 책 속의 주인공의 모습들을 비교해 보면서 남들이 부러워하는 나의 모습은 어떠할지 생각을 써 보시오. (600자 내외)

2) 나의 장점들과 단점들을 찾아보고 나의 장점들을 어떻게 계발하고 발전시키며, 나의 단점들은 어떻게 극복하고 더 특별한 장점들로 만들 수 있을지 생각해 보자. 그리고 나를 사랑하고 존중하며 행복하게 살 수 있는 방법들을 찾아보고 구체적인 실천 방안에 대한 자신의 생각을 써 보시오. (600자 내외)

3) 자신이 처한 상황이 남들이 보기에 불행해 보이지만 오히려 어려움을 극복하고 자신을 존중하고 사랑하며 행복하게 사는 사람들에 대해 사례를 들어 자신의 생각을 써 보시오. (800자 내외)

❺ 답안 쓰기

논제 1) 예시 답안

우리 주변에는 책 속의 곱슬머리 주인공처럼 자신의 장점을 발견하고 자신을 사랑하는 것 보다는 다른 사람을 부러워하고 자신의 삶에 대해 만족하지 못하는 사람들이 많이 있다. 내 안의 나를 자세히 들여다보면 내가 좋아하고 잘할 수 있는 일들도 많이 있고, 그동안 몰랐던 나만의 개성을 찾을 수 있다. 그럼 과연 현재의 나의 모습에 난 만족하는지 내 안의 모습을 살펴보며 책 속의 주인공의 모습들과 비교해 보면서 남들이 부러워하는 나의 모습은 무엇인지 찾아보고자 한다.

첫째, 나는 그동안 책 속의 주인공들처럼 남들만 부러워하며 지내 왔다. 내가 잘하는 것보다는 남들이 잘하는 것들을 잘 찾아내고 부러워하며 시기하고 때로는 질투하곤 했다. 이 책 속의 인물들을 보면서 나에게도 뭔가 잘할 수 있는 것들이 있을 거라고 생각하며 나를 다시 자세히 들여다보기 시작했다.

둘째, 나는 비록 학교 성적은 좋은 편은 아니지만, 친구들을 배려하고 양보하는 좋은 점이 있다는 것을 발견하였다. 가끔은 내가 친구들에게 당하는 것 같고 속상할 때도 있었지만 차라리 양보하고 배려하면서 내 마음은 더 편해지는 것을 알았다. 친구들이 얄미울 때도 있었지만, 친구들은 오히려 양보하고 배려하는 나에게 고마움을 전하기도 하였다. 결국 양보하고 배려하는 것은 나쁜 것만은 아니란 것을 알고는 내 스스로 위안이 되었다.

셋째, 나는 정리정돈을 잘하는 편이다. 집에서는 주로 내 방 정리와 우리 집 신발장 정리를 잘한다. 부모님도 나의 정리정돈 하는 습관을 칭찬하시면서 기뻐하신다. 내가 정리정돈이라도 해서 일하시는 부모님을 도와 드릴 수 있다는 것이 자랑스럽다. 학교에서도 선생님께 책상 서랍과 사물함 등 정리정돈을 잘한다고 칭찬을 자주 듣곤 한다. 교실 주변의 쓰레기를 보면 치우지 않으면 마음이 불편함을 느낀다. 나 때문에 우리 교실이 깨끗해지면 기분이 좋아진다.

넷째, 나는 그동안 나의 외모에 불만하며 지내 왔다. 키도 작은 편이고 눈도 크지 않다. 그래서 키가 크고 눈이 큰 친구들이 무척 부러웠다. 그런데 이 책을 읽고 나서 생각해 보니 나보다 키가 작은 친구들도 많고 나의 키 때문에 불편한 것은 없었다. 또 눈도 크지 않기 때문에 오히려 먼지나 벌레도 눈이 큰 아이들보다 덜 들어갈 수도 있다는 생각이 들었다. 그래서 이제는 나의 키와 눈에 대해서 만족하려고 노력하고 있다.

그동안 몰랐던 나를 이번 기회에 자세히 알게 되니 불만했던 것들이 부끄럽다. 양보하고 배려하며 정리정돈을 잘하는 자랑스러운 나와 비록 크지 않은 키와 눈을 갖고 있지만, 이것 또한 나의 매력이 될 수도 있다는 생각을 하게 되어 기쁘다. 나는 이제 나를 사랑하고 존중하는 마음을 갖게 되었다. 남들이 부러워하는 나의 모습을 가꾸도록 노력할 것이다.

논제 2) 예시 답안

나는 『난 네가 부러워』라는 책을 통해 새로운 나를 발견했다. 그동안 몰랐던 나의 장점들과 단점들을 찾아보게 되었고 나의 장점들을 어떻게 계발하고 발전시키며, 나의 단점들은 어떻게 극복하고 더 특별한 장점들로 만들 수 있을지 생각해 볼 수 있었다. 그리고 현재 나의 있는 그대로의 모습에 만족하게 되었고 나를 사랑하고 존중하는 기회가 되었다. 진정으로 내가 행복하게 살 수 있는 방법들은 무엇일까 고민해 보며 행복한 삶을 살기 위한 방법들을 찾아보고 구체적인 실천 방안에 대해 생각해 보고자 한다.

첫째, 나의 장점 중 하나는 호기심이 많아 궁금하거나 알고 싶은 것은 꼭 해결하고 넘어가는 것이다. 새로운 경험을 즐기고 남들이 어려워하는 문제들은 주로 내가 해결해 주는 편이다. 부모님과 선생님, 어른들은 내가 질문이 많아서 귀찮아할 때가 많지만 결국 나중에는 그분들도 나의 이런 호기심들을 나쁘게 생각하지만은 않는다. 오히려 창의력이 풍부하다고 칭찬을 하시곤 한다. 내가 남보다 다른 생각을 많이 하고 새로운 문제에 도전하는 것이 창의력의 첫걸음이라고 말씀하신다. 그래서 난 과학자가 되고 싶은 꿈이 있다.

둘째, 나의 단점 중 하나는 고집이 세다는 것이다. 내가 옳다고 생각하는 것은 끝까지 주장하는 것이 때로는 친구들과 어른들에게 미움을 사기도 한다. 다른 사람의 의견도 잘 들어주고 존중해 주는 것이 필요하다고는 느끼지만, 나의 생각과 다른 사람들의 의견을 받아들이는 것은 쉽지 않다. 나는 나의 이런 성격이 단점이기도 하지만 때로는 장점이 될 때도 있다는 것을 느낄 때가 있다. 때로는 다수의 의견이 틀릴 수도 있기 때문이다. 그러나 나의 고집 때문에 다른 사람들로부터 왕따 당할 수 있기에 난 이런 나의 모습이 싫을 때도 있다. 특히 내가 주장했던 것이 옳지 않은 것으로 판정 났을 때 난 나의 이런 모습에 실망하게 된다. 그래도 나의 이런 단점이 때로는 장점이 되어 다른 사람들에게 도움이 될 때도 있기에 난 나의 이런 모습이 자랑스럽게 느껴지기도 한다.

셋째, 내가 행복하게 살 수 있는 방법은 무엇일까 고민해 본다. 나는 지금 내 자신의 있는 그대로의 모습을 사랑하려고 노력하고 있다. 내가 비록 키도 작고 잘 생기지도 않았지만, 남들보다 잘하는 것들을 생각하면서 내 자신을 스스로 위로한다. 외모보다 더 중요한 것이 내 안의 모습이라고 생각하게 되었다. 그래서 난 내면

이 아름다운 모습으로 가꾸어 가려고 노력하고 있다. 결국 내 자신의 모습에 만족하면서 내가 만족스럽지 않은 것은 체념할 것은 빨리 체념하고 나의 좋은 점을 더 많이 발견하고 계발하는 것이 행복의 방법이라고 생각한다. 나의 단점도 때로는 장점으로도 될 수 있다는 것을 생각하고 어떻게 단점을 극복하고 장점이 되도록 할 것인가 생각해 보는 것이 필요하다.

나의 있는 그대로의 모습을 사랑하고 존중하는 것이 행복한 삶의 조건이 되며, 나의 장점을 발견하고 계발하며, 나의 단점을 찾아 극복하고 장점으로 바꿀 수 있는 방법을 생각하는 것이 행복으로 가는 길이라고 생각한다. 그리고 무엇보다 나만 행복한 것이 아니라 나를 통해 다른 사람들까지도 행복하게 해 주는 것이 최상의 행복이 아닐까 생각한다. 결국 나와 내 주변의 사람들과 세상의 모든 사람들이 행복해지는 것이 진정 행복한 것이기 때문이다.

논제 3) 예시 답안

우리 주변에는 신체적으로나 정신적으로 힘들게 살아가는 사람들이 많이 있다. 태어날 때부터 신체적으로 장애를 안고 태어난 사람들도 있고 또 사고로 신체의 일부를 잃어버린 사람들도 많이 있다. 또한 살아가면서 정신적인 충격을 받아 정신 이상이 된 사람들도 있다. 우리는 흔히 이런 사람들이 모두 불행하다고 생각할 수 있다. 그러나 자신이 처한 상황이 남들이 보기에 불행해 보이지만 오히려 어려움을 극복하고 자신을 존중하고 사랑하며 행복하게 사는 사람들이 있다. 자신의 어려움을 극복하고 오히려 자신의 삶을 감사하며 행복하게 살아가는 사람들에 대해 생각해 보고자 한다.

첫째, 현재 호주에서 살고 있는 행복전도사 닉 부이치치를 소개하고 싶다. 닉 부이치치는 1982년 호주에서 팔과 다리가 없는 장애아로 태어났다. 오로지 머리와 몸통과 작은 발 하나에 붙어 있는 두 개의 작은 발가락이 붙어 있었다. 닉은 어려서부터 친구들로부터 놀림을 받으며 상처를 많이 받았고 "괴물이다", "외계인이다"라고 놀리는 친구들로부터 헤어나기 어려웠다고 한다. 그래서 자살이라는 무서운 생각도 하며 여러 차례 시도해 보았지만, 자신을 무척 사랑하는 부모님과 가족을 생각하니 그럴 수가 없었다고 한다. 신앙심이 깊은 부모님은 늘 닉에게 아낌없는 사랑과 용기를 주었고 정상적인 아이처럼 생각하고 남들이 하는 모든 일들을 할 수 있도록 가르치고 여건을 만들어 주셨다고 한다. 이런 부모님의 극진한 사랑과 정성 때문에 닉은 삶을 포기하지 않고 열심히 공부하며 자신을 사랑하고 지금은 오히려 행복을 전하는 '행복 전도사'로 세상의 많은 사람들에게 용기와 희망과 행복을 전하며 살고 있다. 치명적인 장애와 어려움을 극복하고 기쁨으로 삶을 살아가는 닉 부이치치는 깊은 신앙심으로 자신이 장애아로 태어난 것도 더 큰 사람으로 사용하시려는 신의 뜻이라고 고백하며 오히려 자신의 어려움으로 많은 사람들이 위로를 받고 용기와 희망을 받게 되어 기쁘다고 말하고 있다. 그는 단지 자신의 신체장애가 조금 불편할 뿐이라고 말한다. 그리고 삶의 태도를 항상 긍정적이고 적극적으로 살아가려고 노력하고 있다. 그는 "무엇이든 가능하다", "눈을 떼지 않는 한 가능성은 사라지지 않는다"라고 말한다. 닉 부이치치의 행복한 삶은 저절로 된 것이 아니고 긍정적인 생각과 적극적인 삶의 태도 때문이다. 자신의 있는 그대로를 인정하고 사랑하며 자신의 불행을 행복으로 바꾼 닉은 세상의 많은 사람들에게 빛이 되어 행복으로 가는 길을 안내해 주고 있다.

둘째, 네 손가락의 피아니스트 이희아를 소개하고 싶다. 태어날 때부터 선천성사지기형 1급 장애인으로 양손에 손가락이 두 개밖에 없는 아이로 태어났고 자라면서 무릎 아래의 다리를 절단해야 하는 어려움까지 겪은 이희아는 지금 피아니스트로 활약하며 전 세계의 사람들에게 따뜻한 사랑을 전하고 있다. 손가락이 모두 네 개밖에 없는 사람이 피아노를 친다는 것은 정말 쉽지 않은 일이다. 이희아는 어려서부터 피아노를 배우고 싶어 했고, 극진한 사랑과 보살핌으로 이희아를 키우는 부모님은 그녀의 희망을 놓지 않도록 어렵게 피아노 선생님을 만나 피아노를 배우게 되었다. 하루 10시간 이상을 피아노 앞에 앉아 열심히 연습하며 피아노 경연대회에서 놀라운 성적을 거두게 되었고 자신감과 인정을 받게 되었다. 물론 그렇게 되기까지는 정말 많은 어려움들이 있었다고 한다. 손가락 장애아를 가르치려는 피아노 선생님도 구하기 어려웠고 경연대회에서도 원서조차 받아 주지 않을 때도 많았다고 한다. 그럼에도 불구하고 포기하지 않고 열심히 연습하고 도전해 온 불굴의 정신이 지금의 피아니스트 이희아를 낳게 한 것이다. 네 손가락의 피아니스트 이희아는 음악을 통해 세계의 많은 사람들을 울리며 감동을 주고 어려움을 겪고 있는 사람들에게 용기와 희망을 전해주고 있다.

셋째, 내 주변의 어떤 분은 가난한 집에서 태어나서 제대로 세끼 식사도 하지 못하면서 자랐다고 한다. 부모님도 일찍 돌아가시고 가정형편이 안 좋아서 겨우 초등학교와 중학교를 졸업하고 일터로 나가 동생들의 생계유지를 위해 일을 해야만 했다고 한다. 그러나 항상 꿈을 갖고 밝은 미래를 그려보며 남들보다 더 많이 일하고 공부하며 다른 사람들로부터 인정을 받게 되었다고 한다. 자신의 삶을 소중히 여기며 낮에는 직장에서 성실하게 일하며 밤에는 야학으로 공부해서 고등학교를 검정고시로 졸업하고 대학도 일하면서 밤에 야간대학을 다니며 열심히 공부한 결과 지금은 훌륭한 건축사가 되었고 멋진 건축사로 열심히 돈을 벌어 어려운 이웃들을 도와주며 살고 계신다. 그분은 자신의 힘든 어린 시절을 생각하며 힘들게 살고 있는 어린이들과 노인들을 위해 봉사하고 헌신하며 자신의 돈을 아끼지 않고 후원하고 있다. 다른 사람을 행복하게 해 주는 것이 진짜 행복한 것이라고 생각하며 지금도 열심히 남을 위해 시간과 물질을 투자하며 행복하게 살고 계신다.

자신의 어려움을 포기하지 않고 극복하며 성공한 사람들의 공통적인 특징은 우선 자신을 소중히 여기고 사랑하며 꿈을 갖고 열심히 살았다는 것이다. 용기와 희망을 안겨 주며 행복하게 살고 있는 닉 부이치치와 피아니스트로서 없어서는 안 될 열 개의 손가락 대신 네 개의 손가락으로 훌륭한 음악을 연주하며 세상 사람들에게 감동과 기쁨을 주는 이희아, 그리고 가난과 싸우며 역경을 이겨내고 열심히 공부하고 일하며 훌륭한 사업가가 되어 어려운 이웃들을 돕고 사는 그분이야말로 진정한 행복을 누리며 사는 사람들이라고 할 수 있다. 어려운 상황을 이겨내고 성공적인 삶을 살고 있는 사람들, 나만 행복한 것이 아니라 내 주변과 다른 사람들까지도 행복을 안겨 주는 진정한 행복한 삶을 사는 사람들이야말로 참된 꿈을 이룬 성공한 사람들이라고 말할 수 있다.

요 사고뭉치들 내가 돌아왔다

해리 알러드 글 / 제임스 마셜 그림 / 김성희 옮김 / 문학동네

❶ 들어가기

『요 사고뭉치들 내가 돌아왔다』는 시리즈 작품으로 전 작품인 『선생님을 찾습니다』에 이어지는 두 번째 작품이다.

  여기에 등장하는 2학년 7반 학생들은 보통이 아니다. 어느 날 담임 선생님이신 보드레 선생님이 목이 아파서 수술을 받아, 학교에 못 나오게 되는 이야기로 시작된다. 담임 선생님이 안 계신 교실의 모습을 상상하며 아이들은 자유의 세상이 될 거라 생각하며 무척 기뻐한다. 그때 3학년 형 하나가 무시무시한 때찌 선생님이 임시 교사로 올 거라고 말한다. 하지만 임시 교사 대신 따부네 교장 선생님이 들어오셨고 나름대로 아이들을 재미있게 해 주시려고 다양한 활동을 해 주신다. 그러나 아이들은 지루해 하며 교장 선생님을 따돌리기 위해 음모를 꾸민다. 개구쟁이들 몇 명은 담임 선생님이신 보드레 선생님 변장을 해서 교장 선생님을 보내고 수업 시간에는 자기들 마음대로 놀러 다니며 여러 가지 소동을 피운다.

그러는 동안 집에 아파서 누워 있던 담임 선생님은 밖에서 돌아다니는 반 아이들을 보고 놀라며 어떻게 해야 할지 고민하다가 새로운 생각을 하게 된다. 이때 멋진 반전이 시작된다. 말썽꾸러기 아이들을 잡기 위해 나타난 때찌 선생님으로 등장하게 된다. 과연 정체불명의 때찌 선생님은 누구일까? 보드레 선생님은 어디로 사라진 것일까? 아이들은 본인들이 꾸몄던 음모 대신 담임 선생님의 음모에 넘어가게 된다. 교장 선생님이 등장하고 담임 선생님과 학생들 사이에서 일어날 수 있는 학교생활에서의 일을 재미있게 그려낸 그림 동화책이다.

재치와 유머가 넘치는 이 그림책은 어린이들뿐만이 아니라 어른들까지도 어릴 적 추억을 회상하게 하는 호감을 자아내는 책이다. 세계적인 큰 상인 칼데콧 아너 상을 받은 이 책 그림을 그린 제임스 마셜은 《워싱턴 포스트》지에서 "더 나은 어린이 책 작가를 찾기는 힘들다"라고 평할 만큼 아이들의 마음을 잘 읽어내는 실력 있는 그림 작가이다. 단짝인 해리 알러드와 함께 만든 이 그림 동화책 시리즈는 연약한 보드레 담임 선생님이 사고뭉치인 반 학생들을 어떻게 예의 바른 학생들로 만들었는지 그 과정을 흥미롭게 펼쳐 놓았다. 초등학교에서 흔히 볼 수 있는 사건들을 재미있게 풀어 놓은 이 책을 통해 아이들은 자신들의 생활을 돌아보고 어른들은 동심의 세계로 빠져들 수 있는 책이기도 하다.

❷ 제시문 읽기

하나, 책 표지 보고 이야기하기

- 다양한 질문 만들기(하브루타)
- 내용을 알기 전에 상상해 보기

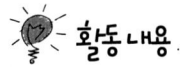 활동 내용

● **하브루타 수업 방법**

① 질문 중심 하브루타 수업

> 질문 만들기 → 짝 토론 → 모둠 토론 → 발표 → 쉬우르(교사: 학생 전체)

② 논쟁 중심 하브루타 수업

> 논제 조사하기 → 짝 논쟁 → 모둠 논쟁 → 발표 → 쉬우르(교사: 학생 전체)

③ 비교 중심 하브루타 수업

> 비교 대상 정하기 → 짝 토론 → 모둠 토론 → 발표 → 쉬우르(교사: 학생 전체)

④ 친구 가르치기 하브루타 수업

> 내용 공부하기 → 친구 가르치기 → 배우면서 질문하기 → 입장 바꾸기 →
> 이해 못한 내용 교사에게 질문하기 → 쉬우르

⑤ 문제 만들기 하브루타 수업

> 문제 만들기 → 짝과 문제 다듬기 → 모둠과 문제 다듬기 → 문제 발표 → 쉬우르

둘, 책 내용으로 이야기하기

장난꾸러기들이 많은 2학년 7반 담임 선생님은 목이 아파 수술을 하게 되었고 학교에 출근하지 못했다. 대신 집에서 누워 있는데 자신의 학급 학생들이 자신을 변장한 누군가와 함께 밖에서 돌아다니고 있다. 이러한 상황을 발견한 보드레 담임 선생님은 어떻게 해야 할지 고민하게 된다.

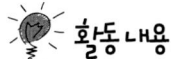 활동내용

(1) 다양한 질문 만들기(하브루타)
- 글을 보고 질문 하브루타하기
    - ☞ 사실(내용)하브루타
        - 예시 학교에 있어야 할 자신의 학급 학생들과 자신을 변장한 누군가가 밖에서 돌아다니고 있는 모습을 발견했을 때 보드레 선생님은 어떤 마음이었을까?
    - ☞ 상상(심화)하브루타
        - 예시 만일 보드레 선생님이 학생들을 발견해서 아는 척을 했다면 어떤 일이 생겼을까?
        - 예시 만일 우리 학급의 담임 선생님이 편찮으셔서 학교에 못 나오신다면 어떨까?
    - ☞ 적용(실천)하브루타
        - 예시 다른 사람을 속이고 놀리는 개구쟁이 경험을 한 적이 있나?
    - ☞ 종합(메타)하브루타
        - 예시 미래의 학교 모습은 현재와 어떻게 달라질까?
        - 예시 재미를 위해 다른 사람을 속이고 놀리는 것들이 옳은 일인가?

(2) 이야기식 토론하기(RWS)
- 담임 선생님이 안 계신 교실 상상 생각해 보고 이야기 나누기
- 미래의 학교 모습은 어떻게 달라질 것인지 이야기 나누기
- 다른 사람을 속이고 놀리는 개구쟁이 행동을 한 경험 이야기하기

모둠 토의·토론 활동지

■ 토론 주제: 미래의 학교는 어떤 모습일까?

■ 미래의 학교는 어떻게 달라질까?(2가지 이상 포스트잇에 생각 적기)

모둠원들의 생각 붙이기
생각을 모아 미래의 학교 만들기

셋, 책 내용으로 이야기하기

때찌 선생님으로 변장한 보드레 담임 선생님의 반전 계획에 학생들은 속임을 당하게 되고, 때찌 선생님과 보드레 담임 선생님은 어떻게 복도에서 마주치지 않았는지 매우 궁금해 했다. 3학년 형이 말했던 악마 같은 때찌 선생님을 만난 후에야 학생들은 교장 선생님을 속여 돌려보낸 것을 후회하게 되었다.

활동내용

(1) 다양한 질문 만들기(하브루타)
- 글을 보고 질문 하브루타하기
    ☞ 사실(내용)하브루타
        예시 보드레 담임 선생님은 왜 때찌 선생님으로 변장해서 학생들을 속였을까?
        예시 때찌 선생님과 보드레 담임 선생님은 왜 복도에서 마주치지 않았을까?
    ☞ 상상(심화)하브루타
        예시 만일 내가 보드레 담임 선생님이었다면 어떻게 대처했을까?

☞ 적용(실천)하브루타

예시 우리 담임 선생님도 보드레 선생님처럼 학교에 못 나오신다면 나는 교실에서 어떻게 행동할까?

☞ 종합(메타)하브루타

예시 지혜롭게 대처한 보드레 담임 선생님은 앞으로 학생들을 어떻게 대하실까?

(2) 토의·토론하기
- 선의의 거짓말은 필요한 것인지 생각 토론하기
- 재미를 위해 장난을 치는 것이 바람직한 것인지 토론하기
- 질문으로 논제 만들기
- 논제로 학급 전체 토론하기(질문 중심의 하브루타 토론하기)

사고뭉치들! 어떻게 2학년 7반에는 해마다 문제아들만 들어온담?
너희처럼 말 안 듣는 애들은 처음 본다!

-뒤표지 글에서-

❸ 생각하기

1) 책 표지 사진 속의 아이들의 모습은 어떠한가?
2) 『요 사고뭉치들 내가 돌아왔다』라는 책 제목에서 어떤 생각이 드나?
3) 이 책 속에 등장하는 3학년 형은 누구일까?
4) 학생들은 왜 교장 선생님을 따분네 교장 선생님이라고 불렀을까?
5) 교장 선생님은 다양한 방법(카드 마술놀이, 그림자 놀이, 새 소리 흉내, 금둥이의 슬라이드, 세계 여러 나라의 볼펜 등)으로 학생들을 재미있게 해 주려고 했는데 학생들은 왜 따분하다고 했을까?
6) 때찌 선생님의 존재는? 보드레 선생님이 과연 때찌 선생님으로 변장한 것일까?

7) 어떻게 보드레 선생님이 때찌 선생님을 복도에서 만나지 않았을까?
8) 우리 담임 선생님이 학교에 못 나오신다면 선생님이 안 계신 우리 교실은 어떤 모습일까?
9) 나는 혹시 책 속의 개구쟁이들처럼 그런 모습은 아닌가?
10) 내가 만일 2학년 7반 담임인 보드레 선생님이라면 나는 어떤 방법으로 학생들을 가르치고 학생들에게 어떤 선생님이 되고 싶은가?

④ 논제 만들기

1) 내가 만일 2학년 7반 담임인 보드레 선생님이라면 교장 선생님을 쫓아내려고 음모를 꾸민 개구쟁이 아이들의 행동에 어떻게 반응했을지 생각해 보고 나는 어떤 방법으로 학생들을 가르치고 학생들에게 어떤 선생님이 되고 싶은지 구체적인 사례를 들어 자신의 생각을 생각을 써 보시오. (600자 내외)

2) 책 속이 개구쟁이들의 행동에 대해 어떻게 생각하는지 현재의 나의 학교생활의 모습과 비교해 보면서 초등학교에서의 바람직한 학생들의 학교생활에 대한 생각을 써 보시오. (600자 내외)

3) 과거와 현재, 미래의 초등학교의 모습은 어떨까 생각해 보며 내가 생각하는 미래의 초등학교에 대한 나의 생각을 써 보시오. (600자 내외)

⑤ 답안 쓰기

논제 1) 예시 답안
개구쟁이들이 많은 책 속의 2학년 7반 담임 선생님은 무척 지혜로우신 것 같다.

교장 선생님을 쫓아내려고 음모를 꾸민 개구쟁이 아이들의 행동을 꾸짖기보다는 학생들에게 반전을 일으켜서 학생들이 스스로 반성할 수 있게 한 것은 참 잘한 일이라고 생각한다.

보드레 선생님이 학생들의 행동에 화를 내고 벌을 주었다면 학생들과의 관계는 더 나빠졌을 것이다. 지혜롭게 행동한 보드레 담임 선생님은 그 후 학생들과 더 좋은 관계로 재미있는 학급을 만드실 것이다.

만일 내가 보드레 담임 선생님이었다면 나는 교실에서 공부하고 있어야 할 학생들이 야외에서 놀고 있는 것을 발견했을 때 화를 내며 학생들을 꾸짖었을 것이다. 보드레 담임 선생님의 재치와 학생들을 다루는 모습이 존경스럽다.

나도 만일 초등학교에서 학생들을 가르치는 선생님이 된다면 보드레 선생님처럼 지혜롭고 재치 있는 선생님이 되고 싶다. 또한 편도선이 아파서 수술을 하신 보드레 선생님을 보면 정말 열심히 가르치시고 학생들을 사랑하시는 선생님이 틀림없다.

나도 보드레 선생님처럼 학생들을 사랑하고 열심히 가르치며 학생들에게 친구같이 다정하고 엄마같이 따뜻한 선생님이 되고 싶다. 또한 공부를 열심히 해서 지식이 풍부하고 학생들에게 공부를 쉽게 잘 가르치고 싶다. 그리고 학생들이 학교에 오고 싶어 하는 분위기로 만들어 주며 미래의 꿈을 키울 수 있는 장소로 만들어 주고 싶다.

논제 2) 예시 답안

책 속의 개구쟁이들이 많은 2학년 7반은 담임 선생님이 무척 힘드실 것 같다. 그래서 보드레 담임 선생님도 병이 나신 게 아닐까? 담임 선생님이 편찮으셔서 학교에 못 나오시면 더 잘해야 하는 데 학생들은 오히려 속으로 좋아한다. 자유를 누릴 수 있기 때문이다. 물론 나라도 그랬을 것이다.

그러나 교장 선생님을 몰아내기 위해 장난꾸러기들은 음모를 계획하고 보드레 선생님으로 변장한 것은 너무 무례한 행동이다. 다양한 활동으로 학생들을 재미있게 해 주시려는 교장 선생님의 성의도 무시하고 교장 선생님을 몰아낸 것은 잘한 행동이 아니다. 차라리 교장 선생님께 솔직하게 말씀드리고 다른 활동을 하게 해 달라고 요청하는 게 좋지 않았을까?

　개구쟁이들의 이런 행동에 다른 학생들까지 모두 이런 분위기에 휩싸여 모두가 다 개구쟁이들이 되어 가는 모습은 바람직하지 않다. 나 하나 때문에 좋은 방향으로 학급을 변화시키지는 못할망정 나쁜 분위기로 몰아가는 것은 다른 사람들에게도 피해를 주는 일이다.

　그러면 현재의 나의 학교생활의 모습은 어떤가? 나도 개구쟁이이기는 하지만 나 때문에 학급 전체에 피해를 주는 일은 가능하면 하지 않으려고 한다. 가끔은 친구들과 선생님을 놀라게 해 주려고 이상한 행동을 할 때도 있지만 지나친 장난을 피하려고 한다. 초등학교에서의 추억을 만들기 위해 깜짝 쇼를 하고 싶을 때도 있지만 지나치지 않는 범위 안에서 하려고 노력하고 있다.

　초등학교 생활은 즐겁게, 내가 좋아하고, 하고 싶은 일을 맘껏 하면서 지내는 것이 좋다고 생각한다. 중학교 고등학교에 가면 공부에 더 많은 시간을 보내야 하기에 초등학교에서는 친구들과도 선생님들과도 더 가까이 지내며 추억거리도 많이 만들며 지내는 것이 좋다. 우리나라는 아직도 대학입시가 우리 삶에 중요한 부분을 차지하기에 마음껏 꿈을 키우고 설계하며 다양한 경험을 쌓고 좋은 책도 많이 읽고 예술 활동에도 참여할 수 있는 기회를 많이 만드는 것이 중요하다고 생각한다. 멋진 초등학교 생활을 만들어 보자.

논제 3) 예시 답안

　우리나라의 과거 초등학교 모습은 지금과는 훨씬 달랐다고 한다. 1960~1970년대의 초등학교 모습을 살펴보면 우선 학급당 학생 인원수가 보통 60~70명 정도의 다인수 학급이었다고 한다. 담임 선생님은 한 분인데 교실 크기는 현재와 거의 같았고 이렇게 많은 학생들이 한 교실에서 한 분의 담임 선생님과 공부하며 지냈다는 것이 정말 놀랍다.

　또한 대부분의 학교에서 저학년은 오전 오후 교대로 한 교실을 쓰며 지냈고, 도서관, 강당, 체육관, 음악실, 과학실 등은 상상도 할 수 없었다고 한다. 물론 여름에는 에어컨은커녕 선풍기조차 없었고 대신 나무 그늘에 가서 공부를 하거나 창문을 열고 더위를 이기며 공부하는 것이 고작이었다고 한다. 겨울에도 난방시설은 나무나 석탄을 때는 난로였고 학교 급식 대신 도시락을 싸 와서 난로에 데워 먹었다고 한다.

교실에는 텔레비전이나 컴퓨터는 물론 없었고 칠판 하나만이 공부를 가르칠 수 있는 유일한 도구였다고 한다. 또 교과서와 공책 필기도구가 전부였고 지금처럼 읽고 싶은 책도 마음껏 읽을 수 있는 여건이 안 되었다고 한다.

현재의 초등학교의 모습은 어떤가? 위에서 본 과거의 학교 모습보다는 훨씬 발전했고 교육여건도 좋아졌다. 학급당 인원수도 많이 줄었고 모든 준비물도 학교가 거의 제공해 주고 있다. 컴퓨터나 텔레비전, 실물 화상기 등 선진 기자재가 공부하는 것을 도와주고 또 냉난방기가 설치되어 있어서 안락하게 공부할 수 있는 교실 분위기다.

그리고 방과 후 교실 프로그램도 다양해서 학원을 가지 않아도 학교에서 방과 후 프로그램에 참여할 수 있다. 이처럼 과거와는 많이 달라진 현재의 학교 모습은 세계 선진국 어디 못지않게 발달되었다.

그러면 미래의 초등학교 모습은 어떻게 달라질까? 나는 미래의 초등학교 모습은 지금보다는 훨씬 더 좋아질 것이라고 생각한다. 우선 현재는 모든 교과를 담임 선생님과 직접 얼굴을 맞대고 하지만 미래에는 컴퓨터로 학교에 오지 않아도 가정에서 화상으로 공부하게 될 것이라고 생각한다. 물론 직접 선생님과 얼굴을 맞대고 해야 하는 공부는 그렇게 해야 하지만 화상으로도 가능한 공부라면 시간 절약을 위해서 가정에서도 할 수 있는 분위기가 만들어질 것이다.

또한 친구들과도 컴퓨터에서 화상으로 토론하며 생각과 정보를 주고받으며 편리하게 집에서도 가능할 것이다. 선생님들도 학교에 출근을 안 하셔도 댁에서 과제를 내주거나 토론거리를 주는 등 안내를 해 주시고 점검을 해 주실 수도 있을 것이다.

그리고 지금처럼 학교 크기가 큰 대신 작은 지역사회 학교로 구성되고 학급당 학생 인원수도 적어지지 않을까? 초등학교에서 현재 배우고 있는 전 교과목도 다 배우는 대신 내가 좋아하고 관심 있는 교과를 선택해서 더 깊이 있게 공부하게 되지 않을까 생각해 본다. 미래의 초등학교 모습에서 지금보다 더 나은 발전된 학교 교육이 이루어질 것이라고 생각한다.

아낌없이 주는 나무

쉘 실버스타인 글·그림 / 김영무 옮김 / 분도출판사

❶ 들어가기

이 책과의 만남은 중학교 2학년 때다. 서울에 사는 숙모가 『꽃들에게 희망을』과 함께 보내왔다. 책은 받은 그 날로 열 번 넘게 읽고 내용을 다 외우다시피 했던 것으로 기억한다. 40년 지난 이야기다.

이 책은 미국의 대중예술가인 실버스타인의 작품으로 1964년에 빛을 보게 되어 모든 연령층으로부터 사랑받고 있는 세계적인 스테디셀러다.

한 그루의 사과나무가 한 사람의 인간에게 끝없는 사랑을 베푸는 감동적인 이야기로 흔히 무한한 사랑을 주는 모성애, 아가페적인 사랑에 비유되기도 한다.

짧은 이야기, 긴 여운, 적절한 그림으로 책을 싫어하는 아이들이라도 쉽게 읽을 수 있고 책이 우리에게 주는 교훈 때문에 독서토론에 많이 활용하고 있다.

2015 개정 교육과정 국어과에서 초 3학년부터 매 학기 수업시간에 책 한 권을 읽

고, 생각을 나누고, 쓰는 통합적인 국어 활동을 활성화한다. 초등학생 8권, 중학생 6권, 고등학생 6권을 함께 읽고 통합적인 활동을 통해 새로운 생각을 만들어 나가야 하는 것이 미래를 살아갈 학생들에게 절실히 필요한 시대적 요청이기 때문일 것이다.

『아낌없이 주는 나무』는 이런 점에서 한 권을 함께 읽고 학생들의 삶 속으로 파고들어가 통합적인 활동을 해 보기 좋은 책이다.

『아낌없이 주는 나무』는 많은 질문을 던져 준다. 소년은 나무에게 아무것도 해 주지 않으면서 항상 나무에게 바라고 얻어가는 태도가 과연 바람직한지 생각하게 한다. 자기 몸을 희생하면서까지 소년이 원하는 것을 모두 주는 나무의 행동은 잘한 일인지, 그로 인해 소년이 계속 바라기만 하는 마음을 갖게 된 데에 나무의 책임은 없는지 꼬리를 무는 질문을 하게 된다.

『아낌없이 주는 나무』는 자연이 인간에게 선물하는 유·무형적 가치를 간접적으로나마 이해하고 경험하게 한다. '아낌없이 주기만 하는 나무'와 '아낌없이 받기만 하는 소년'이 아니라 인간과 자연이 공존하는 미래를 위해 현재의 삶을 성찰하게 한다. 미래 세대의 필요를 희생시키지 않으면서 현세대의 욕구를 충족시키는 지속가능 발전교육, 더불어 우리가 자연을 아끼고 보존해야 하는 이유를 설명하고 있다.

『아낌없이 주는 나무』는 소년과 나무의 관계를 통해 수많은 관계를 이야기하고 있다. 삶에서 관계의 소중함을 깨닫고 의미 있는 관계를 쌓을 수 있기 위해서 어떤 나눔과 실천이 필요한지를 생각하게 한다. 수많은 관계 속에서 어떻게 사는 것이 진정 아름답고 행복한 삶인지를 생각하게 해 주는 책이다.

♣ 『아낌없이 주는 나무』 내용 엿보기

옛날에 나무가 한 그루 있었다. 나무에게는 늘 자신에게 찾아와 노는 소년이 있었다. 둘은 서로 사랑했다. 소년은 나무에 올라가 놀기도 하고 열매를 따 먹기도 했다. 둘은 행복한 시간을 보냈다. 소년이 자라자 나무는 홀로 있는 시간이 많아졌다. 어느 날 소년이 나무에게 돈이 필요하다고 말했다. 나무는 자신의 열매를 따다

팔아서 돈을 만들라고 했다. 소년은 그렇게 했고 나무는 행복해 했다. 세월이 흐른 후 어른이 된 소년이 나무에게 돌아왔다. 나무는 옛날처럼 소년과 함께 즐거운 시간을 보내고 싶었으나 소년은 자신이 필요한 것은 집 지을 나무라고 했다. 나무는 자신의 가지를 베어다 집을 지으라 했고 소년은 그렇게 했다. 나무는 행복했다. 오랜 세월이 지난 후 소년은 나이가 들어서 돌아왔다. 그는 먼 나라로 갈 수 있는 배가 필요하다고 했다. 나무는 자신을 베어다가 배를 만들라고 말하고 소년은 그대로 했다. 나무는 행복했다. 그러나 정말로 행복한 것은 아니었다. 더 많은 세월이 흐른 후 소년은 이제 늙어 기운이 빠진 노인이 되어 돌아왔다. 나무는 그에게 더 이상 내어 줄 것이 없음을 안타까워했다. 그러나 소년은 아무것도 필요치 않고 늙은 자신의 몸이 앉을 곳만 있으면 된다고 했다. 나무는 그루터기가 되어버린 자신의 밑둥에 걸터앉으라고 했다. 소년은 그렇게 했고 나무는 행복했다.

❷ 제시문 읽기

 책 속으로 풍덩

하나, 책 표지 보고 이야기하기

- 다양한 질문 만들기 (하브루타)
- 내용 알기 전에 상상해 보기
- 아낌없이 주는 나무로 5행시 짓기

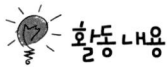 활동내용

(1) 아낌없이 주는 나무로 5행시 지어 보기

   ① 포스트잇에 5행시 짓기

   ② 5행시 발표하기

   ③ 5행시 행복 나무에 게시하기

> **예시**
>
> 아낌없이: 아낌없이 주는 나무는
>
> 주: 주는 것이 더 기뻐요.
>
> 는(은): 은근히 행복합니다.
>
> 나: 나는 언제 기쁠까요? 나도
>
> 무: 무조건 받을 때 보다 줄 때가 더 기뻐요.

(2) 온 책 함께 읽기의 효과

  교과서 속 토막 난 텍스트를 읽는 것에 익숙해지면 학생들은 책 읽기의 즐거움을 느끼지 못하고 정답을 찾는 공부에 길들여진다. 책을 읽는 이유는 책 읽기를 통해서 작가의 생각을 읽고, 나와 다른 사람들을 이해하고, 세상을 이해하고, 그래서 더불어 잘 살기 위해서다. 한 사람이 열권의 책을 읽는 것보다 열 사람이 같은 한 권의 책을 읽고, 문답, 대화, 토론하는 것이 더 효과적이라고 한다. 앞표지부터 뒤표지까지, 첫 장부터 끝장까지 세밀하게 읽으면서 행간에 숨은 뜻을 찾고 작가와 대화하듯 함께 토의·토론하는 과정에서 책 읽기의 즐거움에 빠져들고 이를 통해 학생들의 생각의 깊이와 폭을 확대한다.

둘, 질문하며 읽기

(1) 함께 읽기(천천히 깊게 읽기)

(2) 질문하며 읽기

   • 내용을 확인하는 질문 만들기

- 생각을 묻는 질문 만들기
- 나와 관계 짓는 질문 만들기

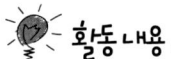 활동 내용

(1) 함께 읽기 과정

단계	활동 및 발문
읽기 전	표지 및 제목 보고 이야기하기 ☞ 어떤 이야기일까?
읽는 중 (읽어 주기)	중간중간 질문하기 ☞ 나무가 행복했을 때는 언제인가? ☞ 소년이 행복했을 때는? ☞ 나무가 소년에게 준 것은 어떤 것인가? ☞ 나무는 왜 아낌없이 주기만 했을까? 등 ※ 누군가 읽어줄 때 아이들은 더 많은 것을 느끼고 상상한다고 함 ※ 학생들이 몰입해서 읽을 때는 중간중간 질문하기를 생략하는 것이 효과적임
읽는 중 (혼자 읽기, 돌려가며 읽기 등)	공감 가는 문장에 밑줄 치면서 읽기/떠오르는 이미지를 쓰면서 읽기/자신의 경험 적어 가면서 읽기 ☞ 나무와 관련된 경험이 있는가? ☞ 내가 소년이라면 어땠을까? ☞ 내가 나무였다면 어땠을까?
읽은 후	읽은 후 느낌 나누기/ 한 줄 느낌 적어 게시하기 ☞ 자기 몸을 희생하면서까지 소년에게 아낌없이 주기만 한 나무의 행동은 잘한 것일까? ☞ 진정한 사랑이란 어떤 것인가?

(2) 질문하며 읽기

① 책 속의 질문 또는 사실적, 적용적 질문: '누가, 언제, 어디서, 무엇을'에 해당하는 내용으로 책의 주제, 주인공의 성격과 마음씨, 느낌, 글의 분위기 같은 것에

대한 질문이다.

예시

아낌없이 주는 나무의 주제는 무엇일까?

소년은 어떤 성격인가?

나무의 성격을 어떤가?

나무는 소년에게 무엇을 주었나?

소년은 나무에게 무엇을 구했나? 등

② 책 밖의 질문 또는 해석적 질문: '왜'에 해당하는 질문들, 즉, 사건의 원인과 결과, 인물들의 행동의 이유, 작가의 의도나 현실과 연결하여 비판적으로 사고해 볼 수 있는 부분을 말한다. 단편적 지식이나 줄거리의 이해에 따른 질문부터 나와 우리 주변의 삶과 여러 가지 문제에 관련된 고차원적 질문까지 스스로 해볼 수 있고, 자신이 만든 질문에 자신의 관점으로 답할 수 있는 책 읽기가 되어야 한다.

예시

나무의 사랑은 진정한 사랑일까?

진정한 행복은 무엇일까?

소년에게 아낌없이 준 나무의 마음은 어떠했을까?

내가 나무라면 소년에게 어떻게 했을까?

소년이 나무에게 계속 요구하기만 하는 마음을 갖게 된 데 나무의 책임은 없을까?

셋, 책 내용으로 이야기 나누기

아낌없이 주기만 하는 나무의 사랑은 바람직한 것일까? 조건 없는 무한정의 베풂, 이와 같이 무조건적으로 무한정의 사랑을 베푸는 나무의 태도는 과연 바람직한 것일까?

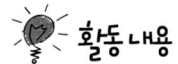 활동내용

(1) 소년과 나무의 관계 성장과정별로 정리해 보기

성장과정	나무와 어떻게 지냈나?
소년시절	나뭇잎을 이용한 놀이, 그네, 사과, 숨바꼭질, 낮잠을 잠
청년시절	사과를 따서 돈을 만듦
어른(장년기)	나뭇가지를 잘라 집을 지음
어른(중년기)	줄기를 베어 배를 만들게 함
노인	나무 밑동에 앉아서 쉼

(2) 6하 원칙에 의하여 책의 내용을 간단히 정리해 보기

구분		중요 내용 생각하기
1. 언제	일어난 일인가요?	
2. 어디서	일어난 일인가요?	
3. 누가	한 일인가요?	
4. 무엇을	하였나요?	
5. 어떻게	되었나요?	
6. 왜	그랬나요?	

(3) 6단 논법으로 자신의 생각 정리하기

구분	논제: 아낌없이 주는 나무의 사랑은 진정한 사랑이다
1. 안건	'아낌없이 주는 나무의 사랑은 진정한 사랑이다'라는 논제에 대해
2. 결론	나는 '그렇다, 그렇지 않다'라고 생각합니다.
3. 이유	(왜냐하면) 그는 (　　　　　　　　　　) 때문입니다.
4. 설명	(예를 들어)
5. 반론 꺾기	(물론)
6. 정리	(그러므로)

(4) 토의 토론하기
- 모둠 문장 만들어 토론하기
- 포토스탠딩 토론하기
- 진정한 사랑에 대해 이야기하기
- 모인 생각을 배열하여 한 편의 시로 만들기

모둠 토의·토론 활동지

■ 토론 주제: 진정한 사랑이란 (   )이다.

■ 진정한 사랑이란 한마디로 무엇인가요?(2가지 이상 포스트잇에 생각 적기)

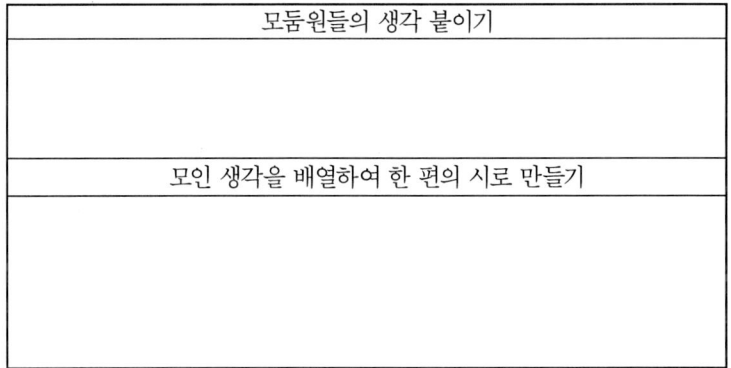

넷, 책 내용으로 이야기하기

아낌없이 주는 나무는 소년에게 주기만 한다. 그때마다 나무는 행복하다고 한다. 단 한 번, 나무는 행복했으나 정말 그런 것은 아니라고 한다. 그렇다면 나무는 진정 행복했을까? 나무가 선택한 삶은 나무 자신을 위해 옳은 것인지 함께 생각해 보자.

(1) 나무가 행복했을 때 정리해 보기

쪽	나무의 행복	나무가 행복한 이유 찾기
31쪽	나무는 행복했습니다.	
41쪽	그래서 나무는 행복했습니다.	
47쪽	그래서 나무는 행복했습니다.	
52쪽	그래서 나무는 행복했으나 정말 그런 것은 아니었습니다.	
58쪽	그래서 나무는 행복했습니다.	

(2) 소년이 행복했을 때 정리해 보기

(3) 6단 논법으로 내 생각 정리해 보기

주제	나무가 선택한 삶은 나무의 행복을 위해 옳은 것인가?	
결론	옳다	옳지 않다
이유	하기 때문입니다.	하기 때문입니다.
예를 들어 설명하기		
반론 고려	물론 (　)라고 말하는 사람도 있겠지만 그것은 (　)이기 때문에 저의 의견이 옳다고 생각합니다.	물론 (　)라고 말하는 사람도 있겠지만 그것은 (　)이기 때문에 저의 의견이 옳다고 생각합니다.
정리	그러므로	그러므로

(4) 찬반 대립식 토론하기

주장 펼치기 ▸ 반론하기 ▸ 주장 다지기 ▸ 판정하기

(5) 논술하기

토론 후 한 가지 입장을 선택해서 나무에게 충고와 격려의 편지를 써 보자.

부르는 말	
첫인사와 안부	
하고 싶은 말 1	
하고 싶은 말 2	
하고 싶은 말 3	
끝인사	
쓴 날짜	
이름	

*글을 다시 읽고 나의 글을 수정해 보자.

*예쁜 편지지에 내 마음을 담아 예쁜 글씨로 옮겨 써 게시해 보자.

다섯, 책 내용으로 이야기 나누기

 소년과 나무의 관계처럼 나는 지금까지 누구(부모님)와 어떤 관계를 맺어 왔나? 서로 진정으로 행복할 수 있는 관계를 만들기 위해서 어떻게 해야 할까? 좋은 관계를 지속 발전시키기 위해 노력할 점은 무엇일까?

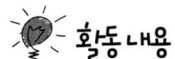 활동내용

(1) 나무와 소년의 관계에 대해 이야기 나누기

(2) 나의 관계망 그려보기

 '마인드맵으로 나타내기'

(3) 모둠별로 서로 소중한 관계를 맺은 사람에 대해 이야기 나누기

(4) 좋은 관계를 맺고 이어 가기 위해 노력할 일에 대해 이야기 나누기

모둠 토의·토론 활동지

- 토론 주제: 좋은 관계는 (   )이다.
- 좋은 관계를 맺기 위해 중요한 것은 무엇인가요?(2가지 이상 포스트잇에 생각 적기)

모둠원들의 생각 붙이기
모인 생각을 배열하여 한 편의 시로 만들기

여섯, 책 내용으로 이야기 나누기

아낌없이 주는 나무는 자신이 가진 것을 모두 소년에게 주었다. 내가 가진 재능(자원)은 무엇이며 나는 이것을 어떻게 나누고 싶은가? 나는 행복한 삶(나의 꿈)을 살기 위해 어떤 준비를 해야 할까?

 활동내용

(1) 나무와 소년이 서로 주고받은 것을 성장과정별로 정리해 보기
(2) 나무와 소년의 재능 정리해 보기
(3) 내가 가진 재능 정리하기, 나의 가치 덕목 정리하기
   '마인드맵으로 나타내기'
(4) 모둠별로 이야기 나누기
(5) 자신이 꿈꾸는 삶에 대해 이야기 나누기

(6) 꿈을 이루기 위한 노력과 실천할 일에 대해 이야기 나누기

〈활동지〉

서론	나의 꿈은 무엇인가요? 왜 그런 꿈을 갖게 되었나요?	
	나는 자라서 (　　　)이 되고 싶습니다.	
본론 1	나의 꿈을 이루기에 좋은 점과 부족한 점은 무엇인가요?	
본론 2	나의 꿈을 이루기 위해 어떤 노력을 어떻게 실천할 것인가요?	
결론	꿈을 이룬 후 하고 싶은 것은 무엇인가요?	

 체험 속으로 풍덩

하나, 책 내용과 관련된 체험활동 해 보기

"한 그루의 나무가 있었고 그 나무에게는 사랑하는 소년이 있었다. 매일같이 소년은 나무와 놀았다." 우리 주변에는 나무가 많다. 나와 관계 맺은 나무가 있는가? 나무 아래서 놀아본 경험이 있는가? 나무를 친구처럼 느껴 본 경험이 있는가? 책 속의 소년처럼 나무와 다양한 관계 맺기를 해 보자.

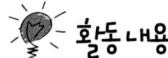 활동내용

(1) 학교에서 내 나무 정하기
- 학교 나무 돌아보기
- 나의 나무 정하기

- 나무와 결연식 갖기
- 내 나무의 모든 것 조사활동
- 나무 돌보기

(2) 오감으로 나무 만나기
- 모이기 및 인사 나누기
- 서로 다른 두 나무를 원으로 서로 둘러선다.
- 나무의 같은 점 찾기
- 나무의 다른 점 찾기
- 오감으로 나무 느껴보기(나무 안아 보기, 나뭇잎 주워 보기 등 오감을 통한 다양한 관찰 활동)
- 나뭇잎, 나무줄기 그려 보기
- 활동 소감 나누기

〈활동 사진〉

둘, 책 내용과 관련된 체험활동 해 보기

소년은 나무에게 와서 나뭇잎을 주워 모으기도 하고 왕관을 만들어 쓰고 놀기도 했다. 소년처럼 나뭇잎으로 다양한 활동을 해 보자.

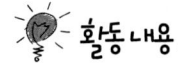 활동내용

누름 꽃 책갈피 만들기
- 학교 안을 돌며 꽃잎을 줍는다.
  - ☞ 가급적 꽃을 따지 않도록 한다. 풀꽃과 잎이 누름 꽃에 더 어울릴 수 있다. 풀꽃도 소중하게 대하도록 한다.
- 책갈피에 끼운다.
  - ☞ 꽃대와 수술 부분을 떼어서 말리는 것이 좋다.
  - ☞ 키친타월 안에 꽃잎을 넣어 책갈피에 끼우면 수분 흡수가 잘 이루어져 꽃잎 색상이 선명하다.
  - ☞ 집에서 말리는 경우 신문지 사이에 꽃잎을 끼우고 다림질을 한다.
- 무거운 것으로 눌러 준다.
- 2~3일에 한 번 다른 쪽에 꽃잎을 옮겨 준다.
- 다 말린 다음 한지 위에 꽃잎을 올린다.
- 책갈피에 어울리는 문구를 붓펜으로 쓴다.
  - ☞ 창제 및 미술 교과 등과 연계하여 활동하면 좋음
  - ☞ 꽃잎만 넣어 코팅한 후 네임펜으로 책갈피에 그때그때 책을 읽고 밑줄 그은 문장을 기록하는 것도 좋음
- 코팅지에 넣고 코팅한다.
- 가장자리를 바느질한다.
  - ☞ 창·체 및 실과 교과 등과 연계하여 활동하면 좋음
- 펀칭기로 구멍을 뚫어 리본을 연결한다.
- 누름 꽃 책갈피를 완성한다.
- 소중한 사람에게 선물한다.

〈참고 작품〉

셋, 책 내용과 관련된 체험활동 해 보기

'소년이 나이가 들어서는 집이 필요하다고 한다. 나무는 소년에게 나무의 가지를 베어가서 집을 지으라고 내어준다.' 나무는 우리 생활에서 다양하게 활용된다. 어떻게 활용되고 있는가? 나무의 소중함을 알고 지구를 위한 작은 실천을 계획하고 홍보해 보자.

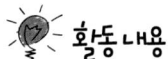 활동 내용

(1) '아낌없이 주는 나무'로 나무 사랑 홍보하기
  - 나무 사랑 버킷리스트 비주얼 씽킹으로 표현하기
  - 나무판에 옮겨 쓰기
  - 다양한 모양으로 꾸미기
  - 활용하기

(2) '기린 방문 고리 만들기'로 지구사랑 실천 및 홍보하기
- 올해의 버킷리스트 비주얼 씽킹으로 표현하기
- 지구 사랑을 위해 실천할 일 옮겨 쓰기
- 창의적으로 디자인하기
- 전시하고 홍보하기
- 문에 걸어 활용하기

〈참고 작품〉
[아낌없이 주는 나무]

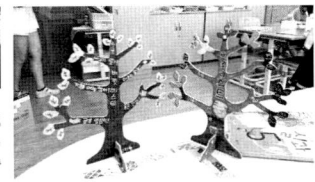

[기린 방문 고리]

넷, 책 내용과 관련된 체험활동 해 보기

『아낌없이 주는 나무』에서는 나무의 일생을 이해하게 된다. 학교 텃밭을 이용해

서 식물(강낭콩)을 가꾸어 보자. 점처럼 작은 씨앗이 자라 먹을거리를 제공하는 한살이 과정을 체험해 보자.

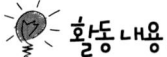
활동 내용

(1) 학교 텃밭에 강낭콩 심어 가꾸기
- 강낭콩 관찰하기
- 강낭콩 텃밭에 심기
- 가꾸기(물 주기/ 거름 주기/ 잡초 뽑아 주기 등)
- 수확하기
- 강낭콩을 넣어 밥 지어 먹기

〈활동 사진〉

(2) 텃밭 활용 다양한 식물 가꾸기 체험하기
- 학교 텃밭 활용 다양한 식물 가꾸기 후 음식 만들기

〈활동 사진〉

씨앗 심기

살구 효소 만들기

가지 따서 요리하기

다섯, 책 내용과 관련된 체험활동 해 보기

(1) 『아낌없이 주는 나무』 온 책 읽기 활동을 마무리하며 입체 모양 책을 만들어 보자.
(2) 모둠별로 '다시 쓰는 아낌없이 주는 나무' 이야기를 창작해 보자.
(3) 다양한 방법으로 아낌없이 주는 나눔을 실천해 보자.

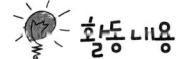 활동 내용

(1) 다시 쓰는 아낌없이 주는 나무: 입체 모양 책 만들어 쓰기
- 4장의 종이를 포개기
- 4장을 한꺼번에 반으로 접기
- 나무 모양의 반절만 접은 선을 중심으로 그리기
- 가위로 오려내기
- 접은 나무 모양이 완성하기
- 모양의 반쪽에 풀칠하기
- 나무 모양을 이어 붙이기
- 모두 붙여 나무 모양 입체 책 완성하기
- 다시 쓰는 아낌없이 주는 나무 이야기 쓰기
- 전시하기

(2) 모둠이 함께 쓰는 아낌없이 주는 나무
- 계획하기
- 새로운 이야기 만들기 토의하기
- 책으로 엮어보기
- 연극으로 표현해 보기
- 문집으로 만들기

(3) 아낌없이 나누는 활동 참여

〈활동 예시〉

세이브더칠드런, 신생아 살리기
모자 뜨기 참여 활동

유니세프, 아우 인형
만들기 참여 활동

환경과 나눔의 생활용품 만들기
참여 활동

❸ 생각하기

1) 아낌없이 주는 나무를 읽고 떠오른 사람은 누구인가? 왜 그 사람이 떠올랐는가?
2) 나무처럼 누군가를 도와준 경험이 있는지 그리고 난 후의 기분은 어떠했는가?
3) 소년처럼 누군가의 도움을 받은 경험이 있는가?
4) 내가 나무였다면 소년에게 어떻게 했을까?
5) 나무와 소년은 어떤 관계인가? 나에게 나무와 같은 사람은 누구인가?
6) 살면서 소년처럼 나에게 필요했던 것들은 어떤 것인가? 그 필요를 어떻게 해결했는가?
7) 나에게 나무처럼 무조건적인 사랑을 베풀었던 사람에 대해 고마움을 어떻게

전했는가? 전하지 않았다면 어떻게 전하고 싶은가?

8) 자신에게 가장 영향을 주는 사람이나 존경하는 사람은 누구인가?

9) 소년과 나의 모습을 비교하여 생각해 보자.

10) 소년은 어떤 사람이라고 생각하는가? 왜 그렇게 생각하는가?

11) 나무가 소년에게 한 사랑은 진정한 사랑인가? 그렇게 생각하는 이유는 무엇인가?

12) "나무는 행복했습니다." 나무는 어떨 때 행복했는가? 자신이 생각하는 행복의 의미를 말해 보자.

13) 주는 것이 더 행복할까? 받는 것이 더 행복할까? 자신의 경험에 비추어 비교해서 말해 보자.

14) "그래서 나무는 행복했으나… 정말 그런 것은 아니었습니다." 이때 나무의 마음은 어떠했을까? 나도 이와 비슷한 경험이 있는가?

15) 소년이 가장 행복했을 때는 언제였을까? 왜 그렇게 생각하는가?

16) 지금 나는 행복한가? 행복하지 않은가? 생각해 보고 왜 그런지 이유를 말해 보자.

17) 나의 행복을 위해 어떤 노력을 해야 할까?

18) 만약 소년이 원하는 것을 나무가 아낌없이 주지 않을 때 소년의 마음은 어떠할까? 나도 이와 비슷한 경험이 있는가?

19) 소년이 원하는 것을 아낌없이 주기만 한 나무의 사랑에 대해 어떻게 생각하는가?

20) '진정한 사랑'은 어떤 것일까? 어떻게 하면 진정한 사랑을 할 수 있을까?

21) 아낌없이 주는 나무에게 받은 것을 소년은 어떻게 활용했을까?

22) 소년이 행복하기 위해서는 정신적인 것과 물질적인 것이 모두 필요하다. 어느 것이 더 중요하다고 생각하는가? 왜 그렇게 생각하는가?

23) 사랑하는 사람을 위한 희생은 얼마나 가치 있는 것일까? 사랑하는 사람을 위한 어느 정도까지의 희생이 바람직하다고 생각하는가?

24) 노인이 된 소년이 나무를 찾아와 몹시 피곤하다고 한다. 그때 나무는 안간힘

을 다해 굽은 몸뚱이를 펴며 앉아서 쉬라고 한다. 나무처럼 아주 힘들었을 때가 있었는가? 그럴 때 어떻게 하는가? 그때 가장 위로가 되어 준 것은 무엇인가?

25) 내가 다른 사람을 위로해 준 경험이 있는가? 그때 마음이 어떠했는가? 진정한 위로는 어떻게 해야 할까?
26) 내가 소년이었다면 필요한 것을 얻기 위해 어떤 방법을 선택하겠는가?
27) 『아낌없이 주는 나무』에서 인상 깊게 본 그림이나 대사는 무엇인가? 인상적인 이유는 무엇인가?
28) 아름다운 삶을 살아가기 위하여 나에게 가장 필요한 것은 무엇일까?
29) 내게 지금 가장 소중한 가치는 무엇인가?
30) 『아낌없이 주는 나무』를 읽고 생명이 있는 동·식물에 대한 생각이 달라진 점이 있는가? 어떻게 달라졌는가?
31) "노인이 된 소년은 굽은 몸뚱이를 펴며 자신의 밑동에 앉아서 쉬라고 하는 나무가 시키는 대로 한다." 만약 나라면 어떻게 할 것인가?
32) 나무가 부모님이라면 부모님 말을 따르는 것이 옳은가? 부모님 말을 따르지 않아 고생했던 경험이 있는가?
33) 자신이 나무라고 상상을 해 보자. 소년에게 나뭇가지는 물론 몸통까지 모두 다 줘버리고 밑동만 남은 채로 홀로 있을 때 어떤 생각이 들 것 같은가?
34) "그래서 나무는 행복했습니다"로 이야기가 끝난다. 내가 작가라면 이후를 어떻게 이어 쓰고 싶은가?
35) 자신이 생각하는 나무의 가치는? 숲의 가치는? 나무와 숲의 유형적 가치와 무형적 가치는? 공익적 가치는? 생태환경적 가치는? 지구온난화와 나무와 숲의 관계는? 인간과 나무가 공존하려면? 등 자신이 궁금한 것을 질문해 보라.

❹ 논제 만들기

1) 나무는 소년에게 자신의 모든 것을 아낌없이 준다. 나무가 소년에게 아낌없이 베풀기 위해서 나무는 자신의 모든 것을 희생한다. 자신을 희생하며 아낌없이 주는 나무의 사랑은 바람직한 것일까? 내가 생각하는 부모와 자식 간의 진정한 사랑은 어떠해야 하는지 논술하시오. (800자 내외)

2) 나무는 소년에게 무엇인가를 해 줄 수 있을 때 행복했다. 딱 한 번, 나무는 행복했으나 정말 그런 것은 아니라고 했다. 진정한 행복은 무엇일까? 자신이 생각하는 진정한 행복은 무엇인지 행복의 조건을 3가지 이상 제시하고 행복한 인생을 살기 위해 자신이 노력할 점을 90세까지 연령대별로 논술하시오. (800자 내외)

꽃들에게 희망을
트리나 플러스 글·그림 / 김석희 옮김 / 시공주니어

❶ 들어가기

  오늘날 우리는 급변하는 사회 속에서 성공적인 삶, '이기는 삶'을 살기 위하여 곁을 보지 못하고 서로 경쟁한다. 그러한 우리 사회의 경쟁 문화는 자신의 진정한 참모습을 알지 못한 채 그저 앞만 보고 달려 사람 사이의 사랑과 희망을 놓치고 때로는 죽음보다 고통스러운 삶으로 안내하고 만다.

  이 작품은 나비가 되고 싶어 하는 두 애벌레의 성장 과정을 짧은 우화 형식으로 그리며 두 마리 애벌레의 여정을 통하여 사랑과 모험, 희망, 고통, 행복, 삶과 죽음, 경쟁, 배려 등에 대하여 이야기한다.

  호랑 애벌레와 노랑 애벌레, 이들은 '단순히 먹고 자라는 것 이상의 무엇'을 원한다. 꼭대기가 보이지도 않는, 수많은 애벌레들이 꿈틀거리는 '애벌레 기둥'에 휩쓸려

서로 먼저 꼭대기에 이르려고 기를 쓰는 모습은 오늘날 우리 인간 세상의 모습과 같다. 이곳에는 '다툼과 미움'만이 있을 뿐이다. 남을 밟고 올라가느냐, 아니면 남에게 밟히느냐. 이런 현실에 환멸을 느낀 애벌레들은 자신의 참모습은 무엇이며, 나비가 되는 것만이 진정한 자아에 이르는 길이라는 걸 알게 된다. 그래서 나비가 되기 위해서 죽을힘을 무릅쓰고 단단한 고치 속에 들어간다.

때때로 죽음보다 고통스러운 삶.

하지만 그 고통을 이겨내야만 좀 더 아름답고 새로운 삶으로 나아갈 수 있다. 우리를 그런 삶으로 이끄는 힘이 바로 '사랑과 희망'이라고 이 책은 이야기한다. 사랑과 희망이 없으면 현재의 삶은 변화할 수 없다.

『꽃들에게 희망은』은 두 애벌레의 여정을 통해 우리에게 그런 용기를 주고 있다. 다른 이를 짓밟고 자신의 성취를 이루는 맹목적 자기 발전을 극복하고, 내적 성찰의 과정을 통해 '진정한 성숙'(나비)에 이르게 되는 줄무늬 애벌레와 노랑 애벌레.

『꽃들에게 희망을』은 진정한 삶은 사람들이 표면적으로 인정하는 외적 성취에 있는 게 아니라, 자기 자신의 내면적 수양을 통한 내적 성취에 있음을 보여 준다. 또한 타인과의 경쟁을 통한 이기적 성취가 아니라, 타인에게 희망을 주는 이타적 성취에 진정한 삶이 숨어 있음을 이야기한다.

♣ 『꽃들에게 희망을』 내용 엿보기

줄무늬 애벌레가 알에서 깨어난다.

그저 먹으면서 의미 없이 몸을 불려가던 줄무늬 애벌레는 '먹고 자라는 것만이 삶의 전부는 아닐 거야.'라고 생각하며 더 나은 생활을 위하여 길을 떠나게 된다.

그러던 어느 날, 하늘 끝까지 솟아있는 커다란 애벌레 기둥을 보게 되는데 줄무늬 애벌레는 그곳에서 원하는 바를 얻을 수 있을지 모른다고 생각해 무작정 기둥에 오르기 시작한다. 꼭대기에 뭐가 있는지도 모르고 무작정 가지만, 그곳에는 서로 밟고, 기어오르고, 서로를 누르는 경쟁뿐이다.

어느 정도 올라온 줄무늬 애벌레는 그곳에서 한 노랑 애벌레를 만나게 된다. 줄무늬 애벌레는 노랑 애벌레도 밟고 올라가다 죄책감을 느끼고 노랑 애벌레와 꼭대기로 오르는 것을 포기하고 땅으로 내려와 행복하게 살아간다.

그렇게 사이좋게 잘 지내던 어느 날, 줄무늬 애벌레는 또 생각한다.

'이렇게 사는 것이 삶의 전부가 아닐 거야. 꼭대기에 올라가지 않은 게 실수였는지 몰라.'

줄무늬 애벌레는 꼭대기에 대한 열망으로 노랑 애벌레와의 행복한 삶을 포기하고 다시 애벌레 기둥으로 오르기로 하고, 노랑 애벌레는 그런 줄무늬 애벌레를 기다린다.

그러던 어느 날, 노랑 애벌레는 나뭇가지에 매달려 있는 늙은 애벌레를 보고 깜짝 놀란다. 털투성이 속에 갇혀 고통을 당하고 있는 것이라 생각했다. 도와주려 다가간 노랑 애벌레에게 늙은 애벌레는 자신은 나비가 되기 위하여 매달려 있다고 말한다. 믿기지 않는 노랑 애벌레가 물었다.

"어떻게 하면 나비가 되죠?"

"애벌레로 사는 것을 포기하고 날기를 간절히 원하면 나비가 될 수 있어."

"죽어야 한다는 말인가요?"

"글쎄, 그렇기도 하고 아니기도 하지. '겉모습'은 죽은 것 같아도 '참모습'은 여전히 살아 있단다. 삶의 모습은 바뀌지만, 목숨이 없어지는 건 아니야. 나비가 되어 보지 못하고 죽는 애벌레들과는 다르단다. 일단 나비가 되면 그때 너는 진정한 사랑을 할 수 있어. 그런 사랑은 고작 서로 껴안는 애벌레들의 사랑보다 훨씬 좋은 것이란다."

고치가 되어야만 나비가 될 수 있다는 것을 깨닫고 노랑 애벌레는 고치를 만들어서 나비가 된다.

한편, 줄무늬 애벌레는 다른 애벌레들을 누르며 꼭대기까지 오른다.

하지만 꼭대기에는 아무것도 없음을 알게 되었고, 그때 나비가 날아오르는 것을 보게 된다. 그러면서 꼭대기에 오르기 위해서는 기어 올라가는 것이 아니라 날아야 하는 것을 알게 된다.

곧 그 나비가 노랑 애벌레라는 것을 알게 되고, 줄무늬 애벌레도 고치를 만들어서 나비가 되어 날아오른다.

❷ 제시문 읽기

하나, 책 표지 보고 이야기하기

- 다양한 질문 만들기(하브루타)
- 내용을 알기 전에 상상해 보기

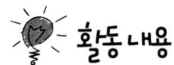 활동내용

- **하브루타 수업 방법**

① 질문 중심 하브루타 수업

> 질문 만들기 → 짝 토론 → 모둠 토론 → 발표 → 쉬우르(교사: 학생 전체)

② 논쟁 중심 하브루타 수업

> 논제 조사하기 → 짝 논쟁 → 모둠 논쟁 → 발표 → 쉬우르(교사: 학생 전체)

③ 비교 중심 하브루타 수업

> 비교 대상 정하기 → 짝 토론 → 모둠 토론 → 발표 → 쉬우르(교사: 학생 전체)

④ 친구 가르치기 하브루타 수업

> 내용 공부하기 → 친구 가르치기 → 배우면서 질문하기 → 입장 바꾸기 → 이해 못한 내용 교사에게 질문하기 → 쉬우르

⑤ 문제 만들기 하브루타 수업

> 문제 만들기 → 짝과 문제 다듬기 → 모둠과 문제 다듬기 → 문제 발표 → 쉬우르

둘, 책 내용으로 이야기하기

호랑 애벌레와 노랑 애벌레는 애벌레 탑 위에 무엇이 있을까 궁금해하며 기어오른다. 서로 밟고 밟히면서 올라가는 중 문득 서로의 모습을 슬프게 직시하게 되고, 서로를 짓밟으며 올라가야 하는 이러한 경쟁이 가치 없다고 생각하게 된다.

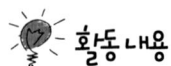 활동내용

(1) 다양한 질문 만들기(하브루타)
- 글을 보고 질문 하브루타하기
    - ☞ 사실(내용)하브루타
        - **예시** 애벌레 탑을 기어오를 때 애벌레들은 어떤 마음이었을까?
    - ☞ 상상(심화)하브루타
        - **예시** 만일 애벌레들이 계속 올라갔다면 어떤 일이 생겼을까?
    - ☞ 적용(실천)하브루타
        - **예시** 다른 사람을 밟고 올라가야 하는 그런 경쟁을 경험한 적이 있나?
    - ☞ 종합(메타)하브루타

예시 경쟁의 진정한 의미는 무엇인가?

예시 경쟁을 하는 것이 옳은 일인가?

(2) 이야기식 토론하기(RWS)
- 경쟁을 한 경험 이야기하기
- 경쟁의 의미와 장단점에 대해 생각해 보기
- 나에게 오르고 싶은 꼭대기는 무엇인지 생각해 보기

셋, 책 내용으로 이야기하기

어느 날, 애벌레 탑에서 홀로 내려온 노랑 애벌레는 나뭇가지에 거꾸로 매달려 있는 늙은 애벌레를 만나게 된다. 털투성이 자루 속에 갇혀 있던 늙은 애벌레는 도움을 주고 싶어 하는 노랑 애벌레에게 나비가 되기 위해선 거꾸로 매달려 있어야 한다고 말한다.

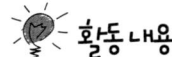 활동내용

(1) 다양한 질문 만들기(하브루타)
- 글을 보고 질문 하브루타하기
  ☞ 사실(내용)하브루타

  예시 늙은 애벌레는 왜 거꾸로 매달려 있었을까?

  예시 노랑 애벌레는 왜 늙은 애벌레를 도와주고 싶어 했을까?

  ☞ 상상(심화)하브루타

  예시 만일 늙은 애벌레가 거꾸로 매달려 있지 않았다면 어떤 일이 생겼을까?

☞ 적용(실천)하브루타

　예시 노랑 애벌레처럼 남을 도와주려고 마음먹었던 적이 있나?

　예시 미래의 꿈을 위하여 현재의 어려움을 극복한 경험이 있나?

☞ 종합(메타)하브루타

　예시 남을 돕는 것이 나에게 어떤 도움을 줄까?

　예시 미래의 꿈을 위하여 현재를 희생하는 것이 최선일까?

(2) 토의·토론하기

- 책 속 인물의 성격 이야기 나누기
- 누군가를 도와준 경험 이야기하기
- 질문으로 논제 만들기
- 논제로 학급 전체 토론하기(신호등 토론, 가치수직선 토론하기)

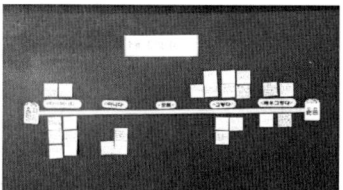

넷, 책 내용으로 이야기하기

어떻게 하면 나비가 되냐고 묻는 노랑 애벌레에게 호랑 애벌레는 무엇인가를 간절히 원하면 이루어진다고 이야기한다. 하나의 애벌레로 사는 것을 포기할 만큼 그리고 겉모습은 죽은 것처럼 바뀌지만 '참모습'은 여전히 살아 있다고 말한다.

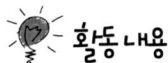 활동내용

(1) 다양한 질문 만들기(하브루타)

- 글을 보고 질문 하브루타하기

　☞ 사실(내용)하브루타

　　예시 애벌레가 간절히 원하는 것은 무엇일까?

- ☞ 상상(심화)하브루타
    - **예시** 만일 애벌레로 사는 것을 포기하지 않으면 어떤 일이 생길까?
- ☞ 적용(실천)하브루타
    - **예시** 무엇인가를 간절히 원하여 이루어진 경험이 있나?
- ☞ 종합(메타)하브루타
    - **예시** 애벌레의 참모습은 무엇을 뜻할까?
    - **예시** 간절히 원하면 미래의 꿈도 이루어질 수 있을까?

(2) 토의·토론하기
- 질문 중심 하브루타
- 논제 만들기
- 회전목마 토론하기
- 무엇인가를 간절히 원한 경험 나누기
- 간절한 소망과 그에 따른 대가에 대해 이야기하기

다섯, 책 내용으로 이야기하기

용기를 낸 노랑 애벌레는 늙은 애벌레 옆에서 거꾸로 매달려 고치를 만든다. 그리고 그런 일을 해내는 자신의 용기에 놀라고 나비가 될 수 있다는 용기와 희망을 얻는다.

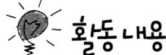
활동내용

(1) 다양한 질문 만들기(하브루타)
- 글을 보고 질문 하브루타하기

☞ 사실(내용)하브루타

  예시 애벌레가 간절히 원하는 것은 무엇일까?

☞ 상상(심화)하브루타

  예시 만일 애벌레로 사는 것을 포기하지 않으면 어떤 일이 생길까?

☞ 적용(실천)하브루타

  예시 무엇인가를 간절히 원하여 이루어진 경험이 있나?

☞ 종합(메타)하브루타

  예시 애벌레의 참모습은 무엇을 뜻할까?

  예시 간절히 원하면 미래의 꿈도 이루어질 수 있을까?

(2) 토의·토론하기

- 느낌 카드로 생각 나누기
- 등장인물의 성격 이야기하기
- 지금껏 선택의 고민을 한 경험과 그에 따른 생각 이야기해 보기
- 모험을 해 본 경험과 모험의 장단점 이야기 나누기
- 자신이 선택한 일을 하고 성공했던 경험을 이야기해 보기
- 자신에게 가장 영향을 주는 사람이나 존경하는 사람 이야기하기

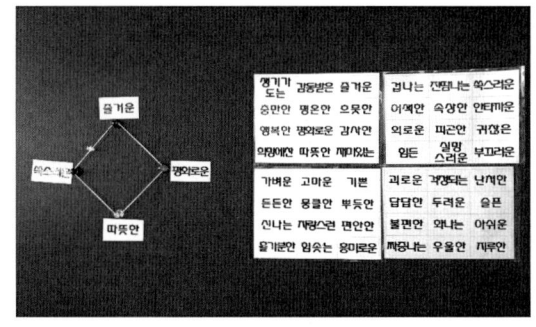

여섯, 책 내용으로 이야기하기

이 책의 말미에 작가는 "아니, 새로운 시작…"이라 말한다.

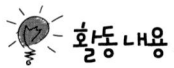

(1) 다양한 질문 만들기(하브루타)
- 글을 보고 질문 하브루타하기

(2) 토의·토론하기
- 그림카드로 생각 나누기
- 새로운 시작이 의미하는 것 알아보기
- 애벌레와 나비의 모습에 견주어 나의 미래 생각해 보기

일곱, 그림을 보고 이야기하기

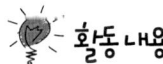

(1) 다양한 질문 만들기(하브루타)
- 글을 보고 질문 하브루타하기

(2) 토의·토론하기
- 만약에 나비가 없어진다면 꽃은 어떻게 살아갈까 생각해 보기
- 그림에서 보이는 나비와 꽃의 모습에 대해 이야기 나누기

출처:http://blog.naver.com/gaori21

여덟, 책 내용으로 이야기하기

늙은 애벌레는 노랑 애벌레에게 나비가 되면 '진정한 사랑'을 할 수 있다고 말한다. 서로 껴안는 게 고작인 애벌레들의 사랑보다 새로운 생명을 만드는 것이 진정한 사랑이라고 말한다.

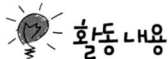 활동내용

(1) 다양한 질문 만들기(하브루타)
- 글을 보고 질문 하브루타하기
  ☞ 사실(내용)하브루타
     예시 늙은 애벌레가 말하는 진정한 사랑은 무엇일까?
  ☞ 상상(심화)하브루타
     예시 만일 나비로 사는 것을 포기하면 어떤 일이 생길까?
  ☞ 적용(실천)하브루타
     예시 내가 만일 늙은 애벌레라면 어떤 말을 해 줄 수 있을까?
  ☞ 종합(메타)하브루타
     예시 내가 생각하는 진정한 사랑이란 무엇인가?
     예시 새로운 생명을 만드는 것이 진정한 사랑이라는 것에 동의하는지 그 이유는 무엇인지 말해 보자.

(2) 토의·토론하기
- 모둠 문장 만들기 토론하기
- 포토스탠딩 토론하기
- 친구들의 눈에 비친 나의 모습 생각해 보기
- 진정한 사랑에 대해 이야기하기
- 삶과 죽음의 의미에 대해 이야기 나누기

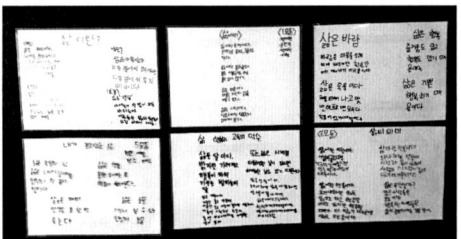

❸ 생각하기

1) 경쟁의 장단점은 무엇인가?
2) 어려운 상황에 있는 누군가를 도와준 경험이 있는지 그리고 난 후의 기분은 어땠나?
3) 애벌레와 나비의 모습에 견주어 나의 미래를 생각해 보자.
4) 꽃과 나비의 관계성에 대해 생각해 보자.
5) 책 속의 애벌레들처럼 꼭대기를 향하여 남을 밟고 올라선 적이 있나?
6) 살면서 부딪혔던 선택의 순간에 나에게 도움을 주었던 사람이나 일이 있었다면 이야기해 보자.
7) 모험을 해 본 경험과 모험의 장단점에 대해 이야기 나누어 보자.
8) 자신이 선택한 일을 하고 성공했던 경험을 이야기해 보자.
9) 자신에게 가장 영향을 주는 사람이나 존경하는 사람은 누구인가? 그 이유는?
10) 이 책의 마지막에 '새로운 시작'이 의미하는 것은 무엇일까?
11) 만약에 나비가 없어진다면 꽃은 어떻게 살아갈 수 있을까?
12) 친구들의 눈에 비친 나의 모습을 책 속 주인공과 비교하여 생각해 보자.
13) 늙은 애벌레는 나비의 사랑이 애벌레의 사랑보다 훨씬 큰 사랑이라고 말하며 그것을 '진정한 사랑'이라고 한다. 늙은 애벌레가 말하는 '진정한 사랑'은 어떤 것일까?
14) 삶과 죽음의 의미에 대해 생각해 보자.
15) 애벌레 기둥에서는 꼭대기에 오르기 위해 다른 애벌레를 밟고 올라가야 한다. 우리 삶에서도 '애벌레 탑'과 같은 경쟁이 많고 그 종류도 다양하다. 학교에서 경쟁이 꼭 필요하다고 생각하나?
16) 사랑하는 사람을 위한 희생은 가치 있는 것일까?
17) 삶은 때때로 죽음보다 고통스러울 때가 있다. 그런 고통을 느낀 경험이 있나? 그럴 때 어떻게 하였나?

18) 책 속 애벌레는 '단순히 먹고 자라는 것 이상의 무엇'을 원한다. 내게 지금 가장 소중한 가치는 무엇인가?
19) 아름다운 삶을 살아가기 위하여 우리에게 가장 필요한 것은 무엇일까?
20) 『꽃들에게 희망을』에서 인상 깊게 본 그림이나 대사가 있다면 무엇인가?
21) 책 속 늙은 애벌레와 같이 다른 사람을 도와준 경험이 있나?
22) 동화는 노랑 애벌레와 호랑 애벌레가 어려운 과정을 통과해서 노랑나비와 호랑나비가 되어 행복하게 꽃밭 위를 날아다니는 것으로 끝난다. 그런데 작가는 '끝'내면서 다음 페이지에서 '새로운 시작'을 말한다. 내가 작가라면 '새로운 시작' 이후를 어떻게 쓰겠나?
23) 호랑 애벌레는 애벌레 기둥을 잊지 못한다. 결국 다시 애벌레 기둥으로 올라가기로 결정하고 노랑 애벌레에게 같이 가자고 권유한다. 이때, 만약 여러분이 노랑 애벌레라면 호랑 애벌레에게 무슨 말을 해 주겠나?
24) 호랑 애벌레는 다른 애벌레들과 경쟁하며 애벌레 기둥을 올라간다. 오르는 과정을 경쟁이라고 한다면, 여러분은 경쟁을 즐기나, 즐기지 못하나?

❹ 논제 만들기

1) 애벌레 기둥에서는 꼭대기에 오르기 위해 다른 애벌레를 밟고 올라가야 한다. 우리 삶에서도 '애벌레 탑'과 같은 경쟁이 많고 그 종류도 다양하다. 특히 한국의 교육제도는 경쟁식 구조이다. 경쟁의 장단점과 교육에서 경쟁이 꼭 필요한 것인지 그에 대한 자신의 생각을 논술하시오. (800자 내외)

2) "일단 나비가 되면, 너는 '진정한 사랑'을 할 수 있어. 새로운 생명을 만드는 사랑을 말이다. 그런 사랑은, 서로 껴안는 게 고작인 애벌레들의 사랑보다 훨씬 좋은 것이란다." 늙은 애벌레는 나비의 사랑이 애벌레의 사랑보다 훨씬 큰 사랑

이라고 말하며 '진정한 사랑'이라고 한다. 늙은 애벌레가 말하는 '진정한 사랑'을 해석하고, 내가 생각하는 진정한 사랑이란 무엇인지 논술하시오. (800자 내외)

3) 미래의 나비가 되기 위하여 애벌레는 고치가 되는 고통을 참아낸다. 고치는 느린 시간을 견뎌야 하며, 홀로 버텨야 한다. 미래의 성공적인 삶을 위하여 현재의 고통을 감수하는 것이 진정한 행복인지 내가 읽었던 다른 책의 내용과 관련지어 논술하시오. (800자 내외)

❺ 답안 쓰기

논제 1) 예시 답안

목표가 있는 삶과 경쟁

○○초등학교 6학년 ○○○

나는 지금 경쟁의 나라인 대한민국에 살고 있다. 학생들은 다른 사람들보다 더 공부를 잘해야 하고, 취업준비생들은 다른 사람들보다 더 스펙이 뛰어나야 하고, 직장인들은 다른 사람들보다 더 일을 잘해야 살아남을 수 있는 나라인 대한민국에 살고 있다. 사람들은 경쟁할 필요가 없다고, 네가 최선을 다하면 성공할 수 있다고 말한다. 하지만 과연 경쟁의식을 갖고 있지 않아도 이 나라에서 성공할 수 있을까? 적어도 난 경쟁의식을 갖는 일이 아주 중요하다고 생각한다. 물론 매사에 경쟁의식을 느끼면서 살아야 한다는 말은 아니지만, 경쟁은 필요한 존재라고 생각한다.

나에게 경쟁은 나의 목표를 확실히 정하는 데 도움을 주고, 삶에 대해 생각하게 되는 존재로 느껴진다. 『꽃들에게 희망을』에 나오는 호랑 애벌레는 처음에 먹고 자라는 일만 하고 있었다. 그러나 먹고 자라기만 하는 것은 따분하다고 생각했고, 그것만이 삶의 전부는 아니라는 것을 깨달았다. 그리고 먹고 자라는 것의 이상의 것을 찾고 있었지만, 확실한 목표는 정하지 못한 채 떠돌아다니고 있었다. 풀과 흙, 구멍, 작은 곤충들을 가는 길에 보았지만, 그 어느 것도 호랑 애벌레를 만족시키지는 못했다. 그러던 어느 날, 애벌레 기둥을 발견하고, 그 기둥 안의 수많은 애벌레들이 위로 올라가기 위해 경쟁하는 모습을 보고 자신도 그 애벌레 기둥 위로 올라가는 것을 목표로 삼게 되었다. 애벌레 기둥 위에 무엇이 있고, 애벌레들이 무엇을 위해 위로 올라가는지 알지 못했지만, 경쟁하는 모습을 보고 먹고 자라기만 하는 삶보다 다른 애벌레들과 경쟁하는 삶이 더 가치 있는 일이라고 생각한 것이다. 이 내용에서 경쟁은 때로 목표를 확실히 정할 수 있는 기회를 제공해 준다는 것을 알 수 있다. 또한, 경쟁을 통해 자신이 살아왔던 삶과 지금의 삶, 앞으로 살아가야 할 삶에 대해 더 깊이 생각할 수 있게 만들어 준다.

그렇지만 지나친 경쟁의식은 나와 다른 사람에게 피해가 갈 수 있다. 지나친 경쟁의식을 갖게 되면 자신을 비관하게 되고, 감정이 메마를 수 있다. 호랑 애벌레는 애벌레 기둥의 정상으로 올라가야 한다는 경쟁의식을 갖게 되어서 처음에는 다른 애벌레를 밟고 올라가는 일을 미안하게 생각했지만, 점점 애벌레들을 밟고 올라가는 일이 당연하게 여겨지고, 자신의 자리를 지키지 못한 날에는 자신의 모습을 비관하게 되었다. 이처럼 지나친 경쟁의식은 자괴감을 느끼게 한다.

대한민국의 교육도 호랑 애벌레와 애벌레 기둥과 같다. 목표는 오로지 남보다 공부를 잘해서 높은 순위에 오르는 것이고, 남을 이기는 것을 당연하게 생각한다. 또한 자신의 순위가 떨어지면 자괴감을 느낀다. 이런 상황에서도 경쟁은 필요할까? 그럼에도 나는 교육에 경쟁이 필요하다고 생각한다. 자괴감을 극복하는 방법은 많지만, 경쟁을 하지 않고 이 세상을 살아가는 방법은 없기 때문이다. 경쟁을 하지 않으면 다른 사람과 비교당할 일이 없어지기 때문에 행복할 수 있다. 그렇지만 시험이라는 경쟁을 하지 않으면 나의 수준을 판단할 수 없게 되고, 면접이라는 경쟁을 하지 않으면 나의 목표에 더 다가갈 수 없게 된다. 그리고 승진이라는 경쟁을 하지 않으면 나의 삶을 더 의미 있고 가치 있게 만들 수 없게 되기 때문에 경쟁은 필요하다고 생각한다.

논제 2) 예시 답안

내가 생각하는 진정한 사랑이란

○○초등학교 5학년 ○○○

요즘은 사랑이라는 이름으로 자신의 욕심을 채우는 사람들을 흔히 볼 수 있다. 하지만 그것이 진정한 사랑일까?

늙은 애벌레는 '진정한 사랑'이 생명을 만드는 것이라고 말한다. 그리고 애벌레들이 서로 껴안는 사랑보다 훨씬 좋은 것이라고도 말한다. 나의 생각도 늙은 애벌레와 같다. 자신의 몸을 희생하여 새로운 생명을 만들어 내는 것은 진실된 사랑이고, 더 나아가 그 새로운 생명을 가슴으로 키워내는 것도 진실 된 사랑이라고 생각한다. 또한 이러한 것들을 '모성애'라는 글자로 담을 수 있을 것이다.

'모성애'란 새로운 생명을 만드는 것과 같이 자식에 대한 어머니의 본능적인 사랑을 말한다. 모성애가 없었더라면 이 세상 모든 생명은 애초에 없었을 것이고, 태어났다고 하더라도 사랑을 못 받은 채 자랐을 것이다. 지금까지 우리가 존재할 수 있었던 것은 다 '모성애' 덕분이 아니었을까?

새로운 생명을 만드는 것, 그 이후로도 진심으로 키워내는 것, 목숨과도 바꿀 수 있는 것, 그런 것들이야말로 '진정한 사랑'이라 생각한다.

몽실언니
권정생 글 / 이철수 그림 / 창비

❶ 들어가기

요즘 청소년들은 역사에 대한 인식이 부족하다고 흔히 말한다. 그도 그럴 것이 학생들이 재미있고 쉽게 읽을 만한 역사서적도 부족하고 특히 초등학생들에게 역사는 어렵고도 먼 과거의 일이다.

권정생 작가의 많은 작품들은 인간에 대한 따스함과 이웃과 세상을 감싸는 훈훈함이 있다. 그중에서도 『몽실언니』는 전쟁으로 가정과 사회가 파괴되어가는 과정 속에서도 꿋꿋이 살아가는 '몽실이'라는 주인공을 통하여 용기와 희망을 주는 작품이다. 해방과 전쟁, 극심한 이념대립 등 우리 현대사의 굴곡을 온몸으로 겪은 작은 어린이의 기록이면서, 처참한 환경 속에서도 인간다움을 잃지 않고 이웃과 세상을 감싸는 '몽실이'라는 한 인간의 위대한 성장기이다.

이 땅의 역사를 절절히 체험하는 주인공 몽실이가 겪어야 했던 불행은 한 개인의 비참한 역정을 넘어 민족의 수난사를 느끼게 해 준다. 끝없이 이어지는 몽실의 비극은 식민지였던 나라, 동족끼리 서로 총을 쏘았던 나라, 강대국에 시달렸던 나라의 민족이 겪어야만 했던 삶이었다. 풍요와 빈곤이 공존하는 지금, 몽실이가 겪었던 극도로 빈곤한 삶은 아스라이 먼 얘기로 여겨지지만, 우리 아이들에게 인간을 살아가도록 하는 힘이 무엇인가를 질문하게 하는 책이다.

주인공 몽실이가 일곱 살 아이에서 열네 살 소녀로 커가는 과정에서 요즘 아이들이 상상할 수 없는 가난과 전쟁을 만날 수 있다. 일본으로부터 해방, 좌우익의 대립, 무서운 전쟁으로 인한 분단의 비극, 이런 국가의 현실은 몽실이가 자기 의지와 상관없이 이집 저집으로 옮겨 다니다 다리를 절게 되는 것과 비슷한 처지이다. 불행한 나라의 현실 때문에 제대로 아이인 적도, 제대로 소녀인 적도 없이 커 간 몽실이는 단지 그때 전쟁을 겪었던 일곱 살에서 열네 살 평범한 여자아이 중 하나일 뿐인지도 모른다.

이 동화는 고단하고 불행한 주인공의 삶을 통해 꾸미지 않고 그 시대의 현실을 잘 반영한 소시민들의 따뜻한 이야기이다. 박완서 작가의 성장소설 『그 많던 싱아는 누가 다 먹었을까』와 더불어 우리의 현대사를 배경으로 '몽실이'라는 한 어린이의 성장과정을 따스하게 그려 낸 이 동화는 '온 책 읽기'로 시도하여도 좋을 만한 작품이다.

♣ 『몽실언니』 내용 엿보기

몽실이네는 해방 후 외국에서 돌아와 살강마을에 정착한다. '외국 거지'로 불린 그들, 아버지 정 씨는 날품을 팔고 어머니 밀양댁은 구걸을 한다. 곁방 살이 어려운 살림에 부모 불화는 끊임없고 남동생 종호는 시름시름 앓다가 죽게 된다.

마을 청년들이 좋은 세상 만들겠다고 몰려다니던 해방정국, 어수선한 세상 1947년의 봄에 밀양댁은 몽실이를 데리고 댓골 마을 김씨 한테 시집을 간다. 밀양댁은 가난하여 돈을 못 벌어오는 아버지를 두고 몽실을 데리고 새 아버지를 만나러 떠난다. 구불구불한 기찻길을 따라서 십리를 가면 장터 마을이 있고 기차 정거장이 있다. 그곳에서 기차를 타서 낯선 정거장에서 새 아버지를 만나게 된다. 몽실은 배가 고프지는 않게 된다는 말에 상당히 기쁜 듯하지만 옛 아버지를 만날 수 없다는 이야기에 슬퍼한다.

밀양댁이 아기를 낳자마자 몽실이의 고통은 시작된다. 몽실은 아기가 태어나자 여러 가지 심부름을 떠맡게 된다. 기저귀도 빨고 마루도 쓸고 방도 쓸며 힘들게 심부름을 했다. 하지만 새 아버지는 아기가 태어나자 몽실은 쳐다 보지도 않고 늘 몽실의 탓만 하였다. 몽실의 아버지는 늘 여러 가지 잡심부름을 시켰다. 몽실은 그런 새 아버지가 싫었다.

그러던 중 아내가 도망을 쳤다는 사실을 알게 된 몽실이의 친아빠가 찾아오게 되고, 그날 밤 엄마와 새 아빠는 심하게 말다툼을 하게 된다. 그러다 새 아빠는 엄마를 심하게 밀어붙이게 되고 엄마의 몸이 몽실이 위로 떨어지게 되어 몽실이의 다리가 부러지게 된다. 그 후로 몽실이는 절름발이가 되어 버렸지만, 빨래를 하면서 친구도 만나면서 나름대로 즐겁게 보낸다.

그러한 일이 있은 후 고모가 찾아와서 몽실이를 아버지에게 데려가게 되고, 그때부터 몽실이는 노루실에서 새어머니와 아버지와 함께 살게 된다. 새어머니는 예쁜 얼굴에 몸이 약한 여자였는데, 마음씨가 착하고 몽실을 항상 잘 배려해 주어 둘은 아주 친해지게 된다. 새어머니는 몽실에게 자신의 불행했었던 병을 이야기를 해주고, 눈물을 참고 열심히 살자고 말한다. 그렇게 둘은 서로 돕고 진심으로 아끼게 된다. 새어머니가 아이를 가지게 되고, 해산일이 점점 다가올 무렵에 6·25 한국전쟁이 터지게 된다. 아버지는 그로 인해 군대에 끌려가서 전쟁터로 가게 되고, 마을은 습격을 받아서 온통 불바다가 된다. 그 난리 통 속에서 새어머니는 아기를 낳게 되지만 몸이 아주 약해져 있는 상태에서 낳게 되어 결국 죽게 된다.

전쟁 도중에 북촌댁은 아기를 낳은 후에 죽고 아버지는 의용군으로 끌려가자 몽실은 노루실 근처의 마을로 돌아와 인민군의 지배 아래에서 살게 된다. 인민 해방(인민군의 말임)에 반대한 사람을 죽이는 모습을 본 몽실은 큰 충격을 받는다. 공산 정권하에서 살아남는 법을 약간이나마 배운 몽실은 동냥을 하고 순철이라는 아이가 인민군으로 전쟁터에 나가는 것을 보고 말리다가 그만 쓰러진다.

몽실은 서서히 인민군의 나쁜 면모를 보기 시작한다. 박씨 아저씨가 소를 빼앗겼다는 소식은 널리 퍼졌고 몽실은 두려운 나머지 고모 집이 있는 살강으로 떠난다. 점점 고모 집이 가까워질 무렵 어느 아주머니가 고모가 죽었다는 것을 이야기해 주고 몽실은 다시 밀양댁에게로 떠난다. 걷고, 걷고 또 걸은 끝에 몽실은 밀양댁에게 도착했다. 그곳에서 몽실은 한 달여 남짓을 편안하게 보낸다. 하지만 그런 행복도 잠시였다. 새아버지가 전쟁터에서 돌아온 것이었다. 게다가 난남이의 실수로 그들은 밀양댁의 집에서 쫓겨난다.

다시 돌아온 몽실은 나무도 하고 방도 쓸고 구걸도 하면서 난남이를 살린다. 그들은 살기가 더욱 힘겨워지자 남주 어머니에게 아버지 소식을 듣는 대로 알려달라고 말한 후에 읍내로 집을 옮긴다. 그곳에서 몽실은 사람들이 쉴 새 없이 움직이는 모습을 보게 된다. 몽실은 집을 옮겼다기보다는 부잣집의 집을 빌려 쓰는 거나 마찬가지였다. 하지만 그곳의 사람들은 매우 착해서 몽실을 진정으로 위해 주고 거기 아들인 성구와는 매우 친하게 지낸다.

어느 날 흑인 아이가 쓰레기통 위에서 자지러지게 울고 있는 것을 농실이 데려왔지만 죽어버린다. 몽실은 그 뒤로 앓게 되고, 나은 후에는 시장을 돌아다니며 값싼 찬거리인 두부와 콩나물로 끼니를 때우게 된다. 하지만 그런 고생도 잠시, 장골 할머니가 심한 부상을 입어서 알아볼 수 없을 정도가 된, 아버지와 함께 돌아온다.

얼마 뒤 밀양댁으로부터 보고 싶다는 편지가 한 통 온다. 힘들게 아버지의 허락을 받아 밀양댁에게로 가서 보니 밀양댁은 이미 죽어 있었고, 몽실은 슬펐지만 밀양댁의 아이들을 돌보아 준다.

아버지의 병을 고치기 위해서 독일 천주교인이 세운 병원으로 가지만 돈이 없는 아버지는 16일 만에 숨을 거두게 된다. 그 후, 몽실은 아이들을 데리고 서금년 아줌마 댁으로 가서 살게 되는데 서금년 아줌마는 늘 아침 10시에 미군 병사와 함께 내려온다. 서금년 아줌마 댁에서 살게 되면서 난남이가 미군 병사가 주는 과자와 통조림을 받아먹는 모습에 안타까워 하기도 한다.

늙은 몽실은 난남이의 배웅을 받으며 하늘나라로 떠난다.

❷ 제시문 읽기

하나, 책 표지 보고 이야기하기

- 다양한 질문 만들기(하브루타)
- 내용을 알기 전에 상상해 보기

 활동 내용

● **하브루타 수업 방법**

① 질문 중심 하브루타 수업

> 질문 만들기 → 짝 토론 → 모둠 토론 → 발표 → 쉬우르(교사: 학생 전체)

② 논쟁 중심 하브루타 수업

> 논제 조사하기 → 짝 논쟁 → 모둠 논쟁 → 발표 → 쉬우르(교사: 학생 전체)

③ 비교 중심 하브루타 수업

> 비교 대상 정하기 → 짝 토론 → 모둠 토론 → 발표 → 쉬우르(교사: 학생 전체)

④ 친구 가르치기 하브루타 수업

> 내용 공부하기 → 친구 가르치기 → 배우면서 질문하기 → 입장 바꾸기 → 이해 못한 내용 교사에게 질문하기 → 쉬우르

⑤ 문제 만들기 하브루타 수업

문제 만들기 → 짝과 문제 다듬기 → 모둠과 문제 다듬기 → 문제 발표 → 쉬우르

둘, 책 내용으로 이야기하기

해방 후 어수선한 노루실 동네 창고에서 최 선생은 글을 모르는 사람들을 모아 놓고 야학을 운영한다.

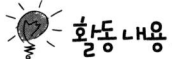 활동내용

(1) 다양한 질문 만들기(하브루타)
- 글을 보고 질문 하브루타하기

(2) 토의·토론하기
- 몽실이처럼 학교에서 교육을 받지 못한다면 어떨지 이야기하기
- 어려운 사람들을 위하여 야학을 운영하는 것에 대해 생각해 보기
- 누군가를 도와준 경험 이야기하기

셋, 책 내용으로 이야기하기

몽실이 엄마는 가난을 이기지 못하고 아버지가 돈 벌러 나간 사이에 몽실이를 데리고 이웃 마을로 시집을 간다.

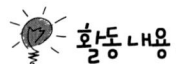 활동내용

(1) 다양한 질문 만들기(하브루타)
- 글을 보고 질문 하브루타하기

(2) 토의·토론하기
- 가난한 아버지를 버리고 새로운 집으로 들어간 어머니에 대해 이야기하기
- 나에게 새로운 가족이 생긴다면 어떨지 생각해 보기
- 몽실이의 입장에서 가난한 아버지와 부유한 어머니 중 누구와 사는 게 더 행복할까 생각해 보기

넷, 책 내용으로 이야기하기

새아버지 집에서 몽실이는 사고로 다리를 앓게 되고 그 이후로 절름발이로 살게 된다. 아이들은 그런 몽실이를 놀리고, 새엄마인 북촌댁은 몽실이를 위로하고 아껴 준다.

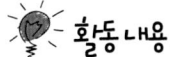 활동내용

(1) 다양한 질문 만들기(하브루타)
- 글을 보고 질문 하브루타하기

(2) 토의·토론하기
- 책 속 인물(북촌댁, 아버지, 밀양댁, 몽실이)의 성격 이야기 나누기
- 다리를 저는 몽실이를 놀리는 아이들에 대한 생각과 경험 이야기하기

- 새엄마 북촌댁과 친엄마인 밀양댁 중 누가 더 몽실이를 사랑하는지 생각해 보기
- 새엄마를 위하여 머슴살이를 하는 아버지를 찾아간 몽실의 행동에 대해 이야기하기

다섯, 책 내용으로 이야기하기

1950년 6월 25일 새벽에 전쟁이 일어난다. 북한 인민군과 남한의 국군은 전진과 후퇴를 반복하고, 그 와중에 많은 사람들은 피난길에 오르고 가족을 잃거나 가난에 허덕이며 하루하루를 보내게 된다.

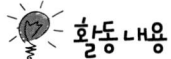 활동내용

(1) 다양한 질문 만들기(하브루타)
- 글을 보고 질문 하브루타하기

(2) 토의·토론하기
- 6·25 전쟁이 일어난 원인과 배경 이야기하기
- 전쟁으로 인한 피해에 대해 생각해 보기
- 이념대립으로 인한 민족 분단의 비극에 대해 생각해 보기

여섯, 책 내용으로 이야기하기

몽실이에게는 친어머니가 새아빠와의 사이에서 얻은 동생 영득이와 새어머니와 친아버지 사이에서 얻은 난남이라는 두 명의 동생이 있다. 새어머니가 아이를 낳고 돌아가시자 몽실이는 난남이를 혼자서 키우게 된다.

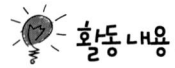 활동 내용

(1) 다양한 질문 만들기(하브루타)
- 글을 보고 질문 하브루타하기

(2) 토의·토론하기
- 몽실의 입장에서 낳은 정(밀양댁)과 기른 정(북촌댁) 중 어떤 엄마를 선택하는 것이 더 행복할지 이야기 나누기
- 자기 자신보다 난남이와 영득이를 아끼는 몽실의 행동에 대해 이야기 나누기
- 의붓동생인 영득이와 영순이를 아끼는 몽실이의 마음에 대해 생각해 보기
- '피는 물보다 진하다'는 속담에 대해 토론하기

일곱, 책 내용으로 이야기하기

전쟁이 끝나자 마을에는 많은 미군 병사들이 주둔하게 된다. 먹고 살기 힘들었던 그때, 배고픈 아이들은 미군 병사들을 태운 트럭 뒤를 쫓아가며 서양식 과자 등을 얻어먹었고, 미군들을 상대로 하는 다양한 직업이 생겼다.

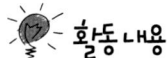 활동 내용

(1) 다양한 질문 만들기(하브루타)
- 글을 보고 질문 하브루타하기

(2) 토의·토론하기

- 전쟁이 아이들에게 주는 영향 이야기하기
- 미군으로부터 서양과자를 얻기 위해 들뜬 아이들에 대해 생각해 보기
- 전쟁 후 생긴 사회의 모습(미군 병사와 한국 여성, 양담배 장수, 껌팔이 소년, 소매치기, 거지 등)에 대해 이야기 나누기
- 우리의 문화와 서양의 문화 비교하기
- 전쟁 후 새로이 들어온 서양의 문화가 정착되는 것에 대한 생각 나누기

여덟, 책 내용으로 이야기하기

전쟁터에 나간 아버지의 소식도 모르는 채 몽실이는 동생 난남이를 돌보며 살아간다. 그런 어려운 환경 속에서도 읍내에서 꽃을 파는 소녀의 어려운 환경을 듣고 도와주려고 한다.

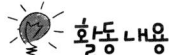 활동내용

(1) 다양한 질문 만들기(하브루타)
- 글을 보고 질문 하브루타하기

(2) 토의·토론하기
- 자신도 어려우면서 다른 사람을 돕는 몽실이의 행동에 대해 이야기하기
- 다른 사람으로부터 도움을 받을 경우 내 생각 이야기하기

아홉, 책 내용으로 이야기하기

몽실은 전쟁터에서 병을 얻은 아버지를 모시고 독일 천주교인이 세운 자선병원에 간다. 하지만 길게 선 줄은 끝날 줄을 모르고 심지어 보름씩, 한 달씩 줄을 서도 병원에 못 들어가는 몽실이 같은 사람들 사이에 백이 좋은 사람은 바로 들어가는, 자선병원의 차별을 경험하게 된다.

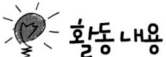

(1) 다양한 질문 만들기(하브루타)
- 글을 보고 질문 하브루타하기

(2) 토의·토론하기
- 가난한 사람을 위해 생긴 병원을 이용하기 힘든 그 당시 사회적 현실에 대해 이야기하기
- 내가 몽실이의 경우라면 어떻게 했을지 생각해 보기

열, 책 내용으로 이야기하기

몽실이는 한길에서 구두 수선을 하는 꼽추인 남편을 만나 기덕이와 기복이를 얻고 가난하지만 행복하게 생활한다.

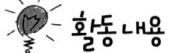

(1) 다양한 질문 만들기(하브루타)
- 글을 보고 질문 하브루타하기

(2) 토의·토론하기
- 장애인이 된 몽실이는 남편 또한 꼽추를 맞이한다. 장애인끼리의 만남에 대해 생각해 보기
- 몸이 불편한 것과 마음이 불편한 것 중 어느 것이 더 우선일지 생각해 보기

❸ 생각하기

1) 가난한 아버지를 버리고 새로운 집으로 들어간 몽실이 어머니에 대해 어떻게 생각하나?
2) 나에게 새로운 가족이 생긴다면 어떨까?
3) 몽실이의 입장에서 가난한 아버지와 부유한 어머니 중 누구와 사는 게 더 행복했을까?
4) 진정한 행복이란 무엇일까?
5) 책 속 인물(북촌댁, 아버지, 밀양댁, 몽실이)의 성격에 대해 생각해 보자.
6) 다리를 저는 몽실이를 놀리는 아이들에 대해 해 주고 싶은 말이 있나? 있다면 무엇인가?
7) 새엄마 북촌댁과 친엄마인 밀양댁 중 누가 더 몽실이를 사랑하는지 생각해 보자.
8) 몽실이처럼 학교에서 교육을 받지 못한다면 어떻게 할 것 같은가?
9) 최 선생처럼 어려운 사람들을 위하여 야학을 운영하는 것에 대해 생각해 보고 진정한 의미의 봉사와 사랑의 실천에 대해 생각해 보자.
10) 누군가를 도와준 경험이 있나요? 있다면 어떤 일이었나?
11) 임신한 새엄마를 위하여 머슴살이를 하는 아버지를 찾아간 몽실이처럼 나도 그럴 수 있을지 생각해 보자.
12) 6·25 전쟁이 일어난 원인과 배경에 대해 생각해 보자.
13) 전쟁으로 인한 피해에 대해 생각해 보자.

14) 이념대립으로 인한 민족 분단의 비극에 대해 생각해 보자.
15) 몽실의 입장에서 낳은 정(밀양댁)과 기른 정(북촌댁) 중 어떤 엄마를 선택하는 것이 더 행복할까?
16) 자기 자신보다 난남이와 영득이를 아끼는 몽실의 행동에 대해 어떻게 생각하나?
17) 전쟁이 아이들에게 주는 영향에 대해 생각해 보자.
18) 미군으로부터 서양과자를 얻기 위해 미군용 차를 쫓아다니는 아이들에 대해 어떻게 생각하나? 초콜릿이나 과자 등 서양문화가 우리에게 준 영향은 무엇인가?
19) 전쟁 후 생긴 사회의 모습(미군 병사와 한국 여성, 양담배 장수, 껌팔이 소년, 소매치기, 거지 등)에 대해 생각해 보자.
20) 우리의 문화와 서양의 문화를 비교해 보자.
21) 전쟁 후 새로이 들어온 서양의 문화가 오늘날 우리 사회 속에 정착된 사례를 알아보고 그것에 대해 생각해 보자.
22) 자신도 어려우면서 다른 사람을 돕는 몽실이의 행동에 대해 어떻게 생각하나?
23) 만약 내가 어려운 상황에 놓여서 다른 사람으로부터 도움을 받는다면 어떨지 생각해 보자.
24) 의붓동생인 '영득이'와 '영순이'를 아끼는 몽실이의 마음에 대해 생각해 보자.
25) '피는 물보다 진하다'는 속담에 대해 생각해 보자.
26) 가난한 사람을 위해 생긴 병원을 이용하기 힘든 그 당시 사회적 현실에 대해 어떻게 생각하나?
27) 돈이 없어서 죽어가는 아버지를 보는 몽실이처럼 내가 그런 경우라면 어떻게 했을지 생각해 보자.
28) 장애인이 된 몽실이는 남편 또한 꼽추를 맞이한다. 장애인끼리의 만남에 대해 생각해 보자.
29) 몸이 불편한 것과 마음이 불편한 것 중 어느 것을 선택하는 게 좋을까?
30) 다리를 저는 몽실이를 아이들이 놀리는 것을 보고 느낀 점은 무엇인가? 내 주위에서 그런 일이 있다면 나는 어떤 선택을 할까?

31) 전쟁 통에 검둥이 아기를 쓰레기더미에 버린 엄마에 대해 어떻게 생각하나?
32) 돈 벌러 간 남편을 버리고 몰래 시집가면서도 밀양댁은 몽실이를 데리고 가는데 그 이유는 무엇일까?
33) 돈이 모든 걸 행복하게 해 줄 수 있을까?
34) 어린 나이에도 불구하고 아기 보기, 빨래, 집안일을 다 하는 몽실이에 대해 어떻게 생각하나? 내가 할 수 있는 집안일은 무엇이 있나?
35) 영득이는 김 씨에게 두고 몽실이와 밀양댁이 남편을 따라갔더라면 몽실이에게 어떤 삶이 펼쳐졌을까?
36) 다리가 아프다고 신음 소리를 내는 몽실이에게 참으라고 하는 밀양댁에 대해 어떻게 생각하나? 몽실이를 병원(한의원)에 데려갔더라면 어땠을까?
37) 살아가는 게 힘든 몽실은 차라리 죽었으면 좋겠다고 생각하는데 언제 나도 그런 생각을 해 본 적이 있는지 생각해 보자.
38) 늘 어려움에도 꿋꿋이 동생들을 보살피고 잘 살아가는 몽실이의 성격에 대해 생각해 보자.
39) 고모를 따라나선 몽실이의 선택은 옳은 것일까?
40) 어려운 친구에게 공부를 가르쳐 주는 남주를 보고 느낀 생각은?
41) 자신에게 큰 병이 있음에도 아기를 갖게 된 북촌댁이 몽실이에게 끼친 영향은 무엇일까?(생명의 존중과 책임감)

④ 논제 만들기

1) 몽실이의 어머니 밀양댁은 가난을 이기지 못하고 몽실이를 데리고 시집을 간다. 의붓아버지와 할머니, 그리고 친어머니와 살던 몽실이를 고모가 찾아와 데려가게 되고 가난한 집에서 몽실이는 착한 새어머니와 살게 되는데, 내가 생각하는 진정한 행복을 정의하고 몽실이 입장에서 가난한 아버지와 부유한 어머니 중 누구와 사는 것이 더 행복했을지 논술하시오. (800자 내외)

2) 몽실이는 상상할 수 없는 가난과 전쟁 속에서 살아간다. 전쟁으로 인하여 많은 사람이 죽고 어렵게 살기도 하지만, 미군 병사의 뒤를 쫓아다니며 먹을 것을 얻기도 하고 새로운 문물이 들어오기도 한다. 한국전쟁의 배경이나 원인을 분석하고 전쟁이 주는 영향을 경제적, 사회적으로 비교하여 논술하시오. (800자 내외)

3) 몽실이 아버지는 가난한 사람을 위해 생긴 병원을 이용하지도 못하고 세상을 뜨게 된다. 돈이 많은 사람들은 뒷구멍으로 진찰권을 얻어 내어 쉽게 병원을 이용하고 가난한 사람들은 돈이 없어 자선병원을 이용하지 못한다. 정의로운 사회가 어떤 사회인지 그 당시 사회적 현실과 오늘날을 비교해 보고 정의로운 사회를 위하여 우리가 실천하여야 할 일을 두 가지 이상 논술하시오. (800자 내외)

4) 어려운 생활 속에서도 몽실이는 의붓동생들을 끝까지 보살피고 그로 인하여 자신을 희생하는 삶을 살아간다. 몽실이의 희생이 동생들에게 미친 영향과 몽실이처럼 자신을 희생하여 사회를 밝힌 사람들의 삶을 예로 들어 '봉사와 희생'의 중요성을 논술하시오. (800자 내외)

❺ 답안 쓰기

논제 1) 예시 답안

내가 생각하는 행복, 몽실이 입장에서의 행복

○○초등학교 5학년 ○○○

　내가 생각하는 진정한 행복은 자신이 사랑하는 사람, 가족과 함께 있는 것이라고 생각한다. 아무리 돈 많은 부자여도 가족이 없으면 외롭고, 슬픔으로, 행복을 느낄 수 없기 때문이다. 그리고 자신의 생활에 만족하고 작은 일에서도 기쁨을 느낄 수 있는 것이 진정한 행복이라 여겨진다.

　몽실이 입장에서는 가난한 아버지와 부유한 어머니 중 가난한 아버지와 사는 것이 더 행복할 것 같다. 부유한 어머니와 살게 된다면 배부르게 먹고 잘살 수 있지만, 김 씨 눈치를 보느라 마음 편히 잘 지내지 못할 것이기 때문이다. 또한 밀양댁과 김 씨가 싸우는 소리를 들으면 몽실이로서는 행복하지 않고 더 슬퍼질 것이며 무엇보다 아버지를 버리고 온 죄책감과 아버지가 보고 싶은 마음 때문에 행복해질 수 없을 것이다.

　아버지와 산다면 가난하지만 서로에 대한 믿음과 사랑이 있기에 가난함으로 인한 어떠한 힘든 일들도 이겨낼 수 있을 것으로 생각된다. 또 친어머니는 아니지만 친어머니 이상으로 친하고 잘 보살펴 주는 새어머니가 있기 때문에 아버지와 사는 것이 몽실이에게 좋을 것이라고 생각된다.

논제 2) 예시 답안

몽실이에게 행복은?

○○초등학교 5학년 ○○○

몽실이는 두 분의 어머니, 그리고 두 분의 아버지가 있다. 모두 친가족은 아니지만 네 분 다 몽실이에게 의미 있는 사람들이고 두 가정 모두 부유한 것은 아니다. 친아버지, 새어머니와 살면 매우 가난하지만, 친어머니, 새아버지와 살면 부유하게 살 수도 있다.

몽실이는 과연 누구와 사는 것이 행복할까? 나는 몽실이가 부유한 친어머니 보다 착한 새어머니를 둔 친아버지와 사는 것이 더 행복할 것 같다.

그 이유는 첫째, 물론 부자인 것도 좋지만, 부자라고 무조건 행복한 것은 아니기 때문이다. 요즘 뉴스에서 가끔씩 나오듯이 돈이 많은 사람들도 우울증이 걸리는 사람들도 있기 때문이다. 둘째, 돈도 중요하지만 사람은 성격이 더 중요하다고 생각한다. 그래서 가난하지만 성격이 나쁘지 않은 친아버지와 사는 것이 부자이지만 성격이 나쁜 새아버지와 사는 것보다 더 행복할 것 같다. 셋째, '만약 어떤 사람이 자신을 다치게 했는데 그런 사람과 함께 행복하게 살 수 있을까?'라는 생각이 든다. 물론 마음씨가 매우 착한 사람은 그것을 용서할 수도 있다. 하지만 몽실이처럼 어린아이에게는 너무나도 힘든 일일 것이다. 넷째, 어린아이가 절뚝거리는 다리로 걸으면서 집안일을 하는 것은 결코 쉬울 수 없다. 물론 친아버지와 살아도 집안일을 해야 하는 것은 같지만, 그것은 살기 위해서 하는 집안일이지, 누가 시킨 것이 아니다. 누가 시켜서 하는 것과 자신이 하고 싶어서 하는 것은 매우 다르다. 공부로 예를 들면 공부를 하는 학생들도 선생님이나 부모님이 시켜서 하는 공부보단 자신이 스스로 하고 싶어서 하는 공부와 차이가 많이 난다고 한다.

이런 이유들로 나는 몽실이가 부유한 친어머니와 사는 것보다 가난하지만 착한 새어머니를 둔 친아버지와 사는 것이 더 행복하다고 생각한다.

논제 3) 예시 답안

정의로운 사회로 가는 길

○○초등학교 5학년 ○○○

정의로운 사회는 무엇일까? 사랑과 용서가 있는 사회, 개개인이 법으로 엄격하게 지켜지는 사회, 절대적인 한 명의 통치자 덕분에 평화로운 사회…. 이 중에는 지금 실존하는 사회도 있고, 예전의 사회나 절대 이루어질 수 없는 꿈의 사회도 있다.

권정생 작가의 소설 『몽실언니』는 한국전쟁이 배경이다. 주인공은 몽실이라는 이름의 소녀로 어린 시절을 전쟁과 피난통에서 지낸다. 몽실이의 친아버지가 심장병이 들어 부산에 있는 병원으로 내려가서 하루, 이틀, 무려 보름을 줄을 서며 기다렸지만, 아버지는 끝내 길바닥에 누워 돌아가시고 말았다. 몽실이와 아버지가 줄을 서는 동안, 부자들은 쉽게 병원으로 들어갔다. 돈만 많다고 이렇게 자선병원을 함부로 이용해도 되는 것일까? 한국전쟁이 벌어지는 동안에는 사회는 정의롭지 않았던 것이다. 이 소설은 그 사회의 약자이자 피해자의 이야기를 들려주고 있는 것이다.

그렇다면 약자를 보호하고 정의로운 사회를 구축하기 위해서 우리는 무엇을 할 수 있을까? 가장 중요한 것은 약자를 무시하지 않는 것이다. 약자가 보호받는 사회는 정의로운 사회이고, 정의로운 사회는 약자가 보호받는 사회이다. 한국전쟁의 사회는 약자가 보호받지 못했기에 정의롭지 못했다.

두 번째는 첫 번째의 반대다. 강자를 경계하는 것이다. 지금의 우리 사회는 이것이 지켜지지 못하는 게 고질병이다. 우리 사회의 문제점 '강약약강' 강자에게 약하고 약자에게 강한 것. '강강약약'이 지켜진다면 우리는 첫 번째와 두 번째가 동시에 지켜지는 것이다.

마지막 세 번째는 현재 사회를 정의롭고 공정한 눈으로 바라보는 것이다. 우리 사회에는 수많은 일이 터진다. 그런데 한쪽의 말만 들어주고 다른 쪽의 잘못으로 돌리는 사람들이 수도 없이 많다. 또, 신기하게도 다른 사람들조차 그렇게 믿는다. 이

것은 언론의 문제점이지만, 우리가 공정한 눈으로 한 사건을 바라본다면 이 문제는 해결될 것이다. 우리 같은 사람이 많아진다면 언론도 개선될 거라고 믿는다.

  위의 세 가지 방법이 내가 믿는 우리 사회의 해결책이다. 우리 사회는 아직 정의로운 사회와는 거리가 멀다. 하지만 언젠가는 조금 더 정의로워질 수 있을 것이라 믿는다.

어린 왕자

생텍쥐페리 글·그림 / 박성창 옮김 / 비룡소

❶ 들어가기

　비행기 고장으로 사막에 불시착한 주인공이 어떤 별에서 우주여행을 온 어린 왕자와 만나면서 벌어지는 이 이야기는, 인간이 고독을 극복하는 과정을 어린 왕자를 통해 상징적으로 표현하고 있는 어른들을 위한 동화이다.
　소설 『어린 왕자』는 작가이자 비행사였던 생텍쥐페리가 글과 함께 삽화까지 직접 그려 출간한 작품이다. 발행 당시 제2차 세계대전으로 피폐해졌던 전 세계 사람들에게 희망의 메시지를 전했고 나이와 국경을 초월해 현재까지도 많은 사랑을 받고 있다. 책 속에 등장하는 어린 왕자를 비롯한 독특한 캐릭터와 시적인 세계를 이루는 명대사는 삶과 인간에 대한 진정한 의미를 느끼게 한다. 또한 생텍쥐페리가 직접 그린 감성적인 삽화는 아이들에게 동심을 안겨 주며 모든 세대가 꼭 봐야 할 베스트셀러가 되었다.

작가는 어렸을 때 코끼리를 집어삼킨 보아뱀 그림을 그리나 어른들은 이를 알아보지 못한다. 어른들은 겉으로 드러나는 형태에 집중하기 때문에 그 안에 담긴 의미에는 관심이 없다. 그런 것에 실망을 하고 그림을 포기한 뒤 지리학 등을 익힌 후 조종사가 된 주인공은 사막에 불시착하여 비행기를 고치는 동안 어린 왕자를 만나게 된다.

『어린 왕자』에는 여러 가지 시사점이 있다.

전통 의상을 입었을 때는 아무도 관심을 안 보이다가, 정장을 입고 나타나서 연구결과를 발표하게 되자 관심을 가지는 학자들의 모습, 권력에 집착하면서 자기가 다스리는 사람이 항상 있길 원하는 어른들의 권력 추구, 뭐든지 소유하는 것을 좋아하는 부자, 소유에 의미가 없더라도 소유 자체에 관심을 가지는 부자, 술주정뱅이가 세상을 비관하면서 계속 술만 마시는 것, 자신에게 주어진 임무를 위해서 자신의 삶을 끊임없이 희생해 나가는 전등 관리인, 스스로 뭘 해볼 생각 없이 탐험가에 의해서 수집된 정보만을 모으는 학자, 이런 모습들이 어른들의 편협함을 재미있게 보여 준다.

어른의 편협한 시각을 탈피하고 명예, 권력, 돈에 대한 집착을 버리는 것, 겉모습으로 판단하는 것이 아니라 마음을 통해서 바라볼 것, 삶에서 관계의 소중함을 깨닫고 의미 있는 관계를 쌓을 것 등, 인간다운 순수함을 잃지 않는 삶이 진정 아름답다고 어린 왕자는 이야기하고 있다.

♣ 『어린 왕자』 내용 엿보기

비행사인 나(나레이터)는 6년 전 사막에서 겪은 일을 회상하여 독자들에게 들려주고 있다. 여섯 살 때 코끼리를 삼켜 버린다는 보아뱀 그림과 어른들의 몰이해로 그림 그리기를 포기했었다는 이야기로 시작한다.

비행기의 기관 고장으로 사막에 불시착하여 엔진을 고치느라 땀을 뻘뻘 흘리고 있을 때 어린 왕자라는 신비한 존재를 만난다.

어린 왕자는 양을 한 마리 그려달라고 부탁한다. 그 그림 양을 매개체로 하여 비행사는 어린 왕자에 대한 비밀을 조금씩 알아간다.

어린 왕자는 소혹성 B612호에서 살고 있었다.

어느 날 그 별에 장미꽃 한 송이가 피어났다. 정성껏 그 꽃을 돌보았지만 그녀는 너무나 까다로웠다. 괴로움을 견디지 못하고 그는 자기 별을 떠나기로 결심한다.

별을 떠나 7개의 소혹성을 차례로 방문한다.

첫 번째 별은 백성이 단 한 명도 없는 임금이 있었다. 다스릴 백성도 없는 나라에서 임금을 한다는 것은 모순되어 보였다.

두 번째 별은 허영꾼이 있었다. 아무도 칭찬해 주지 않는데 허영을 부리는 모습이 우스워 보였다.

세 번째 별은 술꾼이 있었다. 그는 술을 마시는 자신의 모습이 너무 부끄러워 술을 마신다고 했는데 자기모순에 빠져 있는 모습이 불쌍했다.

네 번째 별은 상인이 있었다. 목적 없이 돈을 세고 또 세고…. 의미 없는 삶을 살고 있었다.

다섯 번째 별은 가로등을 켜는 점등인이 있었다. 모처럼 어린 왕자의 마음에 들었지만 아무런 목적도 없이 명령에만 무소선 복종하여 같은 일을 끝없이 반복하고 있었다.

여섯 번째 별에는 지리학자가 있었다. 풍부한 지식은 있었지만 그는 실제 한 발짝도 밖에 나가본 적이 없었다. 삶과 지식이 유리된 것이다.

이렇게 하여 일곱 번째 도착한 별이 지구이다. 지구에 도착한 어린 왕자는 장미가 너무나 많다는데 큰 충격을 받고 슬퍼했다. 사이가 나빠 자기 별에 두고 온 장미가 우주에서 유일하기 때문에 가치 있다고 생각했던 것이 틀렸던 것이다. 그렇다면 자기 별의 장미가 진정 가치 있는 것은 무엇 때문인가, 라는 것이 어린 왕자가 부딪힌 실존적 질문이다.

어린 왕자는 여우와의 만남을 통해 그의 가장 절실한 질문에 대한 해답을 얻는다. 장미가 참으로 가치 있는 것은 희소성 때문이 아니라 서로 관계를 맺고 있기 때문이라는 것이다.

관계를 맺는다는 것은 서로 길들여지는 것이다. 길들여지기 위해서는 함께 시간을 보내야만 한다. 그리고 그렇게 길들여진 존재에 대해서는 책임을 져야 한다는 것을 깨닫고 자기 별로 떠나기를 결심한다.

❷ 제시문 읽기

하나, 책 표지 보고 이야기하기

- 다양한 질문 만들기(하브루타)
- 내용을 알기 전에 상상해 보기

 활동내용

● **하브루타 수업 방법**

① 질문 중심 하브루타 수업

> 질문 만들기 → 짝 토론 → 모둠 토론 → 발표 → 쉬우르(교사: 학생 전체)

② 논쟁 중심 하브루타 수업

> 논제 조사하기 → 짝 논쟁 → 모둠 논쟁 → 발표 → 쉬우르(교사: 학생 전체)

③ 비교 중심 하브루타 수업

> 비교 대상 정하기 → 짝 토론 → 모둠 토론 → 발표 → 쉬우르(교사: 학생 전체)

④ 친구 가르치기 하브루타 수업

> 내용 공부하기 → 친구 가르치기 → 배우면서 질문하기 → 입장 바꾸기 →
> 이해 못한 내용 교사에게 질문하기 → 쉬우르

⑤ 문제 만들기 하브루타 수업

> 문제 만들기 → 짝과 문제 다듬기 → 모둠과 문제 다듬기 → 문제 발표 → 쉬우르

둘, 책 내용으로 이야기하기

어린 왕자는 코끼리를 삼킨 보아뱀을 모자로 생각하는 어른들을 일일이 설명해 주어야 하는 귀찮게 존재로 생각한다. 또 상자 속의 양 그림에 아주 만족해 한다.

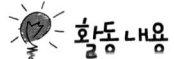 활동내용

(1) 다양한 질문 만들기(하브루타)
- 글을 보고 질문 하브루타하기

(2) 토의·토론하기
- 보아뱀 그림을 보고 상상해 보기
- 어린 왕자가 그린 양의 그림을 보고 이야기하기
- 겉모습으로만 사람을 판단하고 이해한 경험 이야기하기

셋, 책 내용으로 이야기하기

어린 왕자의 별엔 아주 무시무시한 씨앗들이 있는데, 그게 바로 바오밥나무 씨앗이라고 어린 왕자는 생각한다. 그 씨앗들은 제때 뽑지 않으면 작은 별을 아주 엉망으로 만들어 버려 별이 산산 조각나게 된다고 어린 왕자는 이야기한다.

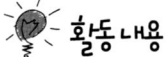 활동 내용

(1) 다양한 질문 만들기(하브루타)
- 글을 보고 질문 하브루타하기

(2) 토의·토론하기
- 별을 엉망으로 만들어버리는 바오밥나무가 상징하는 것 이야기 나누기
- 나의 생활을 망치는 습관 이야기하기
- 우리 주변의 나쁜 식물이나 사람, 환경에 대해 이야기하기

넷, 책 내용으로 이야기하기

어린 왕자에게 여우는 길들여지지 않은 관계라서 함께 놀 수 없다고 말한다. 여우와 어린 왕자의 관계처럼 어린 왕자의 별에 사는 장미꽃과 어린 왕자는 서로에게 길들여진 관계다.

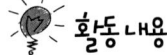 활동 내용

(1) 다양한 질문 만들기(하브루타)
- 글을 보고 질문 하브루타하기

(2) 토의·토론하기
- 어린 왕자와 장미꽃의 관계 알아보기
- 길들인다는 것의 의미 나누기
- 내가 길들이고 싶은 사람이나 사물에 대해 이야기 나누기
- 진정한 사랑의 의미와 사랑하는 관계에 대해 이야기 나누기

다섯, 책 내용으로 이야기하기

어린 왕자는 소행성 325호, 326호, 327호, 328호, 329호, 330호가 있는 근처를 여행하면서 첫 번째 별에서 자기의 명령을 거역하는 걸 용서하지 못하는, 자기의 권위를 중요하게 생각하는 왕을 만나게 된다.

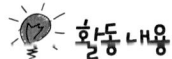 활동 내용

(1) 다양한 질문 만들기(하브루타)
- 글을 보고 질문 하브루타하기

(2) 토의·토론하기
- 첫 번째 별에서 만난 왕의 성격에 대해 이야기 나누기
- 우리 주변에서 '왕'이 의미하는 것은 무엇인지 이야기 나누기

여섯, 책 내용으로 이야기하기

어린 왕자는 두 번째 별에서 허영심 가득한 남자를 만나게 된다. 허영심 가득한

사람은 다른 사람들이 모두 자기를 찬양해 주어야 한다고 생각한다.

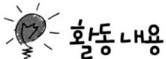 활동 내용

(1) 다양한 질문 만들기(하브루타)
- 글을 보고 질문 하브루타하기

(2) 토의·토론하기
- 두 번째 별에서 만난 허영심 많은 남자에 대해 이야기 나누기
- 우리 주변에서 허영심 많은 아저씨 같은 사람이 있는지 이야기 나누기

일곱, 책 내용으로 이야기하기

어린 왕자는 세 번째 별에서 부끄러움을 잊기 위해서 술을 마시는 주정뱅이를 만나게 된다.

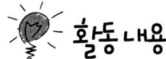 활동 내용

(1) 다양한 질문 만들기(하브루타)
- 글을 보고 질문 하브루타하기

(2) 토의·토론하기
- 세 번째 별에서 만난 술꾼의 성격에 대해 이야기 나누기
- 우리는 부끄러움을 잊기 어떤 행동을 하는지 이야기 나누기

여덟, 책 내용으로 이야기하기

어린 왕자는 네 번째 별에서 부자가 되고 싶어 하는 바쁜 사업가를 만나게 된다. 그는 쉬지 않고 일하여 무엇이든지 소유하는 부자가 되고 싶어 한다.

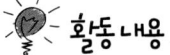 활동내용

(1) 다양한 질문 만들기(하브루타)
- 글을 보고 질문 하브루타하기

(2) 토의·토론하기
- 네 번째 별에서 만난 사업가의 성격에 대해 이야기 나누기
- '소유'한다는 것의 장점과 단점에 대해 이야기 나누기
- 내가 소유하는 것 중 가장 아끼는 것은 무엇인지 생각해 보기

아홉, 책 내용으로 이야기하기

어린 왕자는 가장 작은 다섯 번째 별에서 가로등 하나와 지시에 따라 그걸 켜는 사람을 만나게 된다. 아무도 살지 않는 별에 가로등과 가로등을 켜는 사람이 무슨 소용이 있는지 어린 왕자는 이해하지 못한다.

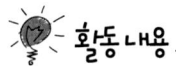 활동 내용

(1) 다양한 질문 만들기(하브루타)
- 글을 보고 질문 하브루타하기

(2) 토의·토론하기
- 다섯 번째 별에서 만난 가로등 켜는 사람의 성격에 대해 이야기 나누기
- 가로등 켜는 사람처럼 지시에 따라 움직이는 생활의 장점과 단점 이야기 나누기

열, 책 내용으로 이야기하기

어린 왕자는 여섯 번째 별에서 엄청나게 오로지 책상에만 앉아서 커다란 책을 쓰고 있는 지리학자를 만나게 된다.

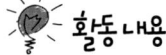 활동 내용

(1) 다양한 질문 만들기(하브루타)
- 글을 보고 질문 하브루타하기

(2) 토의·토론하기
- 여섯 번째 별에서 만난 지리학자의 성격에 대해 이야기 나누기
- '지리학자'가 의미하는 것은 무엇인지 이야기 나누기
- 움직이지 않고 책상에서 기록만 하는 것을 학문의 의미와 연관해서 생각해 보기

열하나, 책 내용으로 이야기하기

우물 옆 허물어진 오래된 돌담 위에 앉아 있던 어린 왕자는 돌담 아래서 위를 향해 머리를 쳐들고 있는 노란 뱀과 이야기를 나눈다. 그리고 뱀에게 물려 죽어가면서 이야기한다. "중요한 건 눈에 보이지 않아…."

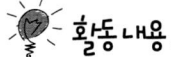 활동내용

(1) 다양한 질문 만들기(하브루타)
- 글을 보고 질문 하브루타하기

(2) 토의·토론하기
- 삶에서 나와 가장 소중한 관계에 있는 사람에 대해 이야기 나누기
- 독이 있는 뱀에게 물리면서까지 자신의 별로 놀아간 어린 왕자에 대해 이야기하기
- 진정 아름다운 삶은 무엇인지 생각해 보기
- 어린 왕자에게 중요한 것은 무엇이었을지 이야기하기
- 나에게 보이지 않는 가장 중요한 것에 대해 이야기하기

❸ 생각하기

1) 나와 어린 왕자의 만남에서 인상적인 이야기와 의미에 대해 말해 보자.
2) 어린 왕자가 별에서 만난 사람들이 상징하는 모습은 무엇일까?
3) 어린 왕자와 여우가 나눈 대화의 의미에 대해 이야기해 보자.

4) 친구가 된다는 것은 어떤 것일까?
5) 나 자신이 맺고 있는 관계에 대해 소개하고, 관계를 맺는 과정과 그에 따른 어려움에 대해 서로에게 궁금한 점에 대해 말해 보자.
6) 이 책에서 '나'는 어떤 사람일까?
7) '나'가 만난 '어린 왕자'는 누구일지 상상해 보자.
8) 어린 왕자가 만난 여러 별의 사람들 중에 나와 가장 비슷한 부류의 사람은 누구인가?
9) 가장 기억에 남는 구절과 그 이유는 무엇인지 이야기해 보자.
10) 이 책은 어른들의 어떤 면들을 비판하고 있는지 이야기해 보자.
11) 우리 주변에서 '어린 왕자'라고 할 만한 사람으로는 누가 있는지 생각해 보자.
12) 나의 '어린 왕자'가 있다면 누구인지 이야기해 보자.
13) 이 책에서 얻을 수 있는 교훈이나 가치는 무엇일까?
14) 어린 왕자는 여섯 개의 행성을 찾아간다. 이 여행에서 만난 사람들이 누구인지, 이들을 통해 작가는 인간사회의 어떤 점을 비판하고자 했는지 이야기해 보자.
15) 장미꽃은 어린 왕자에게 어떤 존재인가?
16) 자신이 좋아하는 꽃에 대하여 이야기해 보고 그 꽃을 좋아하는 이유를 설명해 보자.
17) 주인공은 장미꽃이 곁에 있을 때는 몰랐지만 다른 별을 여행하면서 소중함을 알았다. 여러분도 곁에 있을 때는 몰랐지만 떠나고 나니 정말 소중했었던 것 같은 사람이나 혹은 물건이 있나? 있다면 함께 이야기해 보자.
18) 어린이와 어른의 차이점은 무엇이라고 생각하나? 단순히 많이 배우고 키도 덩치도 큰 것이라고 생각하나? 이 책에서 나오는 관점으로 어린이와 어른의 차이점에 대해 생각해 보자.
19) 여러분에게도 좋은 친구가 있을 것이다. 친구와 함께 재밌게 놀았던 기억도 많지만 의지했던 기억도 많을 것이다. 여러분에게 없어서는 안 될 의지하는 친구가 있나? 그런 친구가 있다면 한 번 소개해 보자.

20) 마음이 불편한 상황에서 벗어나 여행을 떠나고 싶었던 적이 있나? 그렇다면 생각했었던 여행지는 어디인가?

21) 이제껏 여행을 다녀 보았던 곳 중 가장 좋았던 곳은 어디인가?

22) 여행의 좋은 점과 나쁜 점을 이야기해 보자.

23) '나'는 어른들에 의해서 어렸을 적에 화가의 꿈을 포기하게 된다. 여러분도 이렇게 외부적인 요소에 의해서 꿈을 포기한 적이 있나? 꿈을 포기하는 '나'의 마음은 어땠을까?

24) 어린 왕자가 자신의 별에 있는 장미꽃과 지구에 있는 장미꽃이 다르다고 생각한 이유는 무엇인가?

25) 어린 왕자는 왜 장미꽃을 이해하지 못했을까?

26) 여우가 말한 '길들인다'라는 말은 무슨 뜻인가?

27) 여우가 어린 왕자에게 "가장 중요한 것은 눈에 보이지 않는다. 잘 보려면 마음으로 보아야 한다."라고 말했다. 어떤 것을 느끼게 되었나?

28) '나'와 '어린 왕자'의 공통점은 무엇일까?

29) '나'에 따르면 어른들은 가장 중요한 것은 묻지 않고, 그 친구의 집안 사정에 대해서만 물으며 또 그 친구의 집을 설명하기에도 '10만 프랑짜리 집'이라고 설명하면 된다고 한다. 물질만능주의에 대하여 어떻게 생각하나? 물질만능주의에 대하여 이야기해 보자.

30) 주위에서 물질만능주의를 가진 사람을 본 적이 있나? 어떤 사람이었는지 이야기해 보자.

31) 어린 왕자는 점등인을 친구로 생각하고 도와주고 싶어 하지만 마음처럼 되지 않는다. 여러분들도 친구를 도와주고 싶은데 마음대로 되지 않았던 적이 있었나?

32) 친구가 화가 나 있거나 혹은 우울해 있을 때 그 친구를 풀어주고, 웃게 해 주는 자신만의 노하우가 있나?

33) 어린 왕자는 떠나는 날 '나'에게 웃음소리를 선물로 주었다. 친구 혹은 누군가가 떠날 때 그 사람에게 어떤 선물을 주고 싶은지 생각해 본 적이 있나?

34) 친한 친구 또는 가까운 사람과 헤어져 본 경험이 있으면 이야기해 보자.
35) 생텍쥐페리가 『어린 왕자』를 쓴 의도는 '왕자는 이 세계 속에서 자기가 책임을 져야만 하는 장미꽃이 존재한다는 사실에 깊은 뜻이 있음을 깨닫는다'이다. 여러분에게도 깊은 뜻이 있는 물건이 있나? 그 물건은 어떤 깊은 뜻이 담겨져 있나?

❹ 논제 만들기

1) 우리 사회에는 '여우'처럼 자신을 길들여주길 원하는 사람이 있다. 어린 왕자와 여우처럼 사람과 사람 사이의 관계를 잘 맺기 위하여 가장 중요한 가치는 무엇일지 생각해 보고 그에 대해 논술하시오. (800자 내외)

2) '나'에 따르면 어른들은 가장 중요한 것은 묻지 않고, 그 친구의 집안 사정에 대해서만 물으며 또 그 친구의 집을 설명하기에도 '10만 프랑짜리 집'이라고 설명하면 된다고 하였다. 물질만능주의에 대한 자신의 생각을 쓰고 그로 인한 사회적인 현상에 대하여 논술하시오. (800자 내외)

3) 이 책에는 다양한 군상의 어른이 나온다. 이 책에서 나오는 관점으로 어린이와 어른의 차이점에 대해 생각해 보고 내가 되고 싶은 어른의 모습에 대해 논술하시오. (800자 내외)

4) 어린 왕자는 수많은 지구상의 장미보다도 자신과 오랜 시간을 함께하고 서로에게 길들여진 장미꽃을 사랑한다. 내가 생각하는 진정한 사랑의 의미를 어린 왕자의 사랑과 비교하여 논술하시오. (800자 내외)

❺ 답안 쓰기

논제 1) 예시 답안

신뢰로 맺어지는 관계

○○초등학교 6학년 ○○○

우리는 살아가면서 많은 사람들과 관계를 맺고, 끊으며 살아간다. 이렇게 타인과 관계를 맺는 일은 우리가 살아가는 데에 꼭 필요한 일이다. 모든 사람들, 심지어는 동물들조차도 다른 이들과 복잡한 관계를 맺으며 살아간다. 『어린 왕자』의 여우는 어린 왕자가 자신을 길들여주기를 원했다. '길들여지는 것'은 사람과 사람 사이에서 사용하기에는 어색한 표현일 수도 있겠지만, 이 말은 관계를 맺는 것의 한 예라고 볼 수 있다. 또한 『어린 왕자』에서 여우는 자신을 길들이기 위해서는 '인내심'이 필요하다고 말했다. 그렇다면, 우리의 삶에서 다른 사람과 관계를 맺기 위해 필요한 것은 무엇일까? 물론 인내심, 애정, 배려 등 많은 것이 필요하겠지만, 나는 제일 중요한 것이 바로 '신뢰'라고 생각한다.

신뢰가 필요한 이유로는, 먼저 신뢰가 없다면 서로 친밀한 관계를 맺는 것이 불가능하다는 점이다. 우리는 처음 누군가를 만나고 대화를 나눌 때, 그 사람에 대한 최소한의 신뢰를 바탕으로 그 사람에게 마음을 열고, 함께 무언가를 하면서 관계를 맺고 가까워져 간다. 신뢰가 없다면 우리는 처음 누군가를 만났을 때 그 사람과 자신이 가까워졌을 때 얻을 수 있는 이득과 행복보다는, 그 사람이 자신을 진실되게 대하지 않았을 때 생길 문제점, 자신이 그 사람과 관계를 맺어서 자신에게 손해를 주는 부분에 대해서만 생각하게 될 것이다. 어린 왕자와 여우도, 길들이고 길들여지는 관계를 맺음으로써 자신들이 얻을 기쁨, 즐거움을 생각했기에 서로 가까워질 수 있었다. 관계를 맺은 후 그 관계를 더 가깝게 만들기 위해 하는 일들에도, 신뢰가 꼭 필요하다. 여우는 매일 어린 왕자가 찾아오는 시간 조금 전에 그를 기다리는 기쁨을 느낌으로서 그들은 더욱 가까워지고, 행복해질 수 있었다. 현실에서도 우리는 함께 여행 가기, 선물 주고받기, 대화 나누기 등 많은 일을 하며 더 가까워지는데 신뢰가 없다면 그런 일을 함께할 수 없을 것이다.

또한, 신뢰가 없다면 관계를 맺기 위해 필요한 다른 감정과 행동도 있을 수 없다. 신뢰 외에도 서로가 관계를 맺는 데에 중요한 것에는 배려, 인내심, 존중 등이 있다. 그런데 과연 서로에 대한 이런 감정과 행동들이 서로에 대한 신뢰가 없는 상태에서 이루어질 수 있을까? 나는 당연히 그럴 수 없다고 생각한다. 그렇기 때문에 위에서 말한 두 가지의 신뢰가 필요한 이유를 제쳐 두고라도, 타인과 관계를 맺기 위해서는 신뢰가 필요할 것이다.

이런 이유들 때문에, 나는 사람과 사람 사이에 관계가 맺어지기 위해서 제일 중요한 것은 서로에 대한 신뢰라고 생각한다. 우리가 누군가를 만나고 관계를 맺을 때, 어린 왕자와 여우처럼 가까워지기 위해서는 서로에 대한 신뢰를 가져야 할 것이고, 그렇게 한다면 분명 서로에게 도움이 될 좋은 관계를 맺을 수 있을 것이다.

논제 2) 예시 답안

인간관계에 중요한 가치

○○초등학교 6학년 ○○○

여우는 어린 왕자에게 길들여지기를 원했다. 이것은 여우가 생각하는 사람과 사람 사이의 관계에서 가장 중요하게 생각하는 가치일 것이다. 그렇다면 어린 왕자와 여우처럼 사람과 사람 사이의 관계를 잘 맺기 위하여 가장 중요한 가치는 무엇일까?

첫째, 사람과 사람 사이의 관계를 잘 맺기 위해서는 서로를 이해할 수 있어야 한다. 서로를 이해하지 못한다면 자주 싸움이 일어날 것이고 사람과의 관계를 잘 맺지 못할 것이다. 또 상대방에 사소한 실수나 잘못에도 이해하지 못한다면 서로가 서로에게 민감한 반응을 보일 것이고 민감한 반응이 점점 짜증과 화로 번지게 될 것이다. 그러면 더 안 좋은 관계로 맺어질 것이다. 그리고 여우가 처음 본 어린 왕자를 이해해 주지 않았더라면 둘은 서로 가까워지지 못하고 서로의 관계가 잘 맺어지지 못했을 것이다.

둘째, 자신보다 상대방을 위하는 마음이 있어야 한다. 상대방보다 자신만의 이익을 위해 자신의 마음대로 행동한다면 사람과의 관계를 잘 맺긴 어려울 것이다. 자신에게는 자신이 제일 중요하겠지만 그래도 조금이라도 노력해 상대방의 입장을 생각해서 행동한다면 분명히 서로 간의 관계를 잘 맺을 수 있을 것이다. 또 어린 왕자가 자신만 생각해서 여우가 자신을 길들여주라고 하였을 때 속마음을 아예 들어보지도 않고 바로 거절했다면 둘의 사이는 멀어졌을 것이다.

이처럼 어린 왕자와 여우처럼 사람과 사람 사이의 관계를 잘 맺기 위하여 가장 중요한 가치는 '배려'라고 생각한다. '배려'는 서로를 이해해 주고 상대방을 먼저 생각하는 것이다. 그것을 행동으로 실천해야 우리가 사는 이 세상도 서로 좋은 관계 맺기에 성공할 수 있을 것이고, 그것은 곧 행복한 삶과도 연결될 수 있을 것이다.

오후 3시 베이커리

이연 글 / 이지선 그림 / 소년한길

❶ 들어가기

우리 사회는 다름을 인정하고 존중해 주는 모습으로 바람직하게 변화되어야 한다. 나와 생각이 같지 않다고, 출신이 다르고 피부색이 다르다고, 재혼이나 한부모 가정이라고 차별받아서는 안 된다. 그러나 아직도 자신의 고정된 편견으로 이들을 바라보는 시선이 존재한다. 나만의 잣대를 가지고 다름을 인정하지 않으며 도리어 정죄하고 멀리하며 때로는 비난하기도 한다. 우리는 대화와 소통으로 다르면서도 조화로운 아름다운 세상을 함께 이루어가야 한다.

이 작품에는 6학년 상윤이의 눈으로 바라본 오늘날 우리 사회의 여러 가지 다양한 편견의 모습이 흥미롭게 등장한다. 먼저 재혼가정에 관한 이야기가 전개된다. 상윤이 아빠는 재혼을 했지만, 동화에 나오는 그런 악독한 새엄마가 아니라 우리의 편견을 깨는 새엄마다. 서로 모르는 것을 인정해 주자고 하며 호칭도 상윤이가 편하게 아줌마라고 부르라고 한다. 상윤이에게 강요하지 않으며 늘 웃고 긍정적으로 친절히 대한다. 상윤이 아빠는 친엄마와 맞지 않아 이혼을 했다. 아빠는 자신을 이해하지 못하는 친엄마와는 사이가 좋지 못했다. 엄마는 무책임하고 게으르다고 아빠를 욕했다. 그러나 새엄마는 아빠의 단점을 장점으로 이해하며 다독여 준다. 같은 행동도 상대에 따라 이렇게 다르게 이해되는 것이다. 또 사람들은 새엄마와 사는 아이는 무조건 문제가 있을 거라는 편견을 가지고 있다. 선생님조차도 상윤이가 새엄마와 살아서 말썽을 부린 것이라고 짐작하시는 것이다.

과연 가족은 누가 정하는 것일까? 우리가 생각하는 보편적인 가정이 아닌 이웃 할머니들 가정을 보며 상윤이가 던지는 질문이다. 새엄마가 운영하는 빵집의 단골인 하얀 할머니와 검은 할머니는 과연 가족이냐 아니냐 하는 것이 마을 사람들의 논란이다. 상윤이 눈에는 두 분은 함께 사는 유일한 가족이다. 그러나 사람들은 편견의 눈으로 바라보며 가족이 아니라고 한다. 유명 작가인 검은 할머니께서 병원에 입원해 있는 동안 하얀 할머니는 가족이 아니라는 이유로 중환자실 면회도 되지 않는다.

가정폭력에 관한 이야기도 언급된다. 상윤이는 전학 간 첫날 싸움을 계기로 장훈이와 친해진다. 서로 우정을 나누는 가운데 장훈이의 가정을 통하여 겉으로는 알지 못했던 무섭고 어두운 폭력가정의 단면을 들여다보게 된다. 장훈이 아빠는 정말 알코올 중독에서 빠져나올 수는 없는 것일까.

혈연에 대한 아빠와 아줌마, 할머니 세대 간 각자의 입장을 엿볼 수 있는 부분이다. 할머니는 안동권씨의 대를 잇는다는 혈통을 소중하게 여기는 고집이 대단하시다. 그래서 상윤이를 부산 엄마에게 보내지 않으려고 안간힘을 쓴다. 손자의 마음을 이해하기보다는 조상 볼 낯이 없다며 보내지 않으려고 한다. 그러나 아줌마는 상윤이 좋을 대로 하라고 한다. 그래서 상윤이는 더 고민을 하게 된다. 과연 상윤이는 친엄마에게 갈 것인가?

♣ 『오후 3시 베이커리』 내용 엿보기

상윤이는 함께 살던 할머니를 남겨두고 기차로 서울의 아빠에게로 간다. 할머니는 속옷은 매일 갈아입으라고 당부하면서 상윤이의 가방을 싸준다. 엄마나 아빠와 헤어질 때 그랬던 것처럼 할머니와 헤어질 때도 또 눈물이 났다. 5년 전 상윤이가 1학년 때 아빠와 엄마가 이혼했다. 그래서 할머니와 둘이 살다가 아빠가 결혼한 서울 아줌마에게 간 것이다. 이날 만화가인 아빠는 잡지사에 일이 있어 혼자 서울 아줌마가 마중을 나왔다. 아줌마는 말도 많이 하고 장난스럽게 행동하여 상윤이의 긴장된 마음을 풀어 주었다.

아줌마는 빵집을 운영하는데 그 빵집의 이름은 독특하게도 '오후 3시 베이커리'다. 오후 3시에 살짝 산책 나와서 빵도 사 가고, 졸음도 좀 깨는 그런 빵집이 되고 싶어서 지었다고 한다. 모두가 행복해지도록 하는 것이 꿈이다. 그런 아줌마는 상윤이를 위해 특별한 노란 사과파이를 구워서 맛보게 한다. 아줌마는 성급하게 엄마의 역할을 하지 않겠다고 하고, 상윤이에게는 아들 노릇을 강요하고 싶지 않다고 하면서 친구처럼 지내자고 한다. 아줌마와의 첫 만남은 두렵기도 하였지만, 마음이 따뜻한 아줌마와 잘 지낼 수 있을 것 같은 마음이 들면서 그 고민이 사르르 녹아가고 있었다. 그러나 엄마보다는 아줌마로 부르는 것이 편하다는 상윤이, 새엄마는 마음대로 부르고 싶은 대로 부르라고 한다.

상윤이 아빠는 만화가이다. 인터넷 홈페이지에 만화를 올리기도 하는데 이를 본 잡지사에서 연락이 와 얼마간 만화를 연재하기도 하였다. 그러나 아빠는 하는 일이 별로 없다. 만화가라 출근할 필요가 없으니 오후 늦게 일어나서 인터넷으로 고스톱을 치다가 엄마 대신 신경 써서 저녁밥을 준비하는 게 전부다. 할머니는 아빠의 정신 연령이 어리다고 늘 걱정을 하신다. 상윤이도 이런 아빠를 한심해 한다. 그래서 친엄마와도 생각이 맞지 않아 이혼했다. 그러나 아빠와 결혼한 서울 아줌마는 이런 아빠를 이해해 줄 뿐 아니라 상윤이를 편안하게 해 주는 새엄마이다.

학교에서는 선생님께서 상담을 하시면서 상윤이가 고민이 많을 것이라고 생각하신다. 상담 도중 재혼가정에 대한 이러한 편견을 가지고 가정방문까지 하겠다고 말씀하신다. 그러나 상윤이의 문제는 사람들이 아줌마와 산다고 동정 어린 눈길로 보는 것이 싫었다. 아주 잘 지내고 있는 상윤이는 차라리 고민을 만들어야 하는지 혼란이 온다.

날씨는 화창한데 비가 와서 집에 비가 새던 날, 온 식구가 그릇을 가져다 물이 떨어지는 곳에 놓았다. 이 와중에 아빠는 소풍을 가자고 하신다. 상윤이가 바다가 보고 싶다고 하여 인천 월미도로 소풍을 간다. 회를 먹다가 상윤이가 속이 안 좋아 회를 먹지 못하게 되자 새엄마는 많이 먹게 되어 잘되었다고 하는데, 이 농담을 듣고 아빠가 아줌마에게 화를 낸다. 그러나 결국 서로 믿고 의지하고 좋아하는 가족임을 다시 한 번 확인하고 아빠는 아줌마에게 사과를 한다.

'오후 3시 베이커리'에서 귀신들을 처음 만난 건, 아줌마 가게에 따라 나온 지 며칠 안 되었을 때였다. 까만 옷, 까만 머리, 까만 신발의 검은 할머니와 하얀 얼굴, 하얀 머리의 하얀 할머니를 만났다. 그 모습이 상윤이 눈에는 귀신처럼 보인 것이다. 신기하게도 매일 오후 3시가 되면 빵을 사러 가게에 온다. 사람들은 같은 집에 살며 항상 팔짱을 끼고 다니는 이분들을 향하는 시선이 곱지가 않다. 이들은 과연 가족일까, 아닐까. 당뇨병을 앓고 계시던 유명 작가이셨던 검은 할머니가 돌아가시자 하얀 할머니는 어디론가 떠나가시고 기르고 있던 강아지 예쁘는 상윤이가 데려와 키운다.

사투리 때문에 아이들에게 놀림을 받지 않을까 고민하던 상윤이는 서울로 전학 간 첫날 다툼을 계기로 친구 장훈이를 사귀게 된다. 개그맨이 되고 싶은 장훈이는 장기가 있어야 한다며 상윤이에게 부산 사투리를 열심히 배우고 둘은 점점 더 친해진다. 상윤이의 부산 말투가 반 전체에 유행이 되기도 했다. 친구 장훈이가 가끔 몸에 상처가 나 학교에 오는데 전날 밤 아빠에게서 맞은 것이다. 장훈이 말로는 평소에는 너무나 자상하고 좋은 아빠인데 술을 마시면 마귀가 된다고 한다. 엄마를 때리고 동생을 발로 차는 모습을 보고 장훈이는 아빠를 죽이고 싶다는 생각도 한다. 술이 깨면 아빠는 또 엄마를 위협한다. 폭력성 알코올 중독에 견디다 못한 장훈이네 가족은 방학 중에 급하게 아빠 몰래 강원도 강릉으로 이사를 가면서 드디어 폭력에서 벗어난다. 아빠랑 떨어져 살아 마음 졸이지 않아도 되고 더 이상 매 맞지 않아서 너무나 좋다고 하는 불쌍한 장훈이와 이메일로 연락한다. 알리지도 않고 전학 간 것을 원망도 했지만 후회하면서 보고 싶다며 잘 지내라고 답장한다.

상윤이가 아빠와 새엄마와 아무런 문제없이 행복하게 사는 동안 부산 친엄마가 같이 살자고 제의해 온다. 그동안 친엄마와는 매월 한 번씩 만났다. 만날 때마다 엄마는 이유를 묻지 않고 게임 CD 등 상윤이가 사 달라는 것을 사 주셨다. 낮에는 학습지 교사를 하고 밤에는 학원 강사를 하시는 엄마는 5년간 열심히 일하면서 승진도 하고 돈을 모아 아들과 같이 살 아파트를 산 것이다. 아빠는 처음에 절대 보낼 수 없다고 했지만 상윤이의 의견을 따르겠다고 한다. 아줌마도 어른들의 생각보다 상윤이의 생각이 가장 중요하다고 한다. 옷을 살 때도, 음식을 시킬 때도 항상 상윤이가 무엇을 원하는지 의견을 물어봤다. 그러나 상윤이는 지금 누구랑 살아야 하는지 눈치를 보고 있다. 할머니는 죽어서 조상 볼 낯이 없다고 보내지 못한다고 노발대발한다. 혼란스러운 상윤이는 모든 것이 자신으로 인해 생긴 일이라며 나만 없어지면 되겠다고 하면서 소리를 지른다. 그러면서도 자신이 사라지면 찾아 줄 가족이 있어서 그나마 다행이라는 생각도 해 본다. 아빠는 상윤이 답지 않다고 하지만 상윤이는 나다운 것이 무엇이냐며 화를 낸다. 답답한 상윤이는 누구보다 소중한 친구 장훈이에게 전화를 걸어 속 깊은 고민을 털어놓는다. 며칠 동안 온몸에 열이 나고 콧물도 흘리며 앓았다. 아픈 것이 차도가 보이자 상윤이는 부산 친엄마에게 가기로 했다. 겨울 방학 동안 부산 엄마와 살며 앞으로 어떻게 할 것인지 더 생각해 보기로 했다.

❷ 제시문 읽기

하나, 책 표지 보고 이야기하기

- 다양한 질문 만들기(하브루타)
- 내용 알기 전에 상상해 보기
- 표지 그림 보고 이야기 나누기

〈표지 앞면〉   〈표지 뒷면〉

둘, 책 내용 보고 이야기하기

- 다양한 질문 만들기(하브루타)
- 책 속의 아줌마와 상윤이의 성격 이야기하기
- 누군가를 부를 때 호칭으로 고민한 경험 이야기하기
- 동화 속에 나오는 새엄마는 어떠한지 이야기하기

> 상윤이는 드라마에서 새엄마를 엄마라고 불러 주지 않으면 싫어하는 것을 본 적이 있다. 그래서 이제부터 엄마라고 불러야 되는지 아줌마에게 물어본다. 그러나 새엄마는 상윤이의 마음이 어떠한지를 먼저 물어보았다. 편한 대로 지금처럼 아줌마라고 불러도 괜찮다고 하신다. 아줌마도 사실 결혼하자마자 생긴 다 큰 아들과 잘 지내고 싶은데 어떻게 해야 할지 잘 몰라 상윤이와 같은 고민을 하셨던 것이다.

셋, 책 내용 보고 이야기하기

- 다양한 질문 만들기(하브루타)
- 상윤이의 마음 이야기하기
- 전학이나 낯선 곳에 갔을 때의 경험 이야기하기
- 사투리를 들었을 때의 느낌 이야기하기
- 처음 만났을 때 말을 거는 편인지 아닌지 이야기하기

> 상윤이가 전학 간 첫날이다. 교실 앞에서는 심호흡을 하고 조심해서 한 걸음 한 걸음 발을 옮긴다. 마룻바닥을 밟을 때마다 나는 소리조차도 신경 쓰인다. 그러나 막상 6학년 5반 교실 안에 들어섰을 때는 아이들은 별로 상윤이에게 관심을 보이지 않는 것 같아 안심한다.
> 이번에는 아이들이 말을 시켜 부산 사투리를 쓰는 것이 들통이 날까 걱정을 한다. 서울말을 연습도 해 보았지만 어색하고 쉽지 않았다. 아이들이 말을 시키지 않기를 바랄 뿐이었다.

넷, 책 내용 보고 이야기하기

- 다양한 질문 만들기(하브루타)
- 책 속에 나타난 엄마와 아빠의 성격 이야기하기
- 우리 가족의 성격 생각해 보고 이야기하기
- 다른 사람과 나의 생각의 차이가 있었던 경험 이야기하기
- 자신의 하루 일과 이야기하기

> 상윤이는 어릴 때 사이가 좋지 않았던 엄마와 아빠를 기억한다. 서로 마음이 맞지 않아 아들 앞에서 다툰 것이었다. 엄마는 아빠를 게으르고 자기만 아는 이기주의자라고도 했다. 하지만 아빠는 고치려고 하지도 않았고, 엄마 말을 심각하게 받아들이지 않았다. 오히려 어떻게 사람이 하루에 8시간 동안 일을 할 수 있느냐면서 세상이 너무 빨리 돌아간다고 한다. 그런 것에 속지 않겠다며 아빠는 음모론을 내세웠다. 할머니도 답답해 하시면서 이런 아들을 한심하게 생각하신다.

다섯, 책 내용 보고 이야기하기

- 다양한 질문 만들기(하브루타)
- 상윤이를 동정한다면 왜일까 생각하기
- 편견을 가졌던 경험 이야기하기

> 선생님이 가정 방문을 오시겠다고 하신다. 친구와 다투었을 뿐인데 상윤이가 재혼가정의 아이라서 그런 것이라고 단정 짓는다. 선생님뿐만 아니라 사람들도 다 상윤이가 고민이 많을 거라고 생각한다. 그러나 친엄마와 사는 아이들도 고민은 다 있다. 오히려 상윤이는 아줌마와 살아서 생긴 문제는 사람들이 동정의 눈빛으로 보는 것이라 생각한다.

여섯, 책 내용 보고 이야기하기

- 다양한 질문 만들기(하브루타)
- 책 속의 상황 이야기하기
- 우리 가정의 모습 이야기하기
- 자신이 생각하는 화목한 가정의 모습 이야기하기

> 장훈이는 술 드신 아빠에게 맞아 도망쳐 나온다. 갈 데가 없어 상윤이 집을 찾아온다. 장훈이는 아무렇지도 않은 듯 보이지만 아빠에게 맞아 본 적이 없는 상윤이는 화가 났다. 상윤이 아빠는 술을 드셔도 고작 노래를 부르거나 그대로 잠드는 것이다.

일곱, 책 내용 보고 이야기하기

- 다양한 질문 만들기(하브루타)
- 마음속에 담아 두기만 했던 일 이야기하기
- 고민을 해결하는 좋은 방법 서로 나누기

> 아줌마는 원하는 걸 말하지 않으면 얻을 수 없고 마음속에 담아 두기만 하면 아무도 알 수 없다면서 항상 상윤이가 무엇을 원하는지 물어보았다. 옷을 사거나 식당에서 음식을 시킬 때도 항상 먼저 상윤이 의견을 물어봤다. 상윤이는 하고 싶은 대로 다 하면 정말 좋겠지만, 세상에는 눈치 봐야 할 일이 너무 많다고 생각한다.

여덟, 책 내용 보고 이야기하기

- 다양한 질문 만들기(하브루타)
- 전화 통화의 내용 이야기하기
- 가문과 체면에 관해 이야기하기
- 자신의 성씨에 관하여 이야기하기

> 상윤이는 할머니께 '엄마가 나랑 살고 싶다고 하는데 어떻게 해야 될지 모르겠다'며 할머니께 물어본다. 할머니는 펄쩍 뛰며 안동권씨 자손인데 절대 성은 바꿀 수 없다며 다시는 그런 소리는 하지도 말라고 하신다.

아홉, 책 내용 보고 이야기하기

- 다양한 질문 만들기(하브루타)
- 자신은 언제 짜증을 내는지 이야기하기
- 할머니를 어떤 말로 설득할지 이야기하기

> 아줌마는 할머니께 고집을 그만 피우라고 말씀하신다. 상윤이는 부산 엄마를 만나면 짜증도 내고, 하고 싶은 말도 한다. 그리고 평소 가지고 싶었던 물건을 사 달라고 조른다. 친엄마라 마음이 편하니까 그런 것이다. 아줌마에게 이 말을 들은 할머니는 더욱 흥분하시고 소리치신다.

열, 책 내용 보고 이야기하기

- 다양한 질문 만들기(하브루타)
- 자신의 오후 3시의 상황 이야기하기
- 자신의 꿈은 무엇인지 이야기하기
- 내가 빵 가게의 이름을 짓는다면 무엇으로 지을까?

> 아줌마는 빵집을 운영하는데 그 빵집의 이름은 독특하게도 '오후 3시 베이커리'이다. 졸리는 오후 3시에 산책 나와서 빵도 사 가고, 졸음도 깨는 그런 빵집이 되고 싶어서 지었다고 한다. '밖에 나가 놀고 싶은 태양이 빛나는 날 어두운 실내에서만 있으면 은근히 화가 난다'며 모두가 행복해지도록 하는 것이 아줌마의 꿈이다.

❸ 생각하기

1) 나에게 가족은 어떤 의미일까? 또 가족의 가치와 소중함에 대하여 이야기 나누어 보자.
2) 상윤이는 부산에서 서울로 기차를 타고 혼자 아빠를 찾아온다. 여러분도 혼자 여행해 본 적이 있는가? 있었다면 어떤 여행이었나?
3) 상윤이는 새엄마와 잘 지내고 있는데 오히려 주변 사람들이 더 걱정을 해 준다. 우리 사회의 재혼가정에 대한 편견은 또 어떤 것이 있을까?
4) 책 속의 새엄마는 바다처럼 넓은 마음으로 게으른 아빠와 상윤이를 모두 포용해 준다. 자신이 상윤이 새엄마의 처지에 있다면 어떻게 했을지 생각해 보자.
5) 상윤이 친구 장훈이는 폭력 아빠와 함께 살고 있다. 술만 마시면 폭력적으로 변하는 아빠와 살고 있는 장훈이에게 어떤 말을 해 주고 싶은가?
6) 새엄마인 아줌마는 항상 상윤이가 편할 대로 하라고 한다. 자신의 부모님과 차이점이 있는지 생각해 보자.
7) 상윤이는 아빠와 살지, 엄마와 살지 무척 고민한다. 이처럼 두 가지 중 하나를 선택해야 할 때가 있었는가? 그때 누구와 의논할 수 있었나?
8) 옛날의 혈연관계로만 맺어진 가족과는 달리 요즘은 이 책에 나오는 내용과 같이 다양한 가족의 형태가 존재한다. 이에 대한 여러분의 견해는 어떠한지 말해 보자.
9) 아줌마는 통밀로 빵을 만들며 설탕 대신 사탕수수를 그대로 갈아 만든 유기농 설탕, 꿀과 조청으로 맛을 낸다. 여기서 모든 이의 건강을 생각하는 아줌마의 모습을 자신의 생각과 비교하여 말해 보자.
10) 만화가인 아빠는 엄마를 대신하여 맛있는 저녁밥을 짓는다. 우리 집도 아빠가 집안일을 하고, 엄마 대신 밥을 짓는 경우도 있는지 이야기 나누어 보고 자신의 생각을 말해 보자.
11) 상윤이는 가끔 친구와 싸운다. 자신도 친구들과 다툰 적이 있는가?

12) 상윤이 새엄마, 즉 아줌마의 말처럼 하고 싶지 일은 항상 하지 않아도 되는지 말해 보자. 자신은 이런 결정을 혼자 잘해 내고 있나?
13) 아줌마와 사이좋게 지내는 상윤이는 남들이 말하는 재혼가정의 어려움보다는 사실 게임의 등급을 올리는데 더 관심이 많다. 현재 자신의 관심은 무엇인지 나누어 보자.
14) 과연 겨울 방학을 마치고 상윤이는 부산 엄마에게 갔을까. 뒤에 이어지는 결말을 상상하여 말해 보자.

④ 논제 만들기

1) 상윤이는 아무 문제가 없는 재혼가정의 아이다. 아빠도 상윤이를 사랑하고, 새엄마도 상윤이를 좋아하고 가족으로 생각한다. 그러나 사람들이 재혼가정에 대한 좋지 않은 편견을 가지고 바라본다는 것을 싫어한다. 이 외에도 다문화 가정, 한부모 가정 등 다양한 가정의 형태가 있다. 이에 대한 자신의 생각을 쓰고 편견을 극복할 수 있는 방법에 대해 논술하시오. (800자 내외)

2) 상윤이는 단짝친구인 장훈이가 알코올 중독 아빠와 사는 속사정을 알게 된다. 평소에는 괜찮은데 술만 마시면 가족에게 폭력을 행사하는 마귀로 변하는 아빠를 둔 장훈이를 가엽게 생각한다. 가정폭력에 대한 자신의 의견을 쓰고 이를 예방할 수 있는 방법에 대해 논술하시오. (800자 내외)

3) 상윤이 부산 친엄마가 생활이 안정되면서 같이 살자고 한다. 아빠와 아줌마는 알아서 하라고만 하시고 결정을 내리는 데 도움을 주지 않는다. 하지만 할머니는 권씨 자손이 어딜 가느냐고 노발대발하시며 가만 안 있겠다고 하신다. 상윤이의 입장에서 어떤 결정을 내려야 좋을지 그 이유를 논술하시오. (800자 내외)

5 답안 쓰기

논제 1) 예시 답안

다양한 가정에 대한 편견을 극복하는 방법

○○초등학교 6학년 ○○○

이혼이나 재혼가정에 대한 편견은 매우 좋지 않은 생각이다. 결혼해서 같이 살아가다 보면 자신과 배우자의 성격이 안 맞는 사람이 있을 수 있다. 서로 성격이 다른 것이지 어느 한쪽이 이상한 것은 아니다. 상윤이 엄마 아빠도 성격이 달라 서로 이해하지 못하여 이혼을 한 것이다. 그리고 다른 사람을 사랑하게 되어 재혼을 한다는 것은 전혀 문제가 되지 않는다. 실제로 상윤이네 가족은 행복하고 아무런 문제가 없다. 색안경을 끼고 말하는 사람들, 남의 가정사를 주변 사람에게 재미 삼아 입에 오르내리면서 소문내는 그 사람들이 오히려 더 문제이다. 잘못된 사고방식을 갖고 있는 것이라 생각한다.

이런 편견을 극복할 수 있는 방법을 다음과 같이 제시한다.

첫째, 자신이 그 당사자라면 사람들에게 당당해지는 것이다. 상윤이 가정은 아무 문제가 없는데 움츠러들게 만든다면 그분에게 따끔하게 말할 것이다. '그건 저희가 잘못한 것이 아닙니다. 그런 시선으로 보는 것이 더 나쁜 것입니다'라고 당당하게 말하겠다. 다시는 사람들이 그런 생각을 갖지 않도록 하는 당당함이 좋은 해결책이다.

둘째, 스스로 고민이라고 생각하지 않고 자신의 주변에 긍정의 마음을 전한다. 자신이 긍정적으로 생각하면 주변 친구들에게도 점점 긍정의 마음이 전해져 재혼가정에 대해 편견을 버릴 것이라 생각한다. 남이 아무리 나를 재혼가정이라고 나쁘게 봐도 고민하지 않고 자신 있게 우리 가정은 문제가 없다고 긍정적으로 말할 것이다. 처음에는 혹시 좋지 않은 시각으로 볼 수 있겠지만, 신경 쓰지 않고 긍정적으로 살아가면 주변에서도 시간이 지나면 진심을 알아줄 것으로 본다. 도리어 우리 가정을 응원해 줄 것이다.

셋째, 이들 가정의 아이들도 우리와 같은 귀한 존재라는 것을 늘 생각한다. 옛날보다 요즈음은 더욱 다양한 가정의 형태를 접할 수 있다. 사회가 국제화, 세계화되면서 다른 민족과 결혼하는 분들이 많아지고 있다. 우리 학교만 해도 친구가 다문화 가정인 경우도 종종 있다. 우리는 이 친구들에게 편견을 갖지 않는다. 서로 존중해 준다. 나와 같은 고귀하고 사랑받아야 할 같은 아이들인 것이다.

친구들에게 자신도 당당하게 생각하고 긍정을 마음을 갖는다. 그리고 우리는 그들도 우리와 같은 소중한 사람이라는 것을 잊지 않고 대한다. 그러면 우리 사회는 훨씬 밝고 살맛 나는 세상이 될 것이다.

논제 2) 예시 답안

가정 폭력에 대한 의견과 예방법

○○초등학교 6학년 ○○○

내 생각에는 술만 드시면 아무 이유 없이 폭력을 행사하는 장훈이 아빠는 매우 심각한 알코올 중독 환자이다. 불행한 장훈이 가정의 폭력예방을 위해서 다음과 같은 제안을 한다.

첫째, 직접 아버지께 정중하고 진지하게 말씀드려 술을 끊으시도록 제안을 한다. 장훈이도 아버지와 이런 속 깊은 대화를 나누었는지 궁금하다. 술을 드시면 폭력을 쓰시니 "아버지가 술을 드시면, 폭력을 쓰시니까 술을 줄이시거나 안 드셨으면 좋겠습니다"라고 말씀을 드리는 것이 좋겠다고 생각한다. 아버지 스스로 자신의 심각성을 아시고 스스로 술을 멀리하도록 말씀을 드려 해결된다면 가장 좋은 방법이다.

둘째, 술만 마시면 변하는 아빠의 문제를 해결하기 위해서는 가족 모두가 전문 심리상담센터에서 상담을 받아보도록 권유 해 드린다. 장훈이네 아빠가 술만 드시면 폭력을 휘두르는 아빠의 문제도 있지만, 엄마나 가족 구성원이 문제일 수도 있다. 장훈이네 가족이 아빠에게 돈만 버는 기계로 생각하고 무관심해서 서운하셨을 수도 있다. 아니면 아빠가 가족에게 말 못 할 고민이 있을 수도 있어 술을 마시고 폭력을 휘두를 수도 있다. 온 가족 모두가 협력하고 상담을 통하여 아빠의 고민이 해결되면 술을 끊으실 것이라 본다.

셋째, 노력했음에도 계속 아빠가 나아질 기미가 보이지 않는다면 가족과 장훈이를 위해서도 아빠와 할 수 없이 헤어져 살아야 한다. 가족과 완전히 접근을 금지하고 격리시켜야 한다. 대부분의 가정폭력을 당하고 있는 집안의 엄마는 아이가 아빠를 좋아하니까 또는 아이가 아빠가 없다고 놀림을 당해서 스트레스를 받을까 봐 따로 사는 것을 반대할 수도 있다. 하지만 가족의 마음의 상처는 되돌릴 수 없을 정도로 크게 나 있을 것이다. 그리고 따로 산다고 해서 아빠를 평생 잊으라는 것은 아니다. 연락도 하면서 따로 사는 방법이 장훈이에게는 좋을 것 같다.

그리고 마지막으로 내가 장훈이라면 가장 친한 친구 상윤이에게 고민을 다 털어놓겠다. 그러면 마음이 조금이라도 편해질 것이다. 가슴에 품고 있었던 아픈 마음을 털어놓으면 속이 시원해지고 답답해진 마음이 달래질 것이다.

논제 3) 예시 답안

상윤이의 결정과 그 이유

○○초등학교 6학년 ○○○

상윤이가 그대로 서울에 살겠다고 결정하면 친엄마가 그 뜻을 존중하고 받아들이는 것이 맞을 것이다. 아무래도 상윤이는 친엄마가 더 편하고 오래 함께 살았으니 더 보고 싶을 것 같기도 하다. 그래서 상윤이가 친엄마와 살 것이라 생각한다. 한 달에 한 번 만나는 모습이 정말 자연스럽고 모자간의 정이 잘 나타나 있다. 상윤이가 고민은 하지만 진심으로 친엄마와 같이 살고 싶어 하는 것 같다. 낳아 준 엄마고 만나면 스스럼없이 대하고 마음도 아주 편했다. 엄마를 만나면 짜증도 내고 사달라고 조르기도 한다. 그러니 허락해 주어야 한다. 상윤이는 집을 나가고 싶을 정도로 고민을 하고 생각을 하는데 아빠와 아줌마가 어린 상윤이의 선택에 도움을 주지 않은 것도 이해가 된다. 어린아이지만 상윤이의 생각과 결정을 존중해 주어서 그런 것이다. 그리고 상윤이가 결정을 내리면 그 일이 잘되도록 도움을 주어야 한다. 상윤이는 분명히 친엄마에게 가고 싶은 마음이 있으니까 고민하는 것이다. 새엄마는 상윤이 마음대로 하라고 하시지만, 만약 상윤이가 정말 진심으로 가는 것이 싫었으면 가지 말라고 말을 했을 것이다. 새엄마가 붙잡지 않았기 때문에 상윤이는 엄마에게 갈 마음이 더 있는 것 같다.

할머니께서도 구시대적 생각을 버리시고 상윤이가 부산에 내려가 친엄마와 함께 살도록 도와주어야 한다. 할머니는 혈통이나 권씨 자손이라는 것을 생각하기보다 상윤이 의견을 존중해야 한다. 물론 할머니의 사고와 상윤이의 사고가 같지 하지 않을 수도 있다. 상윤이와 엄마가 보고 싶고, 그리워서 가는 건데 그것을 강압적으로 같이 살지 못하게 한다면 상윤이는 얼마나 슬플까. 오히려 어른들을 미워하는 생각을 갖게 할 수 있다.

아줌마도 상윤이에게 따뜻하게 잘해 주시지만 상윤이가 부산 친엄마와 살겠다고 결정했으면 좋겠다. 권씨 가문의 혈통과 체면도 중요하지만 할머니도 마음을 돌리시고 상윤이를 응원해 주어야 한다.

따로 또 같이

사이토 에미 글 / 오오시마 타에코 그림 / 신은주 옮김 / 아이세움

① 들어가기

왜 나와 생각이 같지 않을까. 세상을 살아가노라면 나와 다름을 인정하기 어려울 때가 많다. 왜 저런 행동을 하지? 어, 내 생각과는 많이 다르네. 누구나 한 번쯤 상대방이 나와 다름을 목격하고 '이런 것도 있구나!' 감탄하기도 하고 또는 나와 다르다고 실망할 때도 있었을 것이다. 나와 다름을 알고 그 사람과의 만남이 부담으로 다가오고 만나더라도 행동거지가 더 조심스러워진다. 심지어 나와의 다름에 대화 자체가 싫어지고 부담스러운 경우도 있다. 그러나 세상의 사람들이 다 같다면 '얼마나 재미가 없을까!'

『따로 또 같이』는 등장하는 세 명의 아이들의 일상을 통하여 서로 같음이 항상 옳은 것은 아니라는 메시지를 전해 준다. 우리들의 마음을 들여다보고 쓴 것처럼 전개되는 내용에 고개가 끄덕여진다. 아이들의 작은 일상에 관한 이야기지만 어른

도 감동으로 다가갈 수 있는 동화이다.

  메이와 나츠는 같은 학교, 같은 반에서 공부하는 단짝친구다. 그러나 나츠는 성격이 명랑하지만 메이에게 자기 하고 싶은 이야기만 한다. 메이도 이야기를 하고 싶지만 그럴 틈이 없다. 나츠는 메이의 이야기에는 귀 기울이지 않기 때문이다. 우리도 상대방의 이야기는 들으려 하지 않고 자기 이야기만 할 때 불쾌했던 경험이 한 번쯤 있었을 것이다. 이처럼 메이도 나츠에 대해 불만이 있었다. 그럴 때마다 나츠와 다른 자기와 닮은 친구가 있었으면 좋겠다고 생각한다. 그러던 중 메이의 바람대로 자기와 닮은 마유라는 아이가 전학을 온다. 신기하게도 둘은 너무나 생각이 잘 통해서 단짝친구가 되었다. 단짝친구였던 나츠를 점점 피하게 될 정도가 되었다. 그런데 더없이 항상 좋을 것 같았던 메이와 마유 사이에 아주 작은 문제로 점점 멀어지기 시작한다. 메이는 생각했다. 나츠는 이런 건 아무렇지도 않게 넘겨버리고 문제도 삼지 않았을 텐데…… 그래서 고민한다.

  대부분 사람들은 자신과 닮은 사람을 좋아한다. 그러나 세상에 같은 사람은 없다. 누구나 다름을 인정하고 존중해야 한다. 다름을 인정하지 않아 일어나는 문제가 얼마나 많은가! 상대가 나와 같아지기를 바라는 마음을 버리고 나쁜 부분을 인정하고 받아들여야 한다. 아이들은 경험이 적고 주변의 접하는 인간관계도 매우 단순하기 때문에 『따로 또 같이』에 등장하는 인물을 통하여 간접 경험할 수 있는 매우 좋은 이야기라 생각한다. 나와 같음도 소중하지만 다름도 인정할 줄 알아야 한다.

♣ 『따로 또 같이』 내용 엿보기

  아침 학교 가는 길에 나츠는 자기가 말하고 싶은 텔레비전 프로그램 이야기만 한다. 단짝친구 메이도 삼백초 꽃이 핀 6월의 오솔길에 관한 이야기를 하고 싶지만 그럴 틈이 없다. 메이는 나츠의 이야기가 조금도 재미있지 않다. 둘은 성격이 너무나 다르다. 메이는 좋아하는 것도, 말하는 것도 똑같은 자신을 닮은 친구를 원했다.

  어느 날 신기하게도 자신과 너무 닮은 마유라는 아이가 전학을 온다. 마유를 본 순간 메이는 자신과 겉모습이 너무 닮아 심장이 두근두근하면서 깜짝 놀란다. 마침 집이 같은 방향이라 콩닥콩닥하는 마음으로 함께 가게 되었다. 이후 메이와 마유는 곧 아주 친한 친구가 되었다. 둘은 생각하는 것도 똑같고, 하고 싶은 것도 정말 똑같아서 늘 함께 다녔다.

메이가 마유와 함께 친하게 지내는 동안 자연스럽게 나츠와는 점점 거리가 생겼다. 그러던 어느 날 나츠가 메이와 마유를 뒤에서 불렀다. 그 순간 메이는 귀찮고 무서운 생각이 들어 뛰기 시작했다. 마유도 같이 달렸다. 나츠는 계속 기다려 달라고 소리를 쳤다. 메이는 무섭고 두려웠던 기분을 떨치고 친구들이 왜 도망을 쳤는지 몰라 풀이 죽어 있을 나츠의 모습이 떠올랐다. 메이가 아무 말도 하지 않고 걸으니까 마유도 잠자코 있었다. 마유가 말을 해 주지 않아 메이는 조금 화가 났다. 나츠는 그렇지 않았을 것이라 생각하니 메이는 자기만 따라 하는 마유가 정말 마음에 들지 않았다.

마유는 계속 메이가 한 말만 따라 하고 흉내를 낸다. 이것이 마음에 안 드는 메이는 점점 마유와 사이가 벌어진다. 학교에 간 메이와 마유, 드디어 교실에서도 서로 못 본 체한다.

그런데 교실에서 만난 나츠는 어제저녁 친구들이 도망간 일에 화를 내기는커녕 텔레비전 본 이야기를 한다. 메이는 자신이라면 아직도 화가 났을 텐데 나츠도 화난 게 틀림없다고 생각한다. 이제 메이와 나츠는 예전처럼 친한 친구로 돌아갈 수 없을까?

미술시간이 되었다. 실수로 그만 메이의 붓에서 노란색 물감이 튀어나가 나츠가 그리던 악어 그림의 등에 반점이 생기게 되었다. 순간 메이는 놀라 머릿속이 하얗게 되었다. 메이는 나츠가 자기를 용서하지 않을 거라고 생각한다. 그러나 나츠는 화를 내기보다는 '할 수 없다'면서 색색의 물감을 악어 등에 칠하여 분홍색, 파란색, 노란색, 하늘색의 여러 가지 큰 반점이 생기게 만드는 것이다. 그뿐 아니라 메이 덕분에 내 악어가 귀여워졌다면서 오히려 좋아한다. 다른 친구들도 이 모습을 보고 재미있겠다며 따라서 자신의 동물 그림에 물감을 섞어 칠하면서 좋아한다. 나츠는 얼마나 메이와 많이 다른가. 메이는 우린 모두 다르다는 것을 순간 깨달았다.

오늘은 메이, 마유, 나츠 셋이 함께 집으로 간다. 파란 하늘에 구름이 여러 개 떠 있다. 마유는 오카리나 모양의 구름을 바라보고 나츠도 소라 빵 모양의 구름을 본다. 메이는 구름을 고둥껍데기 모양으로 생각하며 하늘을 올려다본다. 같은 구름을 보았지만 세 친구의 생각은 모두 달랐다. 메이와 마유의 모습은 닮았지만 붕어빵처럼 똑같지는 않았던 것이다. 어째서 지금까지 자신과 똑같다고 생각했는지 의문을 갖는다.

아이의 관점으로 본 서로 '같음'의 가치와 한편 세상은 서로 '다름'을 인정하고 존중해 주며 함께 나아갈 때 더 소중하다는 교훈을 심어 주는 도서이다.

❷ 제시문 읽기

하나, 책 표지 보고 이야기하기

- 앞뒤 표지보고 이야기하기
- 표지보고 질문 만들기(하브루타)
- 내용 알기 전에 상상해 보기

〈표지 앞면〉　　〈표지 뒷면〉

둘, 책 내용과 그림 보고 이야기하기

- 다양한 질문 만들기(하브루타)
- 친구와 섭섭한 적이 있었던 경우 이야기하기
- 나랑 똑같은 사람이 있다면 어떤 기분일지 이야기하기

메이와 나츠는 같이 학교 가는 길이다. 메이는 '6월의 오솔길' 이야기를 하고 싶었다. 그런데 나츠는 자신이 어제 텔레비전을 본 이야기만 신나게 한다. 메이는 나츠의 이야기가 하나도 재미가 없다. 메이는 자신과 똑같이 닮은 사람이 있으면 좋겠다고 생각한다.

셋, 책 내용과 그림 보고 이야기하기

- 다양한 질문 만들기(하브루타)
- 우리 반에 전학을 온 친구가 있다면 그 기분 상상해 보기
- 전학 온 친구에게 내가 할 수 있는 일

마유라는 아이가 전학을 왔다. 메이는 깜짝 놀랐다. 어쩜 자신과 같은 모습을 한 아이가 놀라울 뿐이었다. 머리 모양과 코, 뺨 모두가 똑같았다. 메이는 하루 종일 신경 쓰였지만 나츠처럼 스스럼없이 말을 걸지는 못했다. 집이 같은 방향이라 같이 가기로 했다. 심장이 또 뛰기 시작한다.

넷, 책 내용과 그림 보고 이야기하기

- 다양한 질문 만들기(하브루타)
- 물건 수집 경험 이야기하기
- 나와 친구의 취미 비교하여 이야기하기

메이는 마유와 함께 집에 간다. 서로 무슨 말을 해야 할지 몰라 입을 꼭 다물고 간다. 그러다 메이가 길 위에 떨어진 파란 비비탄 알을 집어 들었다. 나츠라면 땅에 떨어진 것을 줍는다고 더럽다고 했을 것이다. 그런데 마유도 자신이 비비탄 알을 모으고 있다고 했다. 신기하게도 둘은 똑같이 투명한 유리병 안에 넣어서 수집하고 있었다.

다섯, 책 내용과 그림 보고 이야기하기

- 다양한 질문 만들기(하브루타)
- 부모님께 선물 해 본 경험 이야기하기
- 친구를 따라 한 적이 있는지 이야기하기

메이와 마유는 늘 붙어 다녔다. 생각하는 것도 같고, 하는 것도 같았다. 날씨가 좋은 날에도 그림을 그리고 싶다고 메이가 말하면 마유도 따라 한다. 급식 시간에도 메이가 우유를 먹기 싫다고 하자 마유도 빼놓고 간다.
집에 가는 길 나츠가 같이 가자고 부른다. 생각해 보니 요즘 나츠와 함께 집에 간 적이 없었다.

여섯, 책 내용과 그림 보고 이야기하기

- 다양한 질문 만들기(하브루타)
- 친구를 화나게 한 경험 이야기하기
- 메이와 마유처럼 나의 단짝 친구 소개하기

메이와 마유는 나츠가 부르자 도망치기 시작한다. 친구를 따돌린 것이다. 정신을 차리고 '왜 도망쳤을까' 후회하며 풀이 죽어 있을 나츠의 모습이 떠올랐다. 메이도 마유도 말을 하지 않고 걸었다. 메이는 마유가 말을 해 주기 바랐지만, 말을 하지 않았다. 메이는 이런 마유가 매우 못마땅하였다.

일곱, 책 내용과 그림 보고 이야기하기

- 다양한 질문 만들기(하브루타)
- 친구와 다투었던 경험 나누어 보기
- 친구와 사이좋게 지내는 방법 이야기하기

다음 날 아침까지도 메이는 자신만 따라 하는 마유에게 화가 났다. 마유도 메이를 못 본 척하였다. 나츠가 나타났다. 나츠가 어제 도망간 일로 분명히 화를 낼까 봐 가슴이 철렁하였다. 그러나 나츠는 어제저녁 텔레비전을 본 이야기를 했다. 그래도 메이는 나츠가 화가 났다고 생각한다.

여덟, 책 내용과 그림 보고 이야기하기

- 다양한 질문 만들기(하브루타)
- 친구를 화나게 한 경험 이야기하기
- 자신이 화가 났지만 참고 이해했던 일 이야기하기

미술시간이었다. 메이가 실수로 나츠의 악어 그림에 물감을 떨어뜨려 노랑 반점이 생기게 하였다. 메이는 나츠가 틀림없이 화를 낼 거라 생각했지만, 나츠는 오히려 잘 되었다고 하면서 악어 등에 색색의 물감을 칠했다. 오히려 메이 덕분에 악어가 귀여워졌다고 했다. 갑자기 메이는 마음이 따뜻해졌다.

아홉, 책 내용과 그림 보고 이야기하기

- 다양한 질문 만들기(하브루타)
- 자신은 이 구름이 어떤 모양으로 보이는지 이야기하기
- 한 가지 일을 두고 서로 다른 생각 했던 일 나누어 보기

오늘은 셋이 함께 집으로 간다. 파란 하늘에 구름이 여러 개 떠 있다. 마유는 오카리나 모양, 나츠는 소라 빵 모양의 구름을 본다. 메이는 구름을 고둥껍데기 모양으로 생각하며 하늘을 올려다본다. 같은 구름이지만 세 친구의 생각은 모두 달랐다. 메이와 마유의 모습은 닮았지만 붕어빵처럼 똑같지는 않았던 것이다. 어째서 지금까지 같다고 생각했을까?

❸ 생각하기

1) 오늘 학교 오는 길에서 보았던 모습을 이야기 나누어 보자.
2) 아침 등굣길, 나츠가 계속 어제 본 텔레비전 이야기를 했을 때 메이는 왜 나츠가 못마땅하였나? 자신도 친구가 못마땅했던 경험이 있었다면 이야기해 보자.
3) 메이 반에 새 친구 마유가 전학을 왔다. 이때 학급 친구들의 반응을 나의 경험과 연결하여 이야기해 보자.
4) 메이는 마유가 자신과 똑 닮았다고 생각한다. 실제로 나와 똑같은 사람이 있다면 어떤 생각이 들까?
5) 메이와 마유가 비비탄 알을 수집하는 이유는 무엇인가? 자신이 수집하는 물건이 있다면 이야기 나누어 보자.
6) 메이와 마유는 '6월의 오솔길'이라는 비밀장소에서 즐거운 시간을 보낸다. 나와 친구만의 비밀장소가 있는지 말해 보자.
7) 메이와 마유는 삼백초 꽃으로 꽃다발을 만들어 엄마한테 선물하려고 한다. 부모님께 직접 만든 선물을 드린 경험이 있으면 나누어 보자.
8) 메이와 마유는 우유를 먹고 싶지 않다며 같이 마시지 않는다. 자신이 경험에 비추어 이 행동에 대하여 이야기해 보자.
9) 메이와 마유는 서로 친해지면서 나츠와 사이가 멀어진다. 심지어 나츠가 불렀을 때 도망을 가기도 한다. 자신이 나츠의 입장에서 그때의 마음을 표현해 보자.
10) 나츠가 불러 도망친 일이 있은 후, 메이가 잠자코 있으니 마유도 아무 말을 안 하자 메이는 화가 났다. 그래서 다시 나츠를 생각하게 되었는데, 나츠의 어떤 면을 생각했을까?
11) 나츠가 잘 그리고 있던 악어 그림에 메이가 실수로 노란 물감을 떨어뜨리게 된다. 메이는 나츠가 틀림없이 용서하지 않을 거라고 생각한다. 자신이 나츠의 입장이라면 어떻게 하였을까?
12) 나츠는 오히려 메이의 생각과는 다르게 오히려 잘되었다고 하면서 악어 등에

분홍색, 파란색, 노란색, 하늘색의 반점을 그려 넣는다. 메이는 마음이 따뜻해졌다. 왜 일까?

13) 모습은 닮았다. 그러나 둘은 달랐다. 마유는 메이와 붕어빵처럼 똑같지는 않았다. 메이와 마유의 같은 점과 다른 점을 말해 보자.

14) 셋이 함께 집으로 거는 길! 세 친구 모두 구름을 바라본다. 메이는 구름을 고등껍데기처럼 보인다 하고, 마유는 오카리나 모양으로 나츠는 초코 소라빵 모양으로 바라본다. 같은 구름에 다른 이름을 붙여진 이유는 무엇일까?

❹ 논제 만들기

1) 메이는 자신과 닮은 친구가 있었으면 좋겠다고 생각한다. 마침 너무 똑같이 생긴 마유가 전학을 왔다. 집으로 가는 길도, 좋아하는 것도, 하고 싶은 것도 정말 똑같다. 둘은 단짝 친구가 된다. 그러나 이처럼 친구와 똑 닮는다는 것은 어떨까? 자신이 겪은 경험과 관린지어 그에 내한 생각을 논술하여 보시오. (600자 내외)

2) 메이는 나츠에게 도망간 일에 대하여 용서받지 못할 거라면서 미안하게 생각한다. 그러나 다음 날 나츠는 전혀 개의치 않고 평소처럼 텔레비전 이야기를 재미있게 해 준다. 그림을 망치게 했던 일도 긍정적으로 승화시킨다. 이처럼 메이와 나츠가 다시 사이좋은 관계로 회복되는 과정을 자신의 경험과 관련지어 '친구와 화해하는 법'을 논술하여 보시오. (600자 내외)

3) 이 책의 내용은 친구에 대해 다시 생각하게 해 준다. 자신과 모습이 닮고 생각이 같으면 친구가 되고, 다른 모습과 생각을 가지면 친구로 지내기 어려운 걸까? 내가 생각하는 '진정한 우정'에 대하여 자신의 생각을 논술하시오. (600자 내외)

❺ 답안 쓰기

논제 1) 예시 답안

나와 닮은 친구가 좋은 것일까

○○초등학교 4학년 ○○○

   나는 똑 닮은 것만이 좋은 것은 아니라고 생각한다. 물론 닮은 친구들은 서로 생각이 비슷해 싸우지 않고 지낼 수 있다. 하지만 사람들은 각자 가지고 있는 개성이 있다. 친구들도 서로의 개성을 알고 그 친구의 특이한 개성을 좋아해서 오히려 더 친해진다. 그리고 생각이 같으면 개성과 성격이 없는 것이나 마찬가지 아닐까. 또 흔히 아이들은 싸우면서 큰다고 한다. 이 말이 정말 맞다고 생각된다. 그래서 친구와 싸우는 것이 좋고 항상 싸우라는 것은 아니다. 분명 싸우는 것은 좋지 않다. 하지만 친구들은 생각이 맞지 않아 가끔씩은 말다툼을 한다. 우리는 이를 통해 배울 것이 있다는 것이다. 먼저 친구와는 생각이 다르니 서로 존중해야 한다. 또 친구와 생각이 달라 싸웠을 경우에는 화해를 통해 더 가까워질 수 있다. 서로 같은 사람은 이 세상에 없다. 나도 처음에는 내 친구들과 서먹했지만 시간이 흐를수록 가까워졌다. 왜 점점 가까워졌을까? 서로의 성격과 생각을 이해하고 존중했기 때문이다 이렇게 친한 친구와 똑같이 닮은 것을 좋지 않다. 그리고 친구 사이에 가장 중요한 것은 이해와 존중이라고 생각한다. 진정한 친구는 닮은 것이 중요한 것이 아니라 '가족의 마음으로 자기 자신이 의지하고 믿을 수 있는 사람', '먼저 다가갈 수 있는 사람'이라고 생각한다. 진정한 친구란 마음의 문을 열어 주고 서로를 이해, 존중, 배려할 때 생기는 것이지 닮았다고 생기는 것은 아니라고 생각한다.

논제 2) 예시 답안

친구와 화해하는 법

○○초등학교 4학년 ○○○

사람들은 친구들과 화해하는 방법은 매우 간단하다고 생각한다. 하지만 그저 '미안해'라고 하며 진심이 담겨 있지 않으면 사과한 것이 아니라고 본다. 화해의 사전적 의미는 싸움을 멈추고 서로 가지고 있던 안 좋은 감정을 풀어 없앤다는 뜻이다.

첫째, 친구와 화해하는 법은 먼저 사과하는 것이다. 어른들은 지는 것이 이긴다고 말씀하시는데 이 말에 공감이 간다. 먼저 자신의 입장을 이야기해 주고 나서 진심을 담아 미안하다고 한다. 다투거나 싸우고 나서 서로 진심으로 사과한 뒤 서로가 용서하는 것이라 생각된다. 처음에 말로 하기 서먹서먹하다면 간단한 쪽지로 나의 미안한 마음, 사과하는 마음을 전하는 것도 좋다. 그러면 대부분의 친구는 그 마음을 받아들이고 이전보다 더 좋은 친구로 지낼 수 있다.

둘째, 용서하는 것이다. 만약 진심을 담아 사과했는데 "흥, 싫어. 이제 너랑 친구 안 해. 네 사과는 안 받아 줄 거야" 하면 누구나 마음의 상처를 입을 것이다. 물론 화해도 잘 안 될 것이다. 그래서 누군가가 진심으로 사과하면 자신도 사과를 하면 용서해 주는 것도 중요하다.

마지막으로 먼저 마음으로 다가가는 것이다. 사과를 하고 용서해도 싸우고 난 뒤 또는 기분이 안 좋았던 뒤이기 때문에 서먹서먹할 수도 있다. 그러니 먼저 다가가는 것도 중요하다. 나처럼 먼저 다가가 말을 걸어보고 자신에게 있었던 일들을 이야기해 주면 상대방도 마음의 문을 열 것이다. 이렇게 긍정적으로 사과하고 용서해 주고, 먼저 다가가면 진심으로 화해가 되고 다시 좋은 친구 사이가 될 것이다.

원숭이 꽃신

정휘창 글 / 박요한 그림 / 효리원

❶ 들어가기

현대사회에는 물건의 편리함에 점차 길들여져서 우리를 유혹한다. 그것이 없으면 매우 불편해지는 느낌이 들고, 심지어 어떤 물건은 가까이에 없으면 불안하기까지 하다. 때로는 이 편리한 물건들을 얻기 위하여 시간과 물질로 많은 값을 치르기도 한다. 전에는 없어도 생활에 불편이 없었던 것들이 어느새 우리의 생활을 파고든 것들이 많다. 컴퓨터, 휴대전화, 게임기, 전자 제품, 기호품 등 우리에게 길들여진 물건들이 얼마나 많은가. 이 원숭이 꽃신 이야기는 길들여진다는 것이 얼마나 무서운 것인가를 말해 주고 있다.

원숭이가 사는 숲에는 먹을 것이 얼마든지 있다. 가을에 잣이 영글면 원숭이의 먹이는 더욱 많아진다. 어느 날 욕심이 많고 교활한 오소리가 원숭이의 먹이를 빼앗기 위해 꾀를 낸다. 원래 신발이 없이도 사는 데 불편이 없는 원숭이에게 꽃신을 들고 찾아가 공짜로 준다. 그러나 꽃신을 선물로 받은 원숭이는 처음 신어 본 꽃신이 찜찜하고 나무를 오를 때 여간 불편한 게 아니었다. 그런데 하루 이틀 신다 보니 곧 폭신폭신하고 따뜻한 꽃신이 발바닥도 아프지 않고 편리했다. 그러나 오소리의 꾀에 넘어가 이때부터 비싸진 꽃신의 값을 치르기 위해 자신의 생을 저당 잡히고 만다.

원숭이는 세월이 갈수록 꽃신이 없으면 불편해서 살 수 없게 된다. 처음에는 선물로 받았지만 이후 값을 치르게 되는데 그 값이 잣 다섯 송이에서 점점 높아져 나중에는 오백 송이까지 치솟는다. 그래서 손수 꽃신을 만들어 보려고 오소리를 찾아갔지만 방법을 알려 주지 않는다. 다시 맨발로 걸어보려고도 했지만 모두 실패하고 꽃신을 신기 위해 오소리의 몸종이 되고 만다. 집 청소도 해 주고 오소리를 업고 시냇물을 건너 주기도 한다. 오소리는 기분이 우쭐해졌지만, 원숭이는 얼마나 후회하고 있을까!

혹시 자신도 현재의 편리한 겉멋에 길들여져서 터무니없이 많은 값을 치르고 있는 물건은 없는지 돌아보자. 처음부터 습관이 길들여지지 않는 것이 가장 좋지만 이제라도 늦지 않았다. 그러나 만약 그것이 자신에게 필요하고 이로운 것이라면 적절하고 현명하게 사용하는 법을 익히고 자신과의 약속을 정하여 그대로 실천하며 사용하자. 당장 눈앞의 편리함 때문에 원숭이처럼 오소리의 종이 되는 어리석은 일은 하지 않아야겠다. 점점 편리함에 중독되어 자신에게 해가 된다면 더 늦기 전에 결정하고 결단해야 한다. 원숭이처럼 더 많은 값을 치르기 전에.

♣ 『원숭이 꽃신』 내용 엿보기

원숭이가 사는 숲속에 먹을 것이 많다는 소문은 널리 퍼져, 짐승 세계에서는 모르는 이가 없다. 욕심 많은 오소리는 이 원숭이의 먹이를 뺏어 먹을 궁리를 한다. 굴속의 오소리는 벌써부터 침을 삼키며 원숭이에게 꽃신을 만들어 갔다. 잣나무를 타고 다니는 원숭이는 꽃신이 필요 없다고 했으나 선물이라며 자꾸 권하는 것이었다. 그래서 원숭이는 잣 다섯 송이를 주었으나 오소리는 받지 않고 그저 사이좋게 지내자고 한다. 원숭이는 처음 꽃신을 신어 보니 푹신하긴 했지만, 발이 어색하기도 하고 나무를 오를 때는 불편하기도 하였다.

그러나 점점 꽃신에 적응되어 발바닥도 아프지 않고 편리해졌다. 신이 다 떨어질 겨울 무렵 오소리가 찾아와 또 헌 신을 벗기고 새 신을 신겼다. 원숭이는 오소리가 너무 고마웠다. 원숭이는 성의라며 잣 열 송이를 주었으나 오소리는 그것도 받지 않았다. 겨울철에 신는 꽃신은 더욱 푹신하였다. 눈 위를 걸어도 발이 시리지 않았다. 원숭이는 굴속에서 잣을 까먹으며 정말 고마운 오소리라고 생각했다.

봄이 돌아오자 두 번째 꽃신도 바닥 창이 다 떨어지게 되었다. 원숭이는 이제부터 맨발로 다니기로 했지만, 개울을 건너다 하도 아파서 그 자리에 쓰러진다. 발바닥의 굳은살이 다 없어졌기 때문이다. 마침 오소리를 만난 원숭이는 꽃신을 달라고 한다. 그러나 이번에는 잣 다섯 송이만 달라고 한다. 그 꽃신도 또 다 낡았고 원숭이의 발바닥도 더욱 보드랍고 약해졌다. 잠시도 신을 벗을 수가 없게 되어 오소리를 찾아갔다. 그러나 오소리는 값이 올랐다면 잣 열 송이를 달라고 하였다. 아직도 원숭이는 꽃신값이 헐하다고 생각하였다. 세월이 흘러 원숭이의 발바닥도 더욱 보드랍고 약해졌다. 이제는 잠시도 꽃신을 벗을 수가 없게 되었다.

가을바람이 불기 시작할 무렵 또 신이 다 낡았다. 원숭이는 직접 신을 만들어 보기로 하였다. 원숭이는 칡덩굴 껍질이며 억새풀 마른 것 따위를 가지고 신을 삼아 보려고 했다. 그러나 아무리 재주 있는 원숭이라도 잘되지 않았다. 오소리에게 배우러 갔지만 바쁘다고 할 뿐 가르쳐 주지 않았다. 원숭이는 또 신을 사야 했다. 오소리가 잣 스무 송이를 달라고 하자 원숭이는 너무 비싸다고 했다. 그럼 맨발로 다니라고 하는 오소리, 계속해서 꽃신의 값은 올라 네 켤레에 잣 오백 송이를 달라고 했다.

원숭이는 잣을 다 거두어도 오백 송이가 안 된다고 한다. 오소리는 그럼 잣은 삼백 송이만 주고, 그 대신 원숭이 보고 날마다 자신의 집 청소를 하고, 개울을 건널 땐 업어 달라고 요구한다. 원숭이는 오소리의 종이 되고 만다.

❷ 제시문 읽기

하나, 책 표지 보고 이야기하기

- 다양한 질문 만들기(하브루타)
- 내용 알기 전에 상상해 보기

<표지 앞면>

<표지 뒷면>

둘, 책 내용과 그림 보고 이야기하기

- 다양한 질문 만들기(하브루타)
- 원숭잇골의 사계절 특징을 이야기해 보자.
- 나만의 숲속에는 무엇이 있으면 좋을지 말해 보자.

원숭이가 사는 숲속입니다. 망개 열매, 덩굴 딸기, 머루, 다래 등 이곳에는 먹을 것이 얼마든지 있습니다. 잣을 까먹다가 배부르면 잠만 자도 됩니다. 봄, 여름, 가을, 겨울 사계절 내내 먹을 것이 풍성합니다.

셋, 책 내용과 삽화 보고 이야기하기

- 다양한 질문 만들기(하브루타)
- 오소리가 원숭이를 찾아간 까닭을 짐작해 보고 이야기해 보자.
- 원숭이처럼 무언가를 의심하고 경계한 적이 있었는지 이야기해 보자.

원숭이가 사는 숲속에 먹을 것이 많다는 소문을 들은 오소리는 어떻게 하면 먹을 것을 뺏을까 궁리하였습니다. 그래서 하루는 원숭이를 찾아갔습니다.
"안녕하십니까? 오소리 영감이 아니시오."
원숭이도 의심이 들었지만 정신을 차리고 인사를 하였습니다.

넷, 책 내용과 삽화 보고 이야기하기

- 다양한 질문 만들기(하브루타)
- 새로운 것을 경험하는 원숭이의 모습과 새것을 가졌을 때 자신의 경험을 연결 지어 이야기해 보자.
- 원숭이는 오소리의 꽃신 전략에 어떻게 대응해야 하는지 생각해 보자.

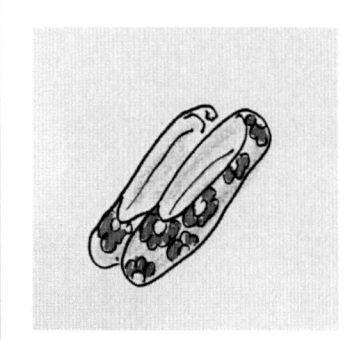

오소리는 가져 온 보자기를 풀어 무언가를 내놓았습니다. 맘에 들지는 모르겠다면서 한 번 신어 보라고 합니다.
"이게 뭐요?"
"꽃신이라는 것인데 한 번 신어 보시지요."
오소리는 꽃신을 원숭이 발에 끼웠습니다. 원숭이는 꽃신이 어색하기만 합니다.

다섯, 책 내용과 삽화 보고 이야기하기

- 다양한 질문 만들기(하브루타)
- 원숭이는 오소리가 처음에는 꽃신값을 받지 않다가 이제는 값을 달라고 한다. 그때의 원숭이의 마음을 상상해 보자.

얼마 지나지 않아 오소리는 또 꽃신을 가지고 왔습니다. 오소리는 잣을 주어도 받지 않았습니다. 새 꽃신을 신고 겨울을 지내니 정말 포근하고 좋았습니다.

또 꽃신이 다 헤어져 불편해 하고 있는데 또 오소리가 꽃신을 가지고 찾아와서 이번에는 잣 다섯 개만 달라고 합니다. 원숭이는 그 값이 싸다고 생각합니다.

여섯, 책 내용 보고 이야기하기

- 다양한 질문 만들기(하브루타)
- 원숭이의 모습에서 느낀 점을 나누어 보자.
- 자신에게 익숙한 물건의 값이 계속 오른다면 어떻게 할지 생각해 보자.

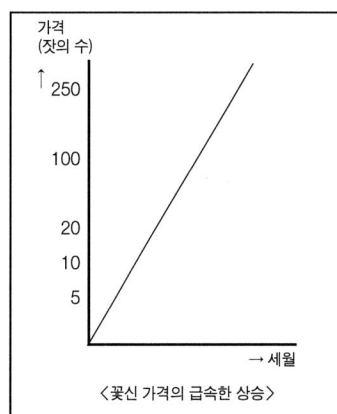

〈꽃신 가격의 급속한 상승〉

원숭이는 점점 꽃신에 익숙해져 이제는 꽃신이 없으면 발이 아파서 걸을 수가 없습니다. 이번에는 먼저 오소리를 찾아갑니다. 꽃신값이 올랐다며 잣 열 송이를 달라고 합니다. 아직은 헐하다고 생각하며 값을 치르고 사옵니다.

꽃신 삼는 방법은 아무리 물어 봐도 가르쳐 주지 않습니다. 다음에는 꽃신값이 잣 스무 송이, 또 잣 백 송이까지 올랐습니다.

일곱, 책 내용 보고 이야기하기

- 다양한 질문 만들기(하브루타)
- 꽃신을 만들려고 노력하는 원숭이의 모습에서 느낀 점을 나누어 보자.
- 자신이 노력했지만 잘되지 않았던 일이 있었는지 이야기해 보자.

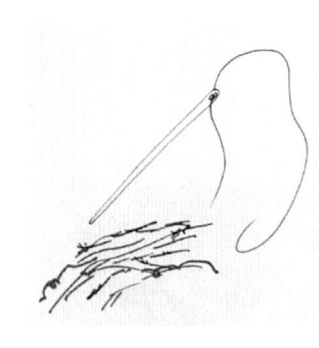
원숭이 발바닥은 점점 더 약해졌습니다. 원숭이는 자신의 손으로 꽃신을 만들어 보려고 더욱 노력하였습니다. 그러나 그렇게 쉽게 되지 않았습니다.
오소리에게 꽃신 만드는 방법을 배우러 갔지만 바쁘다고 하면서 가르쳐 주지 않았습니다. 겨울이 다 가도록 만들지 못하고 또 봄이 왔습니다.

여덟, 책 내용과 그림 보고 이야기하기

- 다양한 질문 만들기(하브루타)
- 무엇인가를 열심히 만든 적이 있다면 나누어 보자.
- 자신이 원숭이 입장이라면 오소리의 제안에 어떻게 대답했을지 잘 생각해 보고 말해 보자.

다시 봄이 되어 또 꽃신이 필요하게 된 원숭이는 오소리를 찾아갔습니다. 이제 남은 잣도 없다고 했습니다. 신을 사야겠으니 제발 도와달라고 애원합니다.
"그럼 일 년에 네 켤레를 주겠으니 가을에 잣 오백 송이만 주시오."
오소리의 제안에 원숭이는 기가 막혔습니다.

아홉, 책 내용 보고 이야기하기

- 다양한 질문 만들기(하브루타)
- 종이 된 원숭이를 보고 느낀 점을 나누어 보자.
- 원숭이에게 해 주고 싶은 말을 이야기해 보자.

원숭이는 일 년 동안 잣을 다 거두어도 오백 송이가 되지 않는다고 했습니다.
"그럼 잣을 삼백 송이만 주고 대신 날마다 우리 집 청소를 하고 개울을 건널 때 업어서 건너 주시오."
꽃신이 필요한 원숭이는 할 수 없이 종이 되어 오늘도 오소리의 굴을 깨끗하게 청소를 하였습니다.

열, 책 내용 보고 이야기하기

- 다양한 질문 만들기(하브루타)
- 오소리의 종노릇을 하는 원숭이는 어떤 마음이 들었을지 상상해 보고 이야기를 나누어 보자.
- 오소리가 하늘을 쳐다보면서 웃은 까닭은 무엇인지 이야기해 보자.

원숭이는 오소리의 굴을 다 청소해 주고 곧바로 오소리를 업어 개울을 건넙니다. 땀이 나고 힘들었지만 어쩔 수가 없지요.
오소리는 하늘을 쳐다보며 웃고 있지만, 오소리를 업고 개울을 건너는 원숭이는 몹시 가슴 아파합니다.

3 생각하기

1) 원숭이가 사는 곳의 자연환경은 어떠한가?
2) 숲속에 사는 원숭이의 먹이와 우리의 먹거리를 비교하여 보자.
3) 원숭잇골에 먹을 것이 많다는 소문을 들은 오소리는 침을 삼키며 어떤 꾀를 내었는가?
4) 오소리가 내놓은 꽃신값으로 원숭이가 잣 다섯 송이를 내놓았지만 받지 않았다. 그 이유를 생각해 보자.
5) 원숭이가 처음 꽃신을 신기 시작하였을 때의 모습을 이야기해 보자. 자신이 처음 쓰는 물건의 사용법을 몰라 서툴렀던 점이 있었는지 경험과 관련지어 말해 보자.
6) 두 번째 꽃신도 바닥 창이 떨어지자 원숭이는 이제 옛날처럼 맨발로 다니기로 했지만 잘되지 않은 이유는 무엇인가?
7) 이제 오소리가 원숭이에게 꽃신값을 받기 시작한다. 그때까지 공짜로 꽃신을 얻어 신었던 원숭이의 마음은 어떠했을까?
8) 원숭이의 발바닥은 보드랍고 약해져서 잠시도 신을 벗을 수가 없게 되었다. 그래서 손수 신을 만들어 보려 했지만, 잘 되지 않아 오소리를 찾아갔다. 하지만 오소리는 만드는 법을 가르쳐 주지 않았다. 그 까닭은 무엇일까?
9) 이제 겨울이 되었다. 점점 값이 올라 원숭이는 꽃신 한 켤레에 잣 백 송이를 달라고 한다. 원숭이는 어떻게 해야 할까? 나의 생각과 비교하여 말해 보자.
10) 봄이 되어 원숭이는 또 꽃신이 필요하게 되었다. 이번에는 더욱 값이 올라 일 년에 네 켤레 값으로 잣 오백 송이를 달라고 합니다. 터무니없이 오른 꽃신 가격! 여러분이라면 어떻게 오소리와 협상했을까?
11) 원숭이는 일 년 꽃신값으로 잣 삼백 송이와 매일 오소리의 굴을 청소해 주고 또 개울을 건널 때 업어 주기로 약속했다. 여러분은 이 계약을 어떻게 생각하는가?

12) 원숭이가 오소리를 업고 개울의 모래밭을 밟고 지나간다. 이때 업힌 오소리의 마음과 오소리를 업은 원숭이의 마음을 비교하여 말해 보자.
13) 원숭이는 오소리를 업고 꽃신이 디디는 발자국마다 어떤 다짐을 하였을까 자신의 생각을 말해 보자.
14) 원숭이와 오소리에게 각각 해 주고 싶은 말을 이야기해 보자.
15) 자신이 원숭이와 꽃신의 관계처럼 처음에는 필요하지 않았으나 조금씩 사용하면서 점점 길들여진 것이 있다면 친구와 이야기를 나누어 보자. 원숭이처럼 곤경에 처하지 않으려면 어떻게 처신해야 할까?

4 논제 만들기

1) 원숭이가 오소리에게 꽃신을 얻어 신고 그 편리함에 점점 푹 빠진다. 수요와 공급이 맞지 않아 값이 터무니없이 올라가는데도 불구하고 울며 겨자 먹기로 구입할 수밖에 없는 처지가 된다. 우리도 좋은 것, 편한 것, 안락한 것에 익숙해져 벗어 던지지 못하는 것이 있다. 나중에 이야기 속의 원숭이처럼 꽃신이 없으면 안 되는 그와 같은 신세가 될 수 있다. 원숭이 꽃신과 같은 자신의 그 물건은 무엇일까? 원숭이 신세처럼 되지 않으려면 어떻게 해야 할지 나의 경험과 관련지어 논술하여 보시오. (600자 내외)

2) 오소리는 원숭이의 먹이를 빼앗기 위해 꽃신을 팔기 위해 사업 전략을 세웠다. 오소리로 사업가로 변신한 그 첫 단계가 공짜로 꽃신을 원숭이에게 공급한 것이다. 만약 자신이 사업을 한다면 무슨 물건을, 대상은 누구로 할지 등 사업에 성공할 수 있는 다양한 전략을 논술하시오. (600자 내외)

3) 현재 아프리카는 강대국들의 각축장이다. 먼 미래의 이익을 바라보며 많은 투자를 하는 나라가 일본과 중국이라고 한다. 일본은 오래전부터 이 일에 공들

여 왔으며 최근 중국이 이어서 많은 투자로 저개발 국가에서 경제 영역을 넓혀가고 있다. 우리나라는 어떤 방법으로 이 틈새시장을 넓히고 있는지 알아보고 자신의 생각을 논술하시오. (600자 내외)

❺ 답안 쓰기

논제 1) 예시 답안

나에게 원숭이 꽃신 같은 존재
휴대전화 사용법

○○초등학교 4학년 ○○○

 과연 나에게 원숭이 꽃신 같은 존재는 어떤 것이 있을까? 곰곰이 생각해 보니 휴대전화가 아닐까 한다. 내가 어릴 때는 필요치 않았던 물건인데 지금은 사정이 다르다. 만약 휴대전화를 잃어버린다면 원숭이가 꽃신 없이 다니는 것처럼 얼마나 불편할까? 그래서 다음과 같이 휴대전화를 사용하겠다.
 첫째, 통신비 절약과 휴대전화 중독이 되지 않도록 꼭 필요할 때만 사용한다. 필요한 연락을 할 때도 용건만 말하고 쓸데없는 장시간 수다를 하지 않는다. 자투리 시간에 가끔 게임도 할 수 있겠지만 정해진 시간만 한다. 문자도 꼭 필요한 것만 주고받는다. 꼭 어려울 수도 있겠지만 필요한 시간에만 사용하면 휴대전화 의존도를 줄일 수 있을 것이다.
 둘째, 가족과 회의하여 가족 모두가 사용 시간을 정한다. 왜냐하면 혼자만 사용하지 않으면, 다른 사람이 할 때 자꾸 사용하고 싶어질 것이다. 밤에 잘 때도 머리맡에 두거나 가까이 두지 않는다. 잘 때는 가능하면 부모님께 맡긴다. 휴대전화를 가지고 학교에 가더라도 수업 중에는 전원을 끈다.

셋째, 소액결제를 함부로 하지 않는다. 친구들 중에는 재미로 구입하여 나중에 생각지도 않게 요금이 많이 나오는 것을 본 적이 있다. 이처럼 쓸데없는 이모티콘을 사거나 게임 프로그램을 무분별하게 구입하지 않는다. 이렇게 자신이 사용한 휴대전화 사용 요금은 자신의 용돈으로 낸다면 함부로 이런 것에 지출하지는 않을 것이다.

그래서 원숭이가 오소리에게 잣을 많이 지불하면서 꽃신을 사는 것과 같이 나도 많은 돈을 들여가면서 휴대전화를 쓰고 있는데 앞으로 더 조심해야 하겠다. 원숭이처럼 처음부터 나쁜 습관을 들이지 않는 것이 좋겠다.

논제 3) 예시 답안

우리나라의 시장 넓히기 전략

○○초등학교 6학년 ○○○

오소리는 꽃신을 팔기 위해 비즈니스 전략을 세웠다. 그 첫 단계가 남는 이익이 없이 꽃신을 원숭이에게 공급하는 것이었다. 우리나라가 다른 나라에 많은 이익을 남기려면 그들이 계속해서 우리 물건을 구입하도록 해야 한다. 다음과 같은 전략을 세워 보았다.

첫째, 초기에 아주 싼값으로 품질이 매우 우수한 물건을 공급한다. 한 예로 베트남에 가면 수많은 오토바이를 볼 수 있다. 거의 일본제이다. 오래전 일본이 베트남에 아주 저렴한 값으로 오토바이 십만 대가량 수출하였는데, 그 이후 베트남인들은 일본제 오토바이만을 산다고 한다. 일본 오토바이를 타 와서 익숙하고 편리해졌기 때문이다. 또 미얀마에는 자동차 십만 대를 위와 같은 방법으로 싸게 수출하였는데 이 나라 국민들도 차를 구입할 때는 자신에게 익숙해진 일본제 자동차를 산다고 한다. 일본이 자신들을 점령했던 국가임에도 나쁜 감정이 없을뿐더러 도리어 고맙게 생각하는 사람들도 있다.

둘째, 한 번 판 물건에 대해서는 철저한 사후관리를 한다. 지속적으로 관리를 해 주고 물건을 잘 샀다는 마음이 들도록 해 준다. 중국은 물량을 풍성하게 아프리카를 공략하고 있다. 우리도 당장의 이익이 남지는 않겠지만, 미래의 고객을 생각하며 품질로 서비스로 공격해야 하겠다. 그들은 우리의 아주 훌륭한 미래 고객이다.

셋째, 우리 상품의 우수성을 널리 홍보한다. 아무리 우리 상품이 좋아도 다른 나라 사람들이 알지 못하면 소용이 없다. 인터넷이나 우리나라를 직접 방문한 방문객들에게 널리 알리는 방법을 강구하여 알린다. 지금 한류가 전 세계적으로 유행인데 이에 접목하여 상품의 홍보를 더욱 강화한다면 사람들이 호기심을 가지고 상품을 사용해 볼 것이다. 한 번 사용해 보고 값싸고 상품이 훌륭하다면 계속해서 재구입할 것이다.

오소리는 원숭이에게 꽃신을 파는 전략을 세워 성공을 했다. 우리나라 국민의 유전자는 다른 나라에 비해 매우 월등하다고 들었다. 더욱 좋은 제품을 만들어 다른 나라 사람들이 우리를 칭찬하면서 물건을 구입하고 쓰면 얼마나 자랑스러울까 생각해 본다. 지금도 세계 일등 제품이 많지만, 점점 그 숫자가 줄어들고 있다고 하는데 안타깝다. 우리 대한민국만의 독특한 제품을 많이 개발하고 생산하여 전 세계 사람들이 우리의 제품만을 사용하도록 하는 좋은 방안이 계속 나왔으면 좋겠다. 그래서 요즘 젊은 사람들의 일자리가 점점 줄어들고 있다고 하는데 이렇게 하면 수출도 늘어나고 우리 경제도 좋아져서 많은 일자리가 생길 것이다.

마당을 나온 암탉
황선미 글/ 김환영 그림/ 사계절

❶ 들어가기

 『마당을 나온 암탉』은 알을 품어 새 생명의 탄생을 보겠다는 소망을 굳게 간직하고 자기 삶의 주인으로 살아가는 암탉 잎싹의 이야기이다. 이런 소망을 간직하고 양계장을 나온 암탉 '잎싹'이 자기와 다르게 생긴 아기 청둥오리를 지극한 사랑으로 키우며 때로는 고통스러운 삶 속에 지치기도 하지만, 어미로서의 강한 모성애로 모든 고난을 헤쳐 나가며 자신의 소망과 자유, 그리고 사랑을 실현해나가는 삶의 모습을 아름답게 그린 장편동화이다.
 바람과 햇빛을 한껏 빨아들이고, 떨어진 뒤에는 썩어서 거름이 되고, 결국 향기로운 꽃을 피워내는 아카시아나무 잎사귀처럼 뭔가를 하고 싶어 스스로 제 이름을 '잎싹'이라 지은 암탉. 자신의 소망을 이루기 위해 자유로운 삶을 찾아 배불리 먹을 수 있는 양계장과 안전한 마당을 나온 암탉, 목 깃털이 빠지고 볼품없이 말랐지만, 자신의 삶과 자식(아기 청둥오리)을 지키기 위해 족제비와 용감하게 맞서 싸우는 암탉, 생각이 깊지만, 때론 엉뚱하고 유머를 지닌 암탉. 이 작품에는 이런 암탉 잎싹 만큼이나 독특한 개성과 다양한 삶의 유형을 가진 동물들이 등장한다.

『마당을 나온 암탉』은 주인공 잎싹이 소망을 굳게 간직하고 자기 삶의 주인으로 꿋꿋하게 살아가는 모습을 보여 준다. 여러 유형의 등장인물과의 사랑과 갈등의 관계는 오늘날 우리가 당면한 각종 사회문제와 연결 지어 생각해 볼거리를 제공한다. 잎싹이 찾은 자유로운 삶의 세계는 결코 달콤한 곳이 아니었다. 자유에 따른 책임의 중요성, 소망을 이루기 위한 처절한 고통과 희생에 대해서도 시사하는 바가 크다. 잎싹이 새로운 환경에서 만나는 등장 인물들과의 관계 형성과 갈등 속에서 고통받는 모습과 다양하고 개성있는 삶을 통해 오늘의 어린이로 하여금 '나는 누구이며, 어떻게 살아야 하는가'에 대한 기본적인 질문과 반성을 하게 만드는 작품이다. 다소 어렵고 무거울 수 있는 주제지만, 오늘날 온실 속의 화초처럼 과보호되어 나약한 우리 어린이들에게 새로운 관점의 삶에 대해 창의적인 생각 거리와 논쟁거리를 찾아볼 수 있는 유의미한 책이다.

♣ 『마당을 나온 암탉』 내용 엿보기

양계장 철망에 갇혀 알만 낳는 암탉이 있었다. 암탉은 잎사귀가 부러워서 저 혼자 '잎싹'이라는 이름을 가졌다. '나도 알을 품어서 병아리를 낳아봤으면…' 철망 속 잎싹에게는 어림없는 일이다. 늘 같은 사료나 먹고 생명 없는 알을 낳아야 하는 난용종 암탉이기 때문이다. 잎싹은 모이도 물도 먹지 않기로 결심한 끝에 어렵게 죽음과도 같은 양계장의 삶에서 벗어날 수가 있게 되었다.

잎싹은 마당에서 살고 싶어 어두운 숲길을 지나 마당으로 갔다. 잎싹이 나타나자 마당 식구들이 웅성거렸다. "난 잎싹이야, 너희와 함께 지내고 싶어서 왔어." 문지기 개는 이빨을 드러내며 으르렁거렸다. 오리들은 꽥꽥거리며 웃어댔다. 수탉도 힘악한 눈초리로 잎싹을 쏘아댔다. "아무도 널 원치 않아! 양계장으로 돌아가!"

잎싹은 마당에서 쫓겨나고 말았다.

외롭고 슬프지만 잎싹은 두 다리에 힘을 주고 가슴을 폈다. '슬퍼할 거 없어, 이렇게 양계장을 나왔잖아. 기적이 일어난 거야!' 잎싹은 자신의 선택에 만족을 했다. 주변의 환희에 넘치는 행복감이 가득했다. 그렇지만 들판은 결코 편안하고 안락한 곳이 아니었다. 들판은 산 짐승만 먹는 족제비가 호시탐탐 먹잇감을 노리는 곳이었다. 나그네 청둥오리와 뽀얀 오리가 사랑에 빠진 것을 볼 수 있는 곳이기도 했다. 뽀얀 오리가 생명을 잉태하게 되었다. 나그네 청둥오리는 뽀얀 오리가 알을 잘 품고 있을 수 있도록 먹잇감을 구해다 주며 보살펴 주었다.

그러던 어느 날 날카로운 비명 소리가 들려왔다. 잎싹은 부리나케 달려갔다. 찔레 덤불 속은 텅 비어 있었다. 나그네와 뽀얀 오리는 온데간데없고, 푸른 빛이 도는 알만 남아 있었다. 알을 그렇게 두면 안 된다는 것을 잎싹은 알고 있었다. 잎싹은 정성스럽게 알을 품어 주었다. 나그네 청둥오리는 먹을 것을 물어다 주었다. 잎싹이 알을 잘 품을 수 있도록 나그네는 최선을 다했다. 그러나 굶주린 족제비의 공격에 나그네는 벼랑 끝으로 몰려 죽게 되었다. 슬퍼하던 잎싹은 문득 혼자 있을 알이 생각나 찔레 덤불로 갔다. 혼자서 알을 깨고 나온 아기가 까만 눈으로 잎싹을 바라보았다. 알 속에 아기가 있다고 믿었지만 그래도 이건 꿈만 같았다. 자식을 얻게 된 잎싹은 마당으로 가기로 결심했다. 잎싹은 서둘러 마당으로 샀나. 연한 살색 털을 가진 아기를 데리고 당당하게 들어갔다. 잎싹은 날개 밑에 아기를 품고 아카시아나무 아래에 엎드려 있었다. 누가 뭐라 해도 아기가 자랄 때까지는 마당을 떠날 수 없다고 마음먹었다.

그런데 늙은 개가 속삭이더니 수탉이 오리 새끼를 보여 달라고 야단이었다. "폐계가 알을 낳을 수 없지! 망측해라!"고 하면서 암탉과 수탉들은 야단이었다. 닭이 오리 새끼를 까다니 별꼴을 다 보겠다는 둥, 마치 무슨 못할 짓을 한냥 투덜거렸다.

잎싹은 깜짝 놀랐다. '내가 뽀얀 오리가 낳은 알을 품었던 거야.' 잎싹은 많은 것을 생각했다. "나는 정성껏 알을 품었고, 아기가 태어나기를 간절히 바랐으며 알이었을 때부터 끊임없이 사랑했으며 이 속에 무엇이 들어 있을 것인가 단 한 번도 의심한 적이 없었어. 병아리가 아니라 오리면 어때! 아기도 나를 엄마라고 생각하는 걸!" 주변이 뭐라고 하든 잎싹은 아기의 엄마로 살아갈 것을 다짐하였다. 그래서 이른 새벽, 아무도 몰래 마당을 떠나 저수지 늪으로 갔다. 늪에서 새 생명 초록이와 행복하게 지냈다. 그러나 잎싹과 초록이가 다르게 생겼다는 사실은 이웃들에게 종종 웃음거리가 되곤 했다. "닭이 오리 새끼를 까니, 별 희한한 꼴을 다 보겠군!", "너는 니 엄마랑 왜 달라? 친엄마 맞아?" 마당 식구들이 잎싹을 무시했던 것처럼 늪의 이웃들도 초록이를 멀리했다.

아기는 날마다 헤엄을 쳤다. 하루가 다르게 자랐고 자맥질을 해서 고기도 잘 잡았다. 그리고 저녁이 되면 여전히 잎싹의 날개 밑에서 잠자기를 좋아했다. 꽤 오랫동안 엄청나게 많은 비가 왔다. 장마였다. 잎싹에게는 괴로운 날들이었다. 비를 피할 수 있는 보금자리도 찾기 어려웠고, 깃털이 마를 날이 없으니 항상 감기에 걸린 상태였다. 잎싹은 수시로 족제비의 공격에 대한 위험을 느끼며, 날마다 잠자리를 바꾸고 밤에도 푹 잘 수 없으니 몸은 볼품없이 말랐다.

이 어려운 상황에서도 아기 오리는 무럭무럭 자라 청둥오리의 모습을 갖추어 가고 있었다. 잎싹은 그것이 너무나 기뻐서 아가에게 '초록머리'라는 이름을 지어 주었다. 비록 몸은 말랐어도 잎싹은 전보다 강해졌다. 잎싹과 초록머리는 한 번 정한 보금자리에서 두 번 자는 일이 없었다. 떠돌이 생활은 고단했지만 그래도 견딜만 했다. 오히려 잎싹이 견디기 힘든 것은 초록머리가 우울한 얼굴로 생각에 빠져 있는 것을 보는 것이다. 초록이는 혼자 있는 외로움이 너무 싫어 집오리가 있는 마당으로 가자고 잎싹이를 졸랐다. 집 오리들은 초록이를 놀려댔다. "너는 왜 엄마랑 다르게 생겼니? 친 엄마 맞니?" 무리는 초록이를 받아 주지 않았다. 초록이는 자주 서운해하였다. 그러던 어느 날 생각에 잠겨 있던 초록머리가 족제비의 공격을 당했다. 이를 본 잎싹이는 사생결단을 하고 초록이를 살렸다. 도망치려던 초록이의 날갯짓에 초록이는 날게 되었다. 초록이는 하늘을 날 수 있는 청둥오리였다. 초록이는 청둥오리 무리 떼로 가고 싶어 했다. 잎싹이는 더 이상 사랑하는 아기 초록이를 붙잡을 수 없다는 것을 알았다. 초록이의 행복을 위해 초록이가 떠날 수 있도록 도와주었다. 드디어 초록이가 떠나는 날이 다가왔다. 청둥오리들이 힘차게 날아오르자 초록이도 날아올랐다. 초록이가 곁으로 날아올 때 잎싹은 이것이 마지막이라는 걸 알았다. "엄마는 나랑 다르게 생겼지만, 그렇지만 엄마, 사랑해요!", "어서 가, 초록아! 다른 세상을 봐야지. 내가 날 수 있다면, 절대로 여기에 머물지 않을 거야." 초록이가 제 무리에게 날아가고, 하늘을 가렸던 청둥오리 떼도 멀어져 갔다.

빈 하늘을 바라보는 동안 잎싹은 껍데기만 남은 것처럼 외로웠다. "한 가지 소망이 있었지. 알을 품고 내 아기를 키우는 것, 그걸 이룬 거야. 나도 이제 훨훨. 아주 멀리 가 보고 싶어."

하나, 교육과정 재구성하기

    - 다양한 제재 만들기(하브루타)
    - 과목별로 활동 분류하기

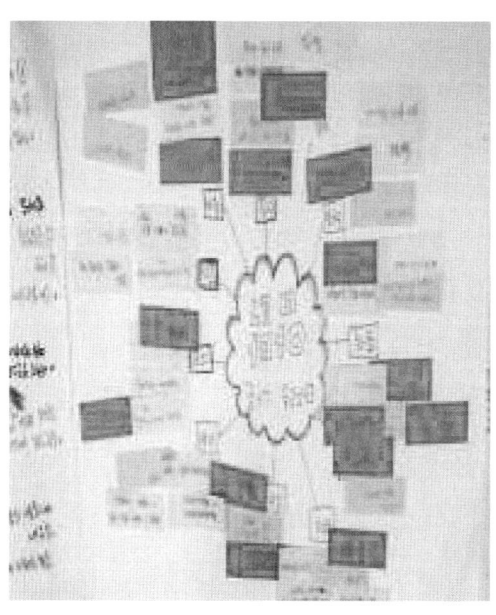 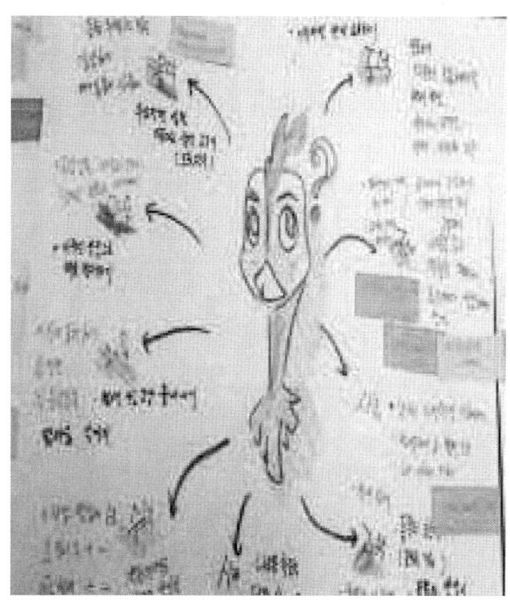

둘, 교육과정 재구성을 위한 다양한 주제 만들기
- 교과별 다양한 주제 예시

교과   **주제명**

국어   뒷이야기 상상하여 말하기
상황에 맞는 말 알기
장면 주고 역할극 꾸미기
고마운 분께 편지 쓰기
차별이란 - 사례 들어 용어 정확한 개념 알기
책 읽고 느낀 점 나눔하기
'집 떠나면 고생'이라는 속담에 대해 생각 나누기
인종 차별에 대한 찬반 토론 후 창의 논술 쓰기
사육사의 도덕성에 대해 찬반 토론 후 창의 논술 쓰기
왕따, 다문화에 대해 논제 정하여 토론 후 비주얼 씽킹 학습하기
장면을 참고로 대본 만들어 역할극하기 등등

도덕   엄마의 사랑 알고 편지 쓰기
모성애와 부성애, 남녀평등에 대해 톤론 주제 만들어 토론하기
낳은 정 기른 정에 대해 생각 나누기
진정한 자유에 대해 생각 나누기
가족의 의미 알기
다른 사람의 입장에 대한 배려에 대해 생각 나누기
차별, 배려, 책임, 인내, 욕심, 등에 대해 학습하기
회복적 생활교육 신뢰 서클 경험하기
신뢰 서클 토론 학습 모형 경험하기

사회	환경과 조화를 이루는 발전에 대해 토론 학습하기
	경제 활동 알아보기 - 달걀 혹은 치킨의 유통 과정 알아보기
	지속 가능한 발전 - 철새도래지에 대한 학습
	촌락의 자연환경 이해하기
	철새도래지와 환경보호 등등
수학	달걀판을 활용한 덧셈 뺄셈 지도
	철새 사진을 활용하여 수식 만들기
	청둥오리 떼로 정해진 수만큼 묶어 세기
과학	동물의 한살이
	닭과 오리의 공통점 차이점
	학대받는 동물에 대한 학습(밍크, 커피빈을 먹는 쥐, 오리…)
	작은 생물 활용 아이디어 상품 만들기
	생태계, 먹이사슬 등
실과	치킨과 백숙의 차이점, 닭장 만들기
	난용종과 육용종 특징 알기
	달걀 활용 일품 간식 만들기
창체	치킨 대학 견학하기
	진로교육 - 나의 꿈
	자신의 숨은 능력 찾기, 고독사, 노인문제
음악	계절에 따른 노래 부르기
	동물 사육제 감상하기
	주요장면의 어울리는 음악 고르기 등등

미술	새의 특징에 맞게 색칠하기 기억에 남는 장면 그리기, 등장인물 캐릭터 그리기
체육	닭싸움, 알까기, 동물에 대한 신체표현
통합	다문화 이해 - 동화책 『완득이』, 『까매서 안 더워?』와 관련지어 '우리는 지구인이다'라는 관점에서 논술 쓰기

❷ 제시문 읽기

하나, 책 표지 보고 이야기하기

- 다양한 질문 만들기(하브루타)
- 내용을 알기 전에 상상해 보기

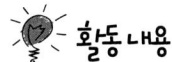 **활동내용**

● **하브루타 수업 방법**

① 질문 중심 하브루타 수업

> 질문 만들기 → 짝 토론 → 모둠 토론 → 발표 → 쉬우르(교사: 학생 전체)

② 논쟁 중심 하브루타 수업

> 논제 조사하기 → 짝 논쟁 → 모둠 논쟁 → 발표 → 쉬우르(교사: 학생 전체)

③ 비교 중심 하브루타 수업

비교 대상 정하기 → 짝 토론 → 모둠 토론 → 발표 → 쉬우르(교사: 학생 전체)

④ 친구 가르치기 하브루타 수업

내용 공부하기 → 친구 가르치기 → 배우면서 질문하기 → 입장 바꾸기 →
이해 못한 내용 교사에게 질문하기 → 쉬우르

⑤ 문제 만들기 하브루타 수업

문제 만들기 → 짝과 문제 다듬기 → 모둠과 문제 다듬기 → 문제 발표 → 쉬우르

둘, 내용 알아보기

양계장 철망에 갇혀 알만 낳는 암탉이 있었다. 암탉은 잎사귀가 부러워서 저 혼자 '잎싹'이라는 이름을 만들어 가졌다. '나도 알을 품어서 병아리를 낳아 봤으면…' 철망 속 잎싹에게는 어림없는 일이었다. 늘 같은 사료나 먹고 생명 없는 알을 낳아야 하는 난용종 암탉이기 때문이다. 잎싹은 모이도 물도 먹지 않기로 결심한 끝에 어렵게 죽음과도 같은 양계장의 삶에서 벗어날 수가 있게 되었다.

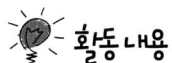

(1) 다양한 질문 만들기(하브루타)
- 글을 보고 질문 하브루타하기
  ☞ 사실(내용)하브루타

　　　　　예시 잎싹이 생명을 잉태하지 못하게 될 불안감에 대해 이야기해 보자.
　☞ 상상(심화)하브루타
　　　　　예시 만일 잎싹이 생명을 잉태하지 못하게 된다면 어떤 일이 생겼을까?
　☞ 적용(실천)하브루타
　　　　　예시 새 생명의 탄생에 대해 경험한 적이 있나?
　☞ 종합(메타)하브루타
　　　　　예시 잎싹의 알의 의미는 무엇인가?
　　　　　예시 알을 못 낳는 닭에 대해 생각해 본 적이 있나?

(2) 연꽃 기법 학습
- 동물 학대에 대해 이야기 나누기
- 동물 학대에 대한 찬반 토론하기
- 동물 학대 금지 캠페인 자료 만들기
- 나의 소망에 대해 생각 나누고 창의 논술 쓰기
- '삶의 주인'이라는 관점에서 나의 삶에 대해 토의하고 창의 논술 쓰기

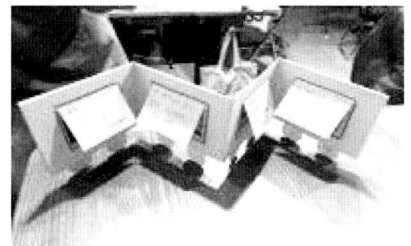

셋, 내용 알아보기

　방금 낳은 알이 굴러 내려 철망 끝에 걸렸다. 잎싹은 핏자국이 약간 있고 윤기 없는 알을 슬픈 얼굴로 바라보았다. 잎싹은 이틀 동안 알을 낳지 못했다. 그래서 결국 알을 못 낳는 암탉이 된 줄 알았다. 하지만 오늘 또 낳고 말았다. 그것도 작고 볼품 없는 알을….

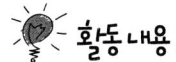 활동 내용

(1) 다양한 질문 만들기(하브루타)
- 글을 보고 질문 하브루타하기
  - ☞ 사실(내용)하브루타
    - 예시 잎싹이 생명을 잉태하지 못하게 될 불안감에 대해 이야기해 보자.
  - ☞ 상상(심화)하브루타
    - 예시 만일 잎싹이 생명을 잉태하지 못하게 된다면 어떤 일이 생겼을까?
  - ☞ 적용(실천)하브루타
    - 예시 새 생명의 탄생에 대해 경험한 적이 있나?
  - ☞ 종합(메타)하브루타
    - 예시 잎싹의 알의 의미는 무엇인가?
    - 예시 알을 못 낳는 닭에 대해 생각해 본 적이 있나?

(2) 연꽃 기법 학습
- 모성애와 부성애에 대해 이야기 나누기
- 엄마의 사랑 알고 편지 쓰기
- 낳은 정, 기른 정에 대해 생각 나누기

넷, 내용 알아보기

잎싹은 아카시아 잎사귀가 부러워서 '잎싹'이라는 이름을 저 혼자 지어 가졌다. 아무도 불러 주지 않고, 잎사귀처럼 살 수 있는 것도 아니지만 기분이 묘했다. 비밀을 간직한 느낌이었다.

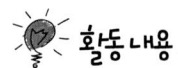 활동내용

(1) 다양한 질문 만들기(하브루타)
- 글을 보고 질문 하브루타하기
    - ☞ 사실(내용)하브루타
        - **예시** '이름'이 갖는 의미에 대해 생각해 보자.
    - ☞ 상상(심화)하브루타
        - **예시** 잎싹에게서 이름이 의미하는 것은 어떤 것일까?
    - ☞ 적용(실천)하브루타
        - **예시** 이름의 소중함에 대해 경험한 적이 있나?
    - ☞ 종합(메타)하브루타
        - **예시** 아무도 불러 주지 않는 이름에 대해 생각해 본 적이 있나?
        - **예시** 잎싹이 잎사귀처럼 살 수 있는 것도 아니라는 것은 어떤 의미인가?

(2) 세다 토론
- 운명에 대해 생각 나누기
- 운명을 거스르는 것은 옳은 일인가에 대해 세다 토론하기
- 난용종 닭과 육용종 닭 특징 알기

다섯, 내용 알아보기

알을 빼앗길 때마다 가슴이 아팠지만 지금처럼 아프진 않았다. 지금은 울음이 목구멍까지 꽉 차서 온몸이 뻣뻣해지는 것 같았다. 가엾게 껍데기도 없이 나오다니, 주인 남자가 물렁한 알을 마당에 휙 던져 버렸을 때 잎싹은 저도 모르게 눈을 질끈 감았다.

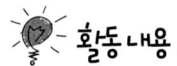 **활동내용**

(1) 다양한 질문 만들기(하브루타)
- 글을 보고 질문 하브루타하기
  - ☞ 사실(내용)하브루타
    - **예시** 껍데기도 없이 나온 알을 마당에 던졌을 때 잎싹은 어떤 마음이었을까?
  - ☞ 상상(심화)하브루타
    - **예시** 암탉 잎싹이 알을 품으면 어떤 일이 생겼을까?
  - ☞ 적용(실천)하브루타
    - **예시** 장애아에 대한 경험을 한 적이 있나?
  - ☞ 종합(메타)하브루타
    - **예시** 진정한 의미의 모정은 무엇인가?
    - **예시** 나에게 있어 엄마는 어떤 존재인가?

(2) 모둠 토의 학습
- 부모님 은혜에 대해 이야기 나누기
- 낙태에 대해 생각 나누기
- 장애를 가진 태아를 낙태하는 것은 옳은 일인가? 찬반 토론하기

여섯, 내용 알아보기

잎싹은 마당에서 살고 싶어 어두운 숲길을 지나 마당으로 갔다. 잎싹이 나타나자 마당 식구들이 웅성거렸다. "난 잎싹이야, 너희와 함께 지내고 싶어서 왔어." 문지기 개는 이빨을 드러내며 으르렁거렸다. 오리들은 꽥꽥거리며 웃어댔다. 수탉도 험악한 눈초리로 잎싹을 쏘아댔다. "아무도 널 원치 않아! 양계장으로 돌아가!"

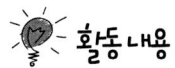 활동 내용

(1) 다양한 질문 만들기(하브루타)
- 글을 보고 질문 하브루타하기
  - ☞ 사실(내용)하브루타
    - 예시 잎싹이 마당으로 나갔을 때 어떤 마음이었을까?
  - ☞ 상상(심화)하브루타
    - 예시 만일 잎싹이 양계장을 떠나지 않고 계속 있었다면 어떤 일이 생겼을까?
  - ☞ 적용(실천)하브루타
    - 예시 다른 사람을 왕따시킨 경험이 있나?
  - ☞ 종합(메타)하브루타
    - 예시 소망을 이루기 위한 가시밭길에 대해 어떻게 생각하나?

(2) 교육 연극을 통한 다양한 생각 만들기
- 잎싹이의 경험 이야기하기
- 자율적 의사 결정에 대해 생각해 보기
- 민주시민의식은 무엇인지 생각해 보기

일곱, 내용 알아보기

외롭고 슬프지만 잎싹은 두 다리에 힘을 주고 가슴을 폈다. '슬퍼할 거 없어, 이렇게 양계장을 나왔잖아. 기적이 일어난 거야!' 잎싹은 들판을 바라보며 날개를 힘껏 푸드득거렸다. 잎싹은 들판의 모든 게 아름다웠다.

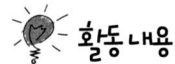 활동내용

(1) 다양한 질문 만들기(하브루타)
- 글을 보고 질문 하브루타하기
    - ☞ 사실(내용)하브루타
        - **예시** 잎싹이 들판을 바라보며 날개를 힘껏 푸드득거릴 때의 기분은 어떤 마음이었을까?
    - ☞ 상상(심화)하브루타
        - **예시** 만일 잎싹이 양계장 밖을 나온 것을 후회했다면 어떤 일이 생겼을까?
    - ☞ 적용(실천)하브루타
        - **예시** 가족의 간섭에서 벗어나 자유로운 기분을 경험한 적이 있나?
    - ☞ 종합(메타)하브루타
        - **예시** 긍정의 진정한 의미는 무엇인가?
        - **예시** 긍정적 에너지와 부정적 에너지에 대해 생각해 본 적이 있나?

(2) 긍정어 만들기
- 사랑, 긍정, 믿음, 용기에 대한 경험 나누기
- 인성 요소에 대한 사례 나눔으로 개념 이해하기 학습
- 주어진 글자로 긍정어 만들기

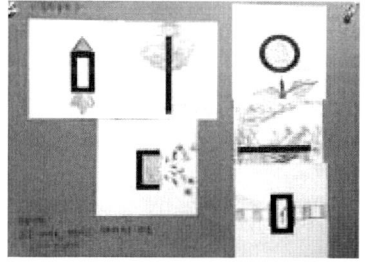

여덟, 내용 알아보기

어느 날 날카로운 비명 소리가 들려왔다. 잎싹은 부리나케 달려갔다. 나그네와 뽀얀 오리는 온데간데없고, 푸른 빛이 도는 알만 남아 있었다. 잎싹은 알을 품고 나그네 청둥오리는 먹을 것을 물어다 주었다.

굶주린 족제비의 공격에 나그네는 벼랑 끝으로 몰려 죽게 되었다. 슬퍼하던 잎싹은 문득 혼자 있을 알이 생각났다. 그래서 찔레 덤불로 종종걸음을 쳤다. 혼자서 알을 깨고 나온 아기가 까만 눈으로 잎싹을 바라보았다. 알 속에 아기가 있다고 믿었지만 그래도 이건 꿈만 같았다.

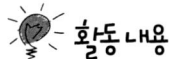 활동내용

(1) 다양한 질문 만들기(하브루타)
- 글을 보고 질문 하브루타하기
    - ☞ 사실(내용)하브루타
        - 예시 뽀얀 오리가 알을 품고 있었을 때 어떤 마음이었을까?
    - ☞ 상상(심화)하브루타
        - 예시 만일 잎싹이 알을 품어 주지 않았다면 어떤 일이 일어났을까?
    - ☞ 적용(실천)하브루타
        - 예시 다른 사람을 대신 하는 삶을 경험한 적이 있나?
    - ☞ 종합(메타)하브루타
        - 예시 생태계의 비밀에 대해 생각 나누기

(2) 연꽃 기법
- 동물을 주제로 연꽃 기법으로 나타내기
- 작은 생물로 생활 아이디어 상품 만들기 경진대회
- 나에게 있어 진정한 배려는 무엇인지 생각해 보기

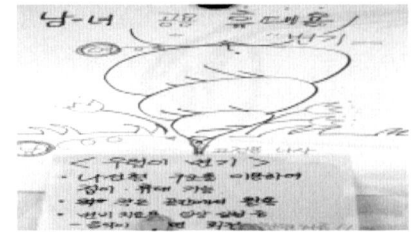

아홉, 내용 알아보기

"나는 왜 마당에서 살 수 없지? 마당의 암탉처럼 나도 암탉인데.", "암탉이지만 서로 달라. 내가 문지기로 살아야 하고, 수탉이 아침을 알리는 게 당연한 것처럼 너는 본래 닭장에서 알을 낳게 되어 있었잖아. 그게 바로 규칙이라고.", "그런 규칙이 싫을 수도 있잖아. 그럴 때는 어떡해?"

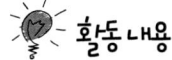 활동내용

(1) 다양한 질문 만들기(하브루타)
- 글을 보고 질문 하브루타하기
  - ☞ 사실(내용)하브루타
    - **예시** 다 같은 암탉인데 마당에서 살 수 없다는 말을 들었을 때 잎싹은 어떤 마음이었을까?
  - ☞ 상상(심화)하브루타
    - **예시** 만일 잎싹이 규칙이 싫다고 어긴다면 어떤 일이 생겼을까?
  - ☞ 적용(실천)하브루타
    - **예시** 부당한 차별을 경험한 적이 있나?
  - ☞ 종합(메타)하브루타
    - **예시** 인종 차별에 대한 나의 생각은 어떤 것인가?
    - **예시** 인종 차별을 하는 것은 옳은 일인가?

(2) 모서리 토론
- 차별을 당한 경험 이야기하기
- 인종 차별에 대해 생각해 보기
- 나에게 있어 차별은 무엇인지 생각해 보기
- 오리와 닭의 차이점 알아보기

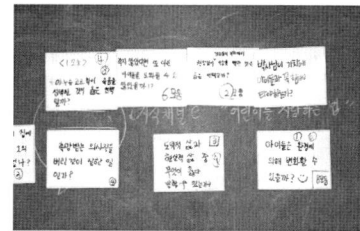

열, 내용 알아보기

잎싹에게는 괴로운 날들이었다. 비를 피할 수 있는 보금자리도 찾기 어려웠고, 깃털이 마를 날이 없으니 항상 감기에 걸린 상태였다. 잎싹은 수시로 족제비의 공격에 대한 위협을 느끼며, 날마다 잠자리를 바꾸고 밤에도 푹 잘 수 없으니 몸은 볼품없이 말라 갔다.

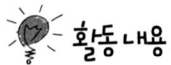 활동 내용

(1) 다양한 질문 만들기(하브루타)
- 글을 보고 질문 하브루타하기
    - ☞ 사실(내용)하브루타
        - **예시** 잎싹이 수시로 족제비의 공격을 받을 때 어떤 마음이었을까?
    - ☞ 상상(심화)하브루타
        - **예시** 만일 누군가가 항상 나를 위협하고 편안히 쉴 수 있는 집이 없다면 어떤 마음일까?
    - ☞ 적용(실천)하브루타
        - **예시** 매일 불안한 마음을 경험한 적이 있나?
    - ☞ 종합(메타)하브루타
        - **예시** 생명 존중에 대해 이야기 나누기
        - **예시** 동물 학대에 대해 생각 나누기

(2) 생명 존중 캠페인 하기
- 동물 학대에 대한 경험 나누기
- 생명 존중 캠페인 자료 구상하기
- 사람들의 삶을 위해 동물이 학대받는 것은 당연한가? 에 대해 생각 나누기

열하나, 내용 알아보기

잎싹은 늪에서 새 생명 초록이와 행복하게 지냈다. 그러나 잎싹과 초록이가 다르게 생겼다는 사실은 이웃들에게 종종 웃음거리가 되곤 했다. "닭이 오리 새끼를 까니, 별 희한한 꼴을 다 보겠군!", "너는 니 엄마랑 왜 달라? 친엄마 맞아?" 마당 식구들이 잎싹을 무시했던 것처럼 늪의 이웃들도 초록이를 멀리했다.

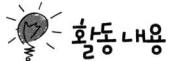
활동내용

(1) 다양한 질문 만들기(하브루타)
- 글을 보고 질문 하브루타하기
  - ☞ 사실(내용)하브루타
    - 예시 엄마와 다르게 생긴 것은 죄가 되나?
  - ☞ 상상(심화)하브루타
    - 예시 만일 잎싹과 초록이를 인정해 주었다면 어떤 일이 생겼을까?
  - ☞ 적용(실천)하브루타
    - 예시 다른 사람을 무시해 본 적이 있나? 왜 그랬나?
  - ☞ 종합(메타)하브루타
    - 예시 입양아의 의미는 무엇인가?
    - 예시 입양에 대한 나의 생각 나누기

(2) 모서리 토론
- 입양에 대한 이야기 나누기
- 입양아들의 친부모 찾기 노력에 에 대해 생각해 보기
- 가족의 의미에 대해 나의 생각 말하기
- 내가 살고 싶은 나라에 대해 모서리 토론하기

열둘, 내용 알아보기

청둥오리들이 힘차게 날아오르자 청둥오리들이 날아올랐다. 초록이가 곁으로 날아올 때 잎싹은 이것이 마지막이라는 걸 알았다. "엄마는 나랑 다르게 생겼지만, 그렇지만 엄마, 사랑해요!", "어서 가, 초록아! 다른 세상을 봐야지. 내가 날 수 있다면, 절대로 여기에 머물지 않을 거야." 초록이가 제 무리에게 날아가고, 하늘을 가렸던 청둥오리 떼도 멀어져 갔다.

빈 하늘을 바라보는 동안 잎싹은 껍데기만 남은 것처럼 외로웠다. "한 가지 소망이 있었지. 알을 품고 내 아기를 키우는 것 그걸 이룬 거야. 나도 이제 훨훨. 아주 멀리 가 보고 싶어."

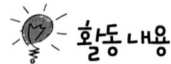 활동내용

(1) 다양한 질문 만들기(하브루타)
- 글을 보고 질문 하브루타하기
    - ☞ 사실(내용)하브루타
        - 예시 초록이가 날아오를 때 잎싹이는 어떤 마음이었을까?
    - ☞ 상상(심화)하브루타
        - 예시 만일 초록이가 잎싹이랑 계속 같이 살았다면 어떤 일이 생겼을까?
    - ☞ 적용(실천)하브루타
        - 예시 부모와 헤어지는 아픔을 경험한 적이 있나? 그런 이야기를 알고 있나?
    - ☞ 종합(메타)하브루타
        - 예시 '희생'의 진정한 의미는 무엇인가?
        - 예시 자유에 따른 책임에 대해 생각 나누기

(2) 피라미드 토론
- 희생적 삶에 대해 생각 나누기
- 이별에 대해 생각해 보기
- 부모를 떠나 독립적인 삶을 추구하는 것은 옳은가에 대한 피라미드 토론하기

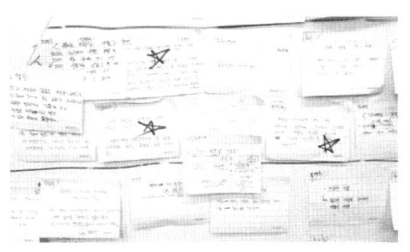

열셋, 내용 알아보기

빈 하늘을 바라보는 동안 잎싹은 껍데기만 남은 것처럼 외로웠다. "한 가지 소망이 있었지. 알을 품고 내 아기를 키우는 것 그걸 이룬 거야. 나도 이제 훨훨. 아주 멀리 가 보고 싶어."

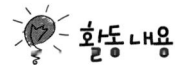

(1) 다양한 질문 만들기(하브루타)
- 글을 보고 질문 하브루타하기
    - ☞ 사실(내용)하브루타
        - **예시** 잎싹은 왜 빈 껍데기만 남은 양 외로웠을까?
    - ☞ 상상(심화)하브루타
        - **예시** 만일 초록이가 잎싹과 계속 살았으면 어떤 일이 생겼을까?
    - ☞ 적용(실천)하브루타
        - **예시** 가족을 떠난 외로움에 대해 이야기 나누기
    - ☞ 종합(메타)하브루타
        - **예시** 노인문제에 대해 알아보기
        - **예시** 고독사에 대해 이야기 나누기

(2) 찬반 토론하기
- 가족의 역할에 대한 경험 나누기 - 집안 일은 여자가 해야 하는가에 대해 찬반 토론하기
- 저출산 문제에 대해 생각 나누기
- 고령화 사회에 대해 생각 나누기

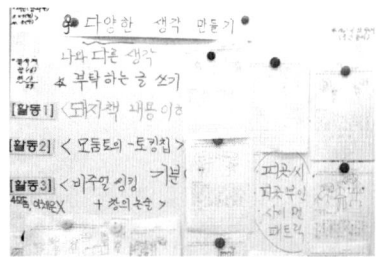

❸ 생각하기

1) 잎싹이 마당에 있는 암탉을 부러워한 이유는 무엇인가?
2) 결국 잎싹은 어떻게 닭장에서 나오게 되었나?
3) 잎싹이 진정으로 바란 것은 무엇이며, 그것을 이루기 위해서 어떤 일을 했나?
4) 잎싹과 초록머리의 관계를 이야기해 보자.
5) 족제비는 어떤 성격을 가졌나? 족제비의 한쪽 눈이 먼 이유를 이야기해 보자.
6) 자유와 책임은 무엇인가?
7) 어려운 상황에 있는 누군가를 도와준 경험이 있는지 그러고 난 후의 기분은 어땠나?
8) 잎싹의 선택에 대한 나의 생각 나누기.
9) 그림책 『세상에서 가장 힘이 센 말』과 관련지어, 세상에서 가장 힘이 센 말은 어떤 것이 있을까? 모둠 협력 학습(예: 엄마 밥 줘, 돈은 내가 벌게, 집에 있는 아이 왈 배고파, 사랑해…)으로 종이 봉지 나무 완성하기.
10) 자유와 책임의 관계성에 대해 생각해 보자.
11) 책 속의 잎싹이처럼 자유를 목말라한 적이 있나?
12) 살면서 부딪혔던 선택의 순간에 나에게 도움을 주었던 사람이나 일이 있었다면 이야기해 보자.
13) 모험을 해 본 경험과 모험의 장단점에 대해 이야기 나누어 보자.

14) 자신이 선택한 일을 하고 성공했던 경험을 이야기해 보자.
15) 자신에게 가장 영향을 주는 사람이나 존경하는 사람은 누구인가? 그 이유는?
16) 이 책의 마지막에 잎싹이 벼랑 끝에 서 있는 것이 의미하는 것은 무엇일까?
17) 만약에 나비가 없어진다면 꽃은 어떻게 살아갈 수 있을까?
18) 친구들의 눈에 비친 나의 모습을 책 속 주인공과 비교하여 생각해 보자.
19) 잎싹에게 있어 '진정한 자유'는 무엇인가?
20) 삶과 죽음의 의미에 대해 생각해 보자.

❹ 논제 만들기

1) 잎싹이는 안전한 양계장의 삶을 버리고 자유를 찾아 떠났다. 그곳은 험난한 가시밭길이었다. 그렇지만 그곳은 자유로운 삶을 누릴 수 있는 곳이었다. 우리 어린이들의 삶에서도 편안하시만 강제되는 억압 속에서 자유를 갈망하는 경우가 많이 있다. 특히 한국의 교육제도는 우리 학생들의 불행 지수가 OECD 국가 중 최상위다. '진정한 자유를 찾아 떠난 잎싹의 선택은 행복했는가'에 대한 자신의 생각을 논술하시오. (500자 이상)
〈논제 예시: 용감한 잎싹 vs 성급한 잎싹〉

2) 『잭과 콩나무』는 잭이 온갖 어려움 속에 거인 나라에 가서 거인을 속이고 황금 알을 낳는 닭을 가지고 온다. 이 이야기는 영국인의 도전 정신과 모험 정신을 보여 주는 영국의 전래 동화다. 이러한 동화를 통해 어렸을 때부터 미지의 세계에 대한 도전, 모험심에 영향을 받은 영국인이다. 이것이 세계 곳곳(아메리카, 호주, 뉴질랜드, 인도, 캐나다 등)에 식민지를 둔 '해가 지지 않는 나라' 대영 제국을 이룬 원동력이라고 한다. 이 책 잎싹이 안주하는 삶을 떠나 미지의 세계로 떠나는 새로운 선택에 대한 가치에 대해 나의 꿈과 연계하여 자신의 생각을 논

술하시오 (500자 이상)

〈논제 예시: 새로운 선택〉

3) 동화 『스갱 아저씨의 염소』에서 아기 염소는 스갱 아저씨의 농장에서 안전하고 편안한 삶을 살고 있었다. 그러나 진정한 자유에 대한 갈망으로 대자연으로 탈출을 한다. 자유로운 공기를 흠씬 마시며 만족한 생활도 잠시 숲속의 밤은 위험천만, 새벽이 오기 전 늑대의 공격을 받아 아기 염소는 죽음을 맞이한다. 어쩌면 잎싹의 선택과도 너무나 흡사하다. 잎싹도 안전하지만 의미 없는 삶의 양계장을 떠난다. 이 두 가지 동화를 배경으로 진정한 자유에 대한 찬반 토론 후 논술하시오. (500자 이상)

〈논제 예시: 자유와 책임〉

4) 양계장 주인은 경제적 이익만 추구하며 늘 같은 사료, 생명 없는 알을 낳는 난용종 암탉의 양계장을 운영하고 있습니다. 사료만 먹여 살을 찌우는 돼지, 소, 생명 없는 알인 달걀이 우리에게 어떤 영향을 줄까? 우리 인류에게 어떤 재앙을 가져올까에 대한 나의 생각을 논술하시오. (500자 내외)

〈자연의 법칙을 깨뜨리는 양계장 주인〉

5) 잎싹은 청둥오리의 알을 품어 새 생명 초록이를 탄생시켰다. 이 과정 속에 알을 품고 있는 잎싹에게 먹이를 공급해 주던 나그네, 아빠 청둥오리는 족제비의 공격을 받아 목숨을 잃는다. 아빠 청둥오리의 희생으로 탄생한 초록이라고도 할 수 있다. 뻐꾸기는 다른 새의 둥지를 점령하여 그 속에 있던 다른 새의 알을 버리고 자기 알을 둥지에 둔다. 다른 새는 둥지 안의 뻐꾸기 알이 자기 알인 줄 알고 열심히 품어 아기 뻐꾸기가 탄생한다. 아버지의 희생으로 태어난 초록이와 엄마 뻐꾸기의 살인 행위로 태어난 아기 뻐꾸기의 생명은 존중되어야 하는가에 대한 나의 생각을 논술하시오. (500자 내외)

〈논제 예시: 나에게 있어 생명 존중이란?〉

6) 요즈음 우리나라는 다문화에 대한 관심이 많아지고 있다. 외국인 노동자, 베트남, 필리핀 등 동남아 출신과의 국제결혼 등으로 외국인 이주자가 증가하고 있다. 그러므로 우리는 다문화에 대한 인식을 달리해야 한다. 보충학습 자료로는 『까매서 안 더워?』, 『완득이』 등이 있다. '잎싹이가 품어 낳은 오리를 배척하는 닭'에 대한 자신의 생각을 논술하시오. (500자 내외)

〈논제 예시: '잎싹이가 품어 낳은 오리를 배척하는 닭'에 대한 자신의 생각〉

7) 여러분이 생각하는 부모의 역할은 무엇인지 부모와의 갈등에 대한 관점 등을 이유와 근거를 들어 써 보자. (500자 내외)

8) 족제비도 새끼를 먹여 살리기 위해 닭을 죽여야 했다. 여러분은 족제비가 나쁘다고 생각하는가? 아니면 족제비를 이해하는가? 자신의 주장에 따른 근거를 들어 토론하고 논술하시오. (500자 내외)

〈논제 예시: 자식을 위해 잎싹을 죽이는 족제비〉

9) 잎싹은 알을 낳을 수 없는 난용종 암탉이다. 그렇지만 새 생명을 싹 틔우고 싶었다. 소망은 불가능한 것을 가능케 하는 힘이다. 잎싹의 간절한 소망은 새 생명 초록이를 통해 이루어졌다. 물론 그 과정과 그 결과는 엄청난 어려움의 길이었다. 그렇지만 그 소망을 이룬 기쁨은 잎싹의 삶의 에너지가 되었다. 여러분은 지금 어떤 소망을 품고 있으며 그것을 이루기 위해 어떤 노력을 하고 있는지 또는 어떤 노력을 해야 하는지에 대해 논술하시오. (500자 내외)

〈논제 예시: 소망을 이루기 위한 나만의 노력은?〉

❺ 답안 쓰기

논제 1) 예시 답안

용감한 잎싹 VS 성급한 잎싹

○○초등학교 6학년 ○○○

　세상은 계속 변화합니다. 그리고 우리는 그에 맞춰 적응하며 살고 있습니다. 선사시대에는 사냥을 하며 먹고 살았고, 현대에는 다양한 먹거리를 쉽게 먹으며 살고 있습니다. 잎싹은 현재 가장 많이 사용되는 산란닭을 키우는 방식인 배터리 케이지에 들어가 살고 있습니다. 잎싹은 안전하지만 자유를 억압받는 양계장을 자유와 꿈을 찾아 떠납니다. 결국 족제비가 언제 공격할지 모르는 위험한 환경 속에서 주위의 손가락질도 받고, 아들 초록이는 왕따를 당하는 등 시련이 잇따릅니다. 그리고 결국 초록이는 무리로 떠나 버리고 자신도 족제비에게 잡아먹혀 삶이 다소 허무하게 끝납니다.

　저는 잎싹의 삶은 성공하지 못한 것 같다고 생각합니다. 잎싹은 원래 마당에서 자신의 진짜 알을 품는 것이 소원이었습니다. 그래서 양계장을 탈출한 것입니다. 그러나 잎싹은 관상용 닭들처럼 마당에서 살고 싶어서 나그네의 반대에도 불구하고 다시 양계장의 마당으로 돌아옵니다. 그러나 마당 식구들이 받아 주지 않자, 예기치 않게 산에서 살게 된 것이고, 그곳에서 초록이를 만난 것입니다. 잎싹의 원래 계획은 마당에서 안전하게 병아리와 함께 사는 것이었습니다. 잎싹이 기다리지 않고 성급하게 탈출하여 이렇게 목표를 달성하지 못한 허무한 인생이 된 것입니다. 잎싹의 양계장에서의 삶처럼 지금 원하는 것을 얻지 못해서 힘들어도 적응하고 버티면 될 것이라고 생각합니다. 또는 절대 이루어질 수 없는 것이라면 어쩔 수 없이 받아들일 때도 있어야 한다고 생각합니다. 나에게 주어진 삶은 내가 원해서 주어진 것이 아닙니다. 그리고 내가 바꾸고 싶다고 하여 마음대로 바꿀 수 있는 것도 아닙니다. 만약 어느 학생이 공부하기 싫다고 하여, 학교에 다니지 않을 수 있는 것도 아닌 것처럼 어쩔 수 없이 받아들이고 그에 맞춰 행동해야 하는 것이 있습니다. 만약 잎싹이 자기에게 주어진 생활을 참고 기다렸더라면 양계장 주인이 '동물 복지 축산 농장' 마크를 단 달걀이 훨씬 건강에 좋고, 잘 팔린다는 사실을 깨닫고 닭들을 기르는 형식을 배터리 케이지에 넣어 기르는 방식이 아닌 풀어 기르는 형식으로 바꾸어 초록이처럼 남의 자식이 아닌 진짜 자신의 알을 품어 꿈을 이뤘을 수도 있습니다.

저는 노력하여 환경을 바꾸고, 사람들의 시선도 이겨내고 꿈을 찾아 떠난 잎싹이 용감하다고 생각하지만 한편으로는 주어진 환경에 적응하여 그 환경에서의 성공을 이루는 것도 멋지다고 생각합니다.

까매서 안 더워?

박채란 글/ 이상권 그림/ 파란 자전거

❶ 들어가기

　요즘의 핫 이슈 중 하나가 다문화 이주민에 대한 이야기다. 이민국의 대표가 미국이다. 호주, 캐나다, 뉴질랜드도 마찬가지다. 백인을 만나기가 더 어려운 나라다. 피부 색깔이 달라도, 언어가 달라도 그들은 서로를 존중한다. 차별이 없는 나라다. 그런데 유독 우리나라는 다문화 이주민에 대한 차별이 심하다. 특히 동남아, 즉 필리핀, 베트남, 몽골 등지에서 온 이주민에 대한 부정적 차별이 심하다. 사람은 누구나 이곳에서 저곳으로, 저곳에서 이곳으로 더 나은 삶을 찾아서 꿈을 이루고자 떠난다. 현재 한국에는 250여 개국으로부터 200만 명 이상의 이주민들이 왔다고 한다. 이제 우리는 다문화 이주민을 보는 게 일상적일 정도다. 공장에서 일하는 노동자로, 한국인과 결혼해서 부부로, 유학생으로, 연구자로, 한국의 아름다움을 보려는 여행자로⋯ 다양한 모습으로 한국을 찾아온다. 그들은 코리안 드림을 안고 찾아

오는 것이다. 어른들뿐만 아니라 그들을 따라온 어린이들도 마찬가지다. 아이들은 학교에서, 동네에서 동등한 대우를 받으며 당당하게 친구들과 함께 놀고 싶어 한다. 그리고 자기의 나라와 자기네 언어에 대해서도 당당하게 말하고 싶어 한다.

티나에게 민영이가 있고, 성완이에게 순돌이가 있고, 동규에게 윤서가 있듯이 '국경 없는 마을' 친구들에게도 마음을 나눌 수 있는 친구가 필요하다. 『까매서 안 더워?』는 이주 아동의 삶에 대하여 생각해 보지 않은 우리에게 많은 가르침을 준다. "인간은 평등하다"라는 것을 교과서에서 열심히 배운다. 그렇지만 실생활에서 우리는 실천을 하지 못한다. 이 이야기를 통해서 마음을 열고 조금씩 이주민 친구들에게 다가설 수 있는 우리가 되길 희망한다.

"우리 아이들이 살아갈 세상은 지금이 아니고 미래입니다. 미래의 세상은 '국경 없는 마을'뿐만 아니라 '국경 없는 마음'의 세상입니다. 이러한 아름다운 세상을 위해서 다문화 친구들을 이해하고 국경 없는 마음 실천에 다함께 동참할 수 있기를 바란다"는 원작의 말을 마음에 새길 수 있기를 바란다.

♣ 『까매서 안 더워?』 내용 엿보기

〈티나 기다려 줘〉

이 글의 주인공 민영이는 아버지의 공부 때문에 미국 이주민으로서의 경험을 가지고 있다. 여느 어린 학생들과 마찬가지로 미국 학생들도 장난을 좋아한다. 민영이가 처음 미국 학교로 전학을 갔을 때 미국 반 아이들은 민영이의 서투른 영어 표현을 놀렸다. 같은 반 친구들과 쉽게 친해지지 못하는 민영이는 같은 학교의 한국 학생을 찾아 나섰다. 어렵게 만난 친구는 제발 아는 척하지 말아 달라고 사정을 한다. 자기도 이제 겨우 미국인 친구가 생겼다고 한다. 민영이는 자기를 놀리는 미국 친구들 보다 같은 한국인이면서 자기를 모른 척하는 친구들이 더 서운했다. 한국으로 돌아오면서 민영이는 절대 다문화 이주민에 대해 차별하는 마음을 갖지 않겠다고 다짐했다. 민영이가 사는 마을 이름은 국경 없는 마을이라고 한다. 다양한 국적을 가진 외국인들이 한 동네에 모여 살아서 생긴 이름일 것이다. 그렇지만 이름만 그럴싸할 뿐이다. 민영이가 다니는 학교 친구들은 마음에 담을 쌓고 살고 있다.

민영이가 다니는 학원에 새 친구가 왔다. 같은 반 친구이기도 한 필리핀 이주민 티나이다. 공연히 민영이는 티나가 싫다. 양 갈래로 땋아 내린 티나의 검은 머리칼과 그 사이의 구릿빛 목덜미가 촌스러워 싫다. 같은 반 친구 미선이는 드러내 놓고 티나를 싫어한다. "근데, 쟤 외국에서 온 애지? 엄마가 필리핀 사람인데 한국 남자랑 재혼했다며? 쟤 니네 반 아냐?", "응, 맞아." 나는 입을 다물었다. 미선이는 앞자리에 앉은 티나 어깨를 툭툭 건드리며 물었다. "너 근데 축구 좋아해?" 티나는 어리둥절한 듯 눈썹을 추켜올리며 미선이를 쳐다보았다. "축구, 사커말이야, 사커 몰라? 내 말 못 알아듣니?" 미선이 목소리가 조금 커졌다. 그러나 티나는 미선이의 짓궂게 놀리는 마음을 아랑곳하지 않고 웃고 있다.

"지금 니가 입고 있는 이 빨간 옷, 축구 월드컵 응원할 때 입는 거야. 알아? 알고 나 입은 거야?", "아아, 월드컵 축구, 알아." 티나는 미선이가 말한 몇몇 단어를 알아들은 게 반가웠는지 신나서 짧은 단어들을 늘어놓았다.

"민영아, 내일 준비물 뭐예요?" 티나의 잘못된 존댓말에 아이들이 와자하게 웃음을 터뜨렸다. "큭큭, 뭐예요래.", "쟤 바보 아니야?" 아이들이 놀리는 것도 모르고 티나는 바보같이 따라 웃었다. 민영이는 친구들의 잘못된 행동에 화가 나 공연히 티나에게 화를 낸다. 그렇지만 마음속으로는 티나를 돕고 싶다. 그래서 놀리고 있는 친구들에게 아이스크림을 사준다며 데리고 나가 버린다. 마음속으로는 이런 말을 되뇌이며 말이다. '니들은 얘만큼 영어해? 그러지도 못하면서 왜 비웃어? 그리고 너! 티나, 너. 진짜 바보 아니야? 뭐가 좋다고 같이 웃어? 지금 애들이 너 놀리는 거 몰라? 너 바보야?'

민영이의 할머니는 만두가게를 한다. 창밖으로 지금 막 일을 마친 듯한 외국인들이 삼삼오오 짝을 지어 골목길을 걸어 내려오고 있는 게 보였다. 어떤 사람은 옆 사람과 웃으며 이야기를 하기도 했지만, 대부분 매우 지치고 피곤해 보였다. 민영이는 미국에 있을 때의 엄마 아빠 모습이 떠올랐다. 어느 날 우연히 할머니 가게에서 티나와 티나 아빠를 만나게 되었다. 눈에 익숙한 붉은 티셔츠를 입은 티나였다. "민영아!" 티나는 학원에서 나를 처음 만난 그 날처럼 환하게 웃었다. "이리 와! 여기 앉아." 나는 나도 모르게 티나를 불렀다. 두 사람은 사이좋게 만두를 먹었다. 할머니께서 하시는 말, "근데 요 꼬마 아가씨는 왜 맨날 그 빨간 옷만 입는대?", "월드컵 때 시청 광장에 가서 응원하고 온 뒤로는 아무리 그만 입으래도 말을 안 듣네요. 자기도 한국 편이라나요, 한국을 응원할 거래요. 그래야 친구들이 자기를 한국 사람처럼 생각할 거라네요.", "민영아, 너 쟤 아니? 너랑 친구야?", "아직은 아니에요, 하지만 언젠가는 분명 친구가 될 거예요."

〈새로 사귄 친구〉

성완이는 몽골 이주민이다. 엄마 아빠 이모와 함께 국경 없는 마을에서 살고 있다. 성완이는 학교를 다니지만 친구가 없다. 놀이터에서 만난 반려견 순돌이가 가장 친한 친구다. 성완이는 엄마가 그립다. 학교 사생대회에서 성완이는 고향 몽골의 자연을 그려서 최우수상을 받았다. 그런데 불법 노동자로 일하시는 엄마에게 이 기쁜 소식을 알리고 싶었으나 엄마와 통화가 되지 않았다. 성완이는 이 기쁜 소식을 몽골 이주민 친구 씨무에게 자랑을 한다. 둘이는 놀이터에서 오랜만에 고국의 언어 몽골어로 이야기를 하며 놀았다. 그런데 이 아이들의 말을 엿듣는 한국의 불법 노동자 단속반원이 있었다. 몽골어를 말하는 아이들이 있으니 그들의 부모가 함께 살고 있을 것이라고 추측을 하였다. 종일 일을 하고 저녁 늦게 돌아오던 성완 어머니는 불법 단속반에게 걸리고 만다. 성완이는 더 이상 엄마와 함께 살 수가 없게 되었다. 이모와 아빠와 살게 되었다. 이모는 자주 성완이 때문에 언니인 성완이 엄마가 붙잡혔다고 성완이를 원망한다. 그 뒤로 성완이는 말을 안 하는 아이가 되었다. 그런 성완이에게 유일한 친구는 반려견 순돌이다. 동네 아이들은 순돌이를 지저분하다고 돌팔매질을 해 댄다. 상처 입고 쫓겨 다니는 순돌이를 따스하게 감싸주는 성완이를 친구들은 더럽고 지저분하게 생각하며 끼리끼리 논다고 놀려 댄다.

〈까매서 안 더워?〉

동규는 다른 아이들보다 피부가 검다. 아빠는 한국 사람이지만 엄마는 필리핀 사람이다. 이런 아이들을 코리안과 아시안이라는 말을 합쳐 코시안이라고 부른다. 동규는 밝고 명랑하다. 아니, 그런 척한다. 왜냐하면 한국 친구들에게 인정받기 위해서다. 반 아이들 대부분이 동규는 재미있고 좋은 애라고 생각한다. 동규는 손에 손바닥보다 조금 큰 듯한 흰색 수첩을 하나 들고 있었다. 아이들이 다 알고 있는 동규이 만물 노트다. 무슨 새로운 사실을 알게 되면 동규는 그 노트에 적어 놓곤 했다. 그러다가 누군가 뭘 물어보면 거기에서 찾아 의기양양하게 대답을 해 주었다. 학교에서 학예회 날짜가 잡혔다. 동규네 모둠은 동화를 패러디로 꾸며서 연극을 하기로 했다. 주인공 역을 맡은 윤서는 동규를 대 놓고 싫어하지는 않지만, 마음 속으로 은근히 못마땅해했다. 사소한 일에도 동규에게 신경질을 부린다. 윤서는 반에서 가장 멋진 정준이를 좋아한다. 정준이도 윤서와 동규와 함께 같은 모둠이다. 연극 주인공인 공주 역을 맡은 윤서는 동규가 왕자역을 맡게 될까 걱정이었다. 다행히 윤서가 좋아하는 정준이가 왕자 역을 맡았다. 연극 연습을 하던 중 정준이는 더위를 못 이기는 체질이라 아이스크림을 자주 사 먹는다. 친구들에게 사 주기도 한다. 이래저래 인심 좋고 멋진 정준이는 여학생에게 인기가 있다. 어느 날도 정준이가 아이스크림을 사 들고 연습장으로 왔다. 동규가 "음, 그렇게 차가운 걸 많이 먹으면 장에 안 좋아. 항상 몸을 따뜻하게 해야 해."라며 바른말을 한다. 정준이는 싸울 것 같은 기세로 동규에게 소리를 지른다. "내가 덥다는데 웬 참견이야, 넌 까매서 안 더운지 몰라도 난 더워 그러니까 조용히 해!"라며 버럭 화를 낸다. 순식간에 동규의 얼굴이 굳어졌다. 정준이 얼굴도 굳어졌다. 분위기가 싸해졌다. 그런데 동규가 갑자기 웃음을 터뜨렸다. "하하하, 그래, 난 좀 까매서 더위를 안 타나 보다. 그거 좋은 의견인데. 만물 노트에 적어 놔야겠네. 까만 사람은 더위를 안 탄다. 좋았어." 동규는 특유의 재치로 상황을 수습했다. 정준이의 사과도 없이 연극 발표회가 돌아왔다. 그런데 정준이가 갑자기 배탈이 났다. 무대에 설 수가 없게 되었다! 이 일을 어떡하면 좋을까! 그런데 이때 동규가 재치 있게 아라비아 왕자로 변신하여 윤서네 모둠의 연극을 성공으로 이끌었다.

둘, 교육과정 재구성을 위한 다양한 주제 만들기

- 교과별 다양한 주제 예시

교과	주제명
국어	뒷이야기 상상하여 말하기
	상황에 맞는 말 알기
	영어 외 다문화 이주민들의 언어 이해하기
	국경 없는 마을을 주제로 토의학습 후 논술 쓰기
	차별이란 - 사례 들어 용어 정확한 개념 알기
	책 읽고 느낀 점 나눔하기
	'역지사지' 사자성어에 대해 생각 나누기
	인종 차별에 대한 찬반 토론 후 창의 논술 쓰기
	인물의 마음을 짐작하며 역할극하기
	왕따, 학교폭력에 대해 논제 정하여 토론 후 비주얼 씽킹 학습하기
	상년을 참고로 대본 만들어 역할극하기 등등
도덕	회복적 생활 교육 알기
	회복적 생활 교육 중 신뢰 서클 진행하기
	또래 상담, 또래 중재 알고 실천하기
	실생활에서의 갈등 대처 매뉴얼 만들기
	다문화 이주민 이해를 위한 서클 토론 학습 모형 운영하기
	다른 사람의 입장에 대한 배려에 대해 생각 나누기
	차별, 배려, 책임, 인내, 욕심, 등에 대해
	『쿠키 한 입의 인생 수업』과 관련지어 학습하기
사회	모두가 하나되는 문화 다양성 이해하기
	다문화 이주민 국가의 자연환경, 역사, 세계문화 유산 이해하기

	지구촌의 날 운영하기
	지역의 다문화 센터 체험하기
	다른 나라의 이주민 정책 알아보기
수학	국가별 다문화 이주민 수 조사하여 그래프로 나타내기
	다문화 이주민들의 지역별 분포도 그래프로 나타내기
실과	다문화 이주민들의 대표 음식 알기
	카레, 스시, 등 다문화 국들의 대표 음식 만들기 실습하기
창체	치킨 대학 견학하기
	진로교육 - 나의 꿈
	자신의 숨은 능력 찾기, 고독사, 노인문제
음악	다문화 이주민국 노래 부르기
	동물 이주민국의 예술품 감상하기
	다문화 이주민국의 주요 민속놀이 체험하기
미술	다문화 이해국 국기와 국화 알아보고 그리기
	기억에 남는 장면 그리기, 등장인물 캐릭터 그리기
체육	다문화 이주민들의 민속춤 체험하기
통합	다문화 이해 - 동화책『완득이』,『까매서 안 더워?』와 관련지어
	'우리는 지구인이다'는 관점에서 논술 쓰기
	재일동포, 재미동포 등 다른 나라에서 이주민으로서 살고 있는
	한국인의 삶에 대해 알아보기

❷ 제시문 읽기

하나, 책 표지 보고 이야기하기

- 다양한 질문 만들기(하브루타)
- 내용을 알기 전에 상상해 보기

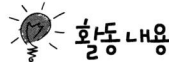

● **하브루타 수업 방법**

① 질문 중심 하브루타 수업

> 질문 만들기 → 짝 토론 → 모둠 토론 → 발표 → 쉬우르(교사: 학생 전체)

② 논쟁 중심 하브루타 수업

> 논제 조사하기 → 짝 논쟁 → 모둠 논쟁 → 발표 → 쉬우르(교사: 학생 전체)

③ 비교 중심 하브루타 수업

> 비교 대상 정하기 → 짝 토론 → 모둠 토론 → 발표 → 쉬우르(교사: 학생 전체)

④ 친구 가르치기 하브루타 수업

> 내용 공부하기 → 친구 가르치기 → 배우면서 질문하기 → 입장 바꾸기 → 이해 못한 내용 교사에게 질문하기 → 쉬우르

⑤ 문제 만들기 하브루타 수업

> 문제 만들기 → 짝과 문제 다듬기 → 모둠과 문제 다듬기 → 문제 발표 → 쉬우르

둘, 책 내용으로 이야기하기

마을에 국경이 없으면 뭐해? 마음에 담을 쌓고 사는데.

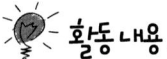 활동내용

(1) 다양한 질문 만들기(하브루타)
- 글을 보고 질문 하브루타하기

(2) 토의·토론하기
- 마음에 담을 쌓고 사는 것에 대한 이야기 나누기
- 국경 없는 마을이 의미하는 것은 무엇일까?
- 다문화 이주민에 대한 경험 이야기하기

셋, 책 내용으로 이야기하기

"근데, 쟤 외국에서 온 애지? 엄마가 필리핀 사람인데 한국 남자랑 재혼했다며? 쟤 니네 반 아냐?", "응, 맞아.", "축구, 사커 말이야, 사커 몰라? 내 말 못 알아듣니?"

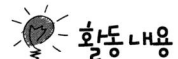 활동 내용

(1) 다양한 질문 만들기(하브루타)
- 글을 보고 질문 하브루타하기

(2) 토의·토론하기
- 필리핀 이주민 친구에 대한 미선이의 태도에 대해 이야기하기
- '국경 없는 마을'을 주제로 피라미드 토론 후 창의 논술 쓰기
- 필리핀 이주민 친구의 영어와 미국인 친구의 영어에 대해 생각해 보기

넷, 책 내용으로 이야기하기

"민영아, 내일 준비물 뭐예요?" 티나의 잘못된 존댓말에 아이들이 왁자하게 웃음을 터뜨렸다. "큭큭, 뭐예요래.", "쟤 바보 아니야?" 아이들이 놀리는 것도 모르고 티나는 바보같이 따라 웃었다.

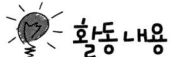 활동 내용

(1) 다양한 질문 만들기(하브루타)
- 글을 보고 질문 하브루타하기

(2) 토의·토론하기
- 영어 배운 경험 이야기하기
- 티나의 존댓말에 대해 생각해 보기

- 다문화 친구를 놀린 경험 이야기 나누기
- 영어를 처음 배울 때의 어려움에 대해 이야기 나누기

다섯, 책 내용으로 이야기하기

미국으로 이주해 간 민영이가 새로 입학한 샌프란시스코 학교의 일이다. 며칠 뒤 학교, 교실 구석에서 키득거리는 소리가 들려왔다. 선생님이 잘하고 있다는 듯 얼굴에 웃음을 가득 띠고 날 바라봐 주었지만, 왠지 나를 비웃는 것처럼 느껴졌다. 나는 하나도 이상하지 않은 데 초등학교 1학년 때부터 다닌 영어 회화 학원에서 배운 대로 했는데 내가 입을 뗄 때마다 아이들은 자꾸만 키득거렸다.

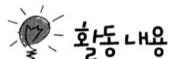 활동내용

(1) 다양한 질문 만들기(하브루타)
- 글을 보고 질문 하브루타하기

(2) 토의·토론하기
- 책 속 인물(미국 아이들)은 왜 키득거렸는지 이야기 나누기
- 민영이를 놀리는 미국 아이들에 대한 경험 이야기 나누기
- 미국 학교의 민영이와 필리핀에서 이주해 온 티나에 대해 생각해 보기
- 영어 콤플렉스에 대해 이야기 나누기

여섯, 책 내용으로 이야기하기

사실 알아듣지도 못하는 말로 내 앞에서 떠들어 대는 미국 아이들보다 내 한국말을 뻔히 다 알아들으면서도 미국 아이들하고만 놀려고 하는 한국 아이들이 더 미웠다.

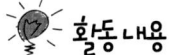 활동내용

(1) 다양한 질문 만들기(하브루타)
- 글을 보고 질문 하브루타하기

(2) 토의·토론하기
- 사대주의 사상에 대해 이야기 나누기
- 영어를 하는 백인 앞에서는 왜 기가 죽을까?
- 한국인 친구는 왜 민영이와 놀기를 싫어하는 것일까?
- 영어를 하는 필리핀 이주민에 대해서는 왜 무시하는 마음을 가지게 될까?

일곱, 책 내용으로 이야기하기

"월드컵 때 시청 광장에 가서 응원하고 온 뒤로는 아무리 그만 입으래도 말을 안 듣네요. 자기도 한국 편이라나요, 한국을 응원할 거래요. 그래야 친구들이 자기를 한국 사람처럼 생각할 거라네요."

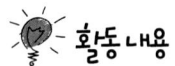 **활동 내용**

(1) 다양한 질문 만들기(하브루타)
- 글을 보고 질문 하브루타하기

(2) 토의·토론하기
- 한국에 이주해 온 외국인은 우리나라 사람으로 인정해야 하는가에 대해 의견 나누기
- 이주민으로 구성된 대표적인 나라가 미국, 캐나다, 호주 같은 나라이다. 이들 나라의 이주민 정책에 대해 생각 나누기
- 이주민의 자손, 유색인종인 버락 오바마는 미국의 대통령이다. 이에 대해 생각 나누기
- 재일동포, 재미동포 등 다른 나라에 가서 살고 있는 한국인에 대해 생각 나누기

여덟, 책 내용으로 이야기하기

놀이터 주변에 있는 순돌이를 본 아이들은 돌을 던지고 있었다. 성완이가 달려가 순돌이를 끌어안았다. "누구나 낯선 걸 보면 두려워하니까 자주 겪는 일이야. 정말 고마워. 이번에도 또 돌에 맞았다면 지난번에 다친 다리를 아주 못쓰게 되었을지도 몰라."

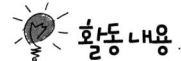 활동내용

(1) 다양한 질문 만들기(하브루타)
- 글을 보고 질문 하브루타하기

(2) 토의·토론하기
- 아이들은 놀이터 주변에 있는 반려견 순돌이에게 왜 돌을 던졌을까?
- "누구나 낯선 걸 보면 두려워하니까"에서 알 수 있는 내용을 추측하여 이야기 나누기
- 동물 학대 사례 알아보고 이야기 나누기(예를 들면 밍크코트, 상어지느러미, 반려견)
- 애완견과 반려견의 차이 비교하기
- 동물 학대에 대한 캠페인 자료 만들기

아홉, 책 내용으로 이야기하기

성완이는 놀이터에서 친구 찌루와 몽골어로 이야기를 했다. 이것이 화근이 되어 불법 체류자 단속반에 엄마가 붙잡히는 사건이 일어났다. 성완이는 그 충격으로 말을 잃어버린 아이가 되었다.

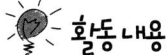 활동내용

(1) 다양한 질문 만들기(하브루타)
- 글을 보고 질문 하브루타하기

(2) 토의·토론하기
- 몽골 이주민인 성완이와 찌루의 행동에 대해 이야기하기
- 내가 한 말 때문에 엄마와 생이별을 해야 하는 상황에 대해 생각 나누기
- 불법 체류자 단속반에 대해 이야기 나누기
- 다문화 이주민으로서의 성완이의 아픔에 대해 이야기 나누기

열. 책 내용으로 이야기하기

성완이는 자기 고향 몽골 들판을 그려서 사생대회에서 일등 상을 받았다. 이 기쁜 소식을 몽골 이주민 친구 찌루에게 자랑한다. 둘이는 놀이터에서 오랜만에 고국의 언어 몽골어로 이야기를 하며 놀았다.

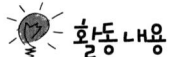

(1) 다양한 질문 만들기(하브루타)
- 글을 보고 질문 하브루타하기

(2) 토의·토론하기
- 몽골 친구 찌루와 자기 나라 말 몽골어로 말을 할 때의 성완이의 마음에 대해 이야기 나누기
- 미숙한 영어로 대화할 때의 답답한 마음에 대해 생각해 보기
- 사자성어 역지사지 뜻 알아보기
- 다문화 이주민의 말(필리핀어, 몽골어, 베트남어 등)를 배워 보면 어떨까?
- 그들의 언어를 배워 놓는 것은 미래의 경쟁력이 되지 않을까?
- 그들의 언어 배경에 있는 그 나라의 문화와 역사에 대해 관심을 가져 보는

것은 어떨까?

열 하나, 책 내용으로 이야기하기

동규는 다른 아이들보다 피부가 검다. 아빠는 한국 사람이지만 엄마는 필리핀 사람이다. 이런 아이들을 코리안과 아시안이라는 말을 합쳐 코시안이라고 부른다. 동규는 밝고 명랑하다. 아니, 그런 척한다. 왜냐하면 한국 친구들에게 인정받기 위해서다.

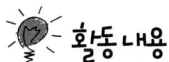 활동 내용

(1) 다양한 질문 만들기(하브루타)
- 글을 보고 질문 하브루타하기

(2) 토의·토론하기
- 『까매서 안 더워?』의 동규의 생활에 대해 이야기 나누기
- '코시안'에 대해 이야기 나누기
- 동규의 '만물 노트'를 참고로 코시안으로서의 동규의 노력에 대해 이야기하기
- 하와이 이주민이었던 '이승만 박사' 이야기 알아보기

열 둘, 책 내용으로 이야기하기

"자자, 말만 하라고, 내가 이 만물 노트에서 필요한 건 다 찾아 줄 테니까." 너스레를 떨기 시작한 건 역시 동규였다. 반 아이들이 다 알고 있는 동규의 만물 노트,

동규는 무슨 새로운 사실을 알게 되면 그 노트에 적어 놓곤 했다. 그러다가 누군가 뭘 물어보면 거기에서 찾아 의기양양하게 대답을 해 주었다.

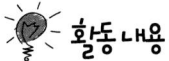 **활동내용**

(1) 다양한 질문 만들기(하브루타)
- 글을 보고 질문 하브루타하기

(2) 토의·토론하기
- 다문화 이주민 동규가 한국인 친구들과 친하게 지내려고 노력하는 행동에 대해 생각 나누기
- 차별 받지 않으려 노력하는 동규의 마음에 대해 이야기 나누기
- 동규의 노력을 보며 본받을 점 이야기 나누기
- 차별하지 않고 함께 배우고 나누는 마음을 기르기 위한 '또래 상담', '또래 중재'에 대해 생각 나누기 - 회복적 생활 교육 방안 알기
- 동규처럼 우리나라 출신으로 미국이나 다른 나라에서 음악가로서, 예술가로서, 정치인으로서 성공한 사례 알아보고 생각 나누기(거꾸로 수업)

열 셋, 책 내용으로 이야기하기

동규가 "음 그렇게 차가운 걸 많이 먹으면 장에 안 좋아. 항상 몸을 따뜻하게 해야 해."라며 바른말을 한다. 정준이는 싸울 것 같은 기세로 동규에게 소리를 지른다. "내가 덥다는데 웬 참견이야, 넌 까매서 안 더운지 몰라도 난 더워. 그러니까 조용히 해!"라며 버럭 화를 낸다.

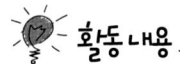 활동 내용

(1) 다양한 질문 만들기(하브루타)
- 글을 보고 질문 하브루타하기

(2) 토의·토론하기
- 다양한 질문 만들기(하브루타)
- 동규의 만물 노트를 살펴보고 이야기 나누기
- 한국 친구들의 부당한 차별을 이겨내기 위한 동규의 노트, 준비된 학생으로서 아라비아 왕자 역할을 해낸 동규에 대해 이야기 나누기
- 회복적 생활 교육 프로그램으로 학습하기
- 신뢰 서클 진행해 보기

열 넷, 책 내용으로 이야기하기

까만 사람은 더위를 안 탄다. 동규는 까맣다. 그래서 더위를 안 탈지도 모른다. 그렇다고 감정이 없는 것은 아니다. 동규는 코시안이다. 피부도 까만데 화를 내면 성격도 나쁜 동규가 된다. 그러면 친구가 없어질 것이다. 그러면 외로워질 테니까, 그러니까 항상 웃어야 한다.

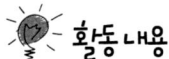 활동 내용

(1) 다양한 질문 만들기(하브루타)
- 글을 보고 질문 하브루타하기

(2) 토의·토론하기

- 반에서 가장 인기 있고 잘 생긴 정준이가 코시안 동규에게 한 말 "너는 까매서 안 더워?"에 대해 생각 나누기
- 이주민으로서의 우리나라 사람이 백인의 나라 서양에서 억울한 차별을 받은 사례 알아보고 생각 나누기(거꾸로 학습)
- 나라 없는 민족 유대인의 이주민으로서의 삶에 대해 알아보자
- 유대인의 성공 사례를 알아보자

❸ 생각하기

1) 국경 없는 마을이란?
2) '마을에 국경이 없으면 뭐해? 마음에 담을 쌓고 사는데'의 의미는 무엇일까?
3) 학원에서 반 친구인 티나를 만난 민영이의 마음의 갈등은 무엇일까?
4) 코리안과 아시안이 합쳐서 만들어진 코시안의 의미에 대해 생각해 보자.
5) 티나의 검은 머리칼과 그 사이의 구릿빛 목덜미를 강조하는 이유는 무엇일까?
6) 우리나라 사람들은 햇빛에 노출되기를 싫어한다. 피부가 햇빛에 그을려 짙은 갈색, 즉 구릿빛 피부가 되는 것을 싫어하기 때문이다.
7) 미선이를 비롯한 반 친구들이 티나를 둘러싸고 티나가 입고 있는 붉은 티셔츠에 대해 놀리고 있다. 민영이의 마음은 몹시 불편하여 그 자리를 피하고 싶었던 까닭은 무엇일까?
8) 인내, 배려, 존중에 대해 구체적인 사례를 들어 단어의 개념 이해하기
9) 티나가 굳이 눈에 띄는 붉은 티셔츠를 입고 있는 이유에 대해 생각 나누기
10) '차별'이란 용어에 대해 구체적인 사례를 들어 개념 이해하기
11) 책 속 인물(민영, 티나, 반 아이들)의 성격에 대해 생각해 보자.
12) 한국인으로서 인정받고 싶은 티나, 성완, 동규에 대해 어떤 말을 해 주고 싶

은가?
13) 민영이가 티나를 감싸 준 일에 대해 생각해 보자.
14) 내가 티나처럼 이주민의 처지에 처한다면 어떻게 할 것 같은가?
15) 누군가를 도와준 경험이 있나? 있다면 어떤 일이었나?
16) 놀림 당하는 티나를 위해 민영이처럼 나도 그럴 수 있을지 생각해 보자.
17) 이 글에 나오는 이주민은 어느 나라 출신인가? 우리나라에 와 있는 이주민들은 주로 어느 나라 출신인가?
18) 한국 농어촌에 시집을 와서 시어머니와의 갈등을 다룬 TV 드라마를 본 적이 있는가? 어떤 내용이었나? 그것을 본 소감은?
19) 호주 같은 나라는 백인 찾기가 힘들 정도로 이주민이 많은 나라다. 미국, 캐나다, 호주, 뉴질랜드 같은 나라의 이주민 비율을 그래프로 나타내 보자.
20) 오바마 대통령의 조상은 미국인이었을까, 아프리카 이주민이었을까? 이것에 대한 나의 생각을 쓰시오. 그리고 애 책에서 반 친구들이 필리핀 출신의 티나와 동규를 놀리는 것과 관련하여 차별과 평들에 대한 나의 생각을 논술하시오.
21) 외국인 노동자들 중에는 왜 이 글의 성완이 어머니처럼 불법 체류자가 많을까?
22) 티나에 대해 동변상련을 느끼는 민영이의 마음에 대해 생각해 보자.
23) 만약 내가 어려운 상황에 놓여서 다른 사람으로부터 도움을 받는다면 어떨지 생각해 보다.
24) 내가 민영이나, 티나의 처지가 되었을 때를 생각해 보자.
25) 우리의 문화와 서양의 문화를 비교해 보다
  - '개굴개굴 개구리' 노래에 맞춰 각 나라의 인사 노래 불러 보기
26) 세계의 다양한 인종과 국기 알아보기
27) 다양한 인종 만나 본 경험 나누기
28) 세계의 국기와 나라 이름, 음식 짝짓기
  • 알고 있는 음식 이름 이야기하기
  • '세계의 음식' 살펴보기

- 음식의 재료와 만드는 방법 살펴보기
    - 각 나라 음식과 자연환경과의 관련성 알아보기
  • 세계 음식을 대하는 태도
    - 각 나라 전통 음식의 다름을 인정하고 존중하기
  • 좋아하는 나라의 음식 소개하기
    - 각 나라의 좋아하는 음식을 통해 문화 맛보기
29) 세계 여러 나라의 다른 점 살펴보기
  • 주제별로 살펴보고(국가, 인종, 음식, 언어, 등) 미니 프로젝트하기
  • '가 보고 싶은 나라' 인사말 발표하고 나누기

❹ 논제 만들기

1) '마을에 국경이 없으면 뭐해? 마음에 담을 쌓고 사는데'라는 민영이 말의 의미를 이해하고 내 생각을 논술하시오. (500자 내외)
   〈논제 예시: 마음의 국경〉

2) 티나는 한국인 친구들이 놀린다. 성완이는 어눌한 한국어가 들통날까 봐 말을 잘 하지 않는다. 민영이도 미국 친구들에게 놀림을 당하며 점점 말을 잃어가고 있다고 했다. 동규는 친구들로부터 받는 부당함과 차별을 극복하기 위해 피눈물 나는 노력을 하고 있다. 이러한 상황들을 왕따, 학교 폭력과 연결지어 내 생각을 논술하시오. (500자 내외)
   〈논제 예시: 다문화 학생에 대한 부당한 차별과 해결책〉

3) 오바마 대통령의 조상은 미국인이었을까, 아프리카 이주민이었을까? 아프리카 이주민이었다. 피부색도 백인이 아닌 유색인종이다. 그럼에도 불구하고 미국 대통령이 되었다. 그리고 이 책에서 반 친구들이 필리핀 출신의 티나와 동규

를 부당하게 차별하는 것과 관련하여 차별과 평등에 대한 나의 생각을 논술하시오. (500자 내외)

〈논제 예시: 다문화 친구에 대한 선입견과 편견을 버려요〉

4) 우리나라 사람들도 미국, 캐나다, 호주, 일본 등지에 티나, 동규처럼 이주민이라는 이름으로 살고 있다. 이 사람들의 정착 과정에 대해 알아보고 지구촌, '우리는 지구인'이라는 관점으로 내 생각을 논술하시오. (500자 내외)

〈논제 예시: 우리는 지구인, 함께 살아가는 지구인, 국적이 달라도 모두 같은 지구인, 우리는 하나〉

5) 유대인은 2,000년 동안 나라 없는 민족이다. 즉, 이주민으로 살았다는 뜻이다. 그렇지만 전세계 대부호, 유명한 정치가, 노벨상 수상자, 인류의 발전에 공헌한 학자들 중에 유대인이 차지하는 비율은 정말 높다. 이에 대한 내 생각을 논술하시오. (500자 내외)

〈논제 예시: 다문화 민족 유대인〉

6) EBS 다큐프라임 '앙트레프레너 경제 강국의 비밀' 4부 왕들의 선택을 보고 이주민 정책에 따라 나라의 흥망성쇠가 달라진 점을 살펴보고 우리의 이주민 정책에 대해 나의 생각을 논술하시오. 프랑스 루이 14세의 종교 박해 때 독일, 영국, 스위스, 네덜란드 등지로 대거 이주민들이 발생하였다. 이주민을 잘 받아들인 스위스는 기계, 시계 기술 혁명, 독일은 기계, 상공업 혁명, 영국은 직물, 산업 혁명으로 나라가 번성한 반면, 프랑스는 루이 14세의 잘못된 정책으로 나라 경제가 기울어 버렸다. 오늘날 수많은 이주민들이 우리 라에 정착하기를 희망하며 몰려오고 있다. 그들과 함께 온 티나, 성완, 동규와 같은 다문화 친구들에 대한 우리의 태도에 대해 나의 생각을 논술하시오. (500자 내외)

〈논제 예시: 다문화 학생은 내 친구〉

7) 내 눈은 양 갈래로 땋아 내린 티나의 검은 머리칼과 그 사이의 구릿빛 목덜미에 한참 동안 머물렀다. 필리핀 아이의 가슴에 태극기라니, 남자아이들은 가끔 티나가 그 옷을 입고 지나가면, 앞을 가로막고 국기에 대한 경례를 하며 놀렸다. 『종이 봉지 공주』에서도 왕자는 공주의 겉모습을 보고 공주를 구박하다 소중한 사랑이 깨져 버렸다. 이처럼 겉모습으로 사람을 판단하는 것은 옳은 일인가에 대한 나의 생각을 논술하시오. (500자 내외)

〈논제 예시: 겉모습으로 사람을 판단하는 것은 옳은 일인가〉

❺ 답안 쓰기

논제) 예시 답안

인내로 얻는 열매

○○초등학교 6학년 ○○○

주인공 동규는 필리핀과 한국 혼혈이다. 어느 날, 동규는 같은 반 친구인 정준이에게 충고를 해주다가 "넌 까매서 안 더울지 몰라도 난 더워!"라는 말을 듣는다. 정준이가 순간 짜증이 나서 실수로 말한 것이지만 동규는 상처를 받는다. 그러나 동규는 화를 누르면서 특유의 재치로 웃어넘긴다. 그런데 동규의 만물노트에는 '내가 화를 내면 얼굴도 까만 데다 성격까지 나쁜 아이가 된다. 그럼 친구가 없어 외로워질 테니까 나는 항상 웃어야 한다'라고 적혀 있다. 동규는 그때 참아서 나중에 좋은 결과를 얻었다. 동규가 참은 이유는 친구들의 마음속 편견으로 동규에게 친구가 없어졌을 수도 있다는 걱정 때문이기도 했지만, 또 다른 이유인, 다른 모둠원들이 괜히 분위기 때문에 힘들어 하는 것 같아서 먼저 침묵을 깬 것도 있었다. 동규는 자기보다 친구들을 위해서 참은 것이었다.

그리고 또 다른 친구인, 학예회에서 공주 역할을 맡은 윤서는 검은 피부 때문에 자기가 싫어하는 동규가 학예회 연극 때 왕자 역할을 하려고 하는 것을 걱정했는데 동규는 윤서의 걱정을 덜어주기 위해서 왕자 역할을 하고 싶었지만 참고 호위병 역할을 하고 싶다고 했다. 그리고 윤서가 생각하는 자기의 결점인 검은 피부를 보완하기 위해 비상시에 사용할 개인기를 더욱 열심히 준비하였다. 그런데 이렇게 남을 위해 참은 덕분에 동규에게 기회가 찾아왔다. 학예회 날 당일, 왕자 역할인 정준이는 동규가 걱정했던 아이스크림 때문에 배탈이 나서 응급실로 가게 되었다. 어느새 동규의 모둠 차례인데 역할이 한 개 빠져서 걱정하는 윤서와 친구들을 위해 일단 연습한 대로 무대 위에서 연극을 하고 있으면 자기가 곧 가겠다고 한다. 그리고 왕자가 등장할 차례에 아라비아 왕자로 분장한 동규가 준비해 두었던 개인기를 하며 나타난다. 연극은 동규 덕분에 성공적으로 끝나게 되었다.

우리는 때에 따라서는 참기도 해야 한다. 동규처럼 남을 위해 참은 것이 나중에 동규에게 기회가 되었듯이, 나비가 날갯짓을 하면 지구 반대편에서는 태풍이 부는 나비 효과처럼 지금 나의 작은 행동이 나중에 나에게 크게 다가올 수 있기 때문이다. 동규의 만물노트에 나온, 무소의 "인내는 쓰고 그 열매는 달다"라는 말이 있듯이 우리도 어떤 때는 참고 기다려야 열매를 먹을 수 있기 때문이다.

논제 4) 예시 답안

국적이 달라도 지구인

우리는 모두 평등한 인간이다. 국적이 달라도 모두 같은 지구인이다. 하지만 사람들은 피부색이나 국적, 생김새나, 말투에 대한 고정 관념을 갖는다. 이렇게 사람들은 수많은 고정 관념을 갖고 차별을 한다. 전학 오기 전 학교에 일본인 다문화 여자애랑, 중국인 남자애가 있었다. 일본인 여자 아니는 친구들에게 선물도 주고 사교성도 좋아 일반 한국인 학생보다도 친구가 더 많았다. 하지만 중국 아이는 나이에 비해 눈물도 많이 보이고 불평불만이 많아 모두가 그 아이를 싫어했다. 이처럼 다문화 아이들도 한국인 친구들과 친해지기 위한 노력이 필요하다. '민영이 이야기'에서 티나는 한국인처럼 되고 싶어서 "오 필승 코리아"의 상징인 붉은 티셔츠를 항상 입고 다니며 대한민국을 사랑하고 한국인이 되고 싶다는 의지를 표현하고 있다. 그렇지만 친구들은 티나의 어눌한 한국어 발음을 놀리며 왕따를 시킨다. '성완이 이야기'에서 성완이는 말을 잘 하지 않는다. 어눌한 발음으로 한국어를 말하면 친구들이 무시하고 왕따를 시키기 때문이다. 3편 '동규 이야기'에서도 같은 반 친구 윤서는 피부색과 성격 때문에 알게 모르게 민규를 꺼려한다. 그렇지만 모두가 이를 극복하고 친하게 지내게 된다. 민영이가 용기를 가지고 티나를 도와주고, 윤서가 동규의 마음을 알아주었기 때문이다. 성완이도 순돌이와 교감하며 점차 마음을 열게 된다. 우리는 오늘날 지구촌 시대에 살고 있다. 고정 관념을 깨고 서로를 존중하는 마음을 가져야 한다. 인간은 고귀한 존재고 인간이 인간을 차별한다는 것은 있을 수 없는 일이다. 다문화 친구들도 한국에서의 생활에 적응할 수 있도록 노력을 해야 할 것이다. 또한 우리 친구들도 낯선 이방인으로서의 그들의 어려움을 이해해 주고 존중해 주는 마음을 가져야 할 것이다. 한국어가 서투른 다문화 친구를 보면 영어 시간에 말 한마디 하는 게 어려워 고전하고 있는 나의 모습을 기억하는 역지사지의 마음으로 그들을 도와주어야 할 것이다. 시간이 지나면 우리가 영어 실력이 향상되듯이 그들도 시간이 지나면 한국어를 잘 하게 될 것이다. 한국어 표현이 서투른 건 다문화 친구로서는 어쩔 수 없는 일이다. 그들을 놀리지 말고 서로서로 배움을 함께하면 어떨까? 나는 한국어를 가르쳐 주고 그들은 나에게 그들의 언어를 가르쳐 주는 건 어떨까? 우리가 어렸을 때부터 베트남어, 필리핀어를 배울 수 있게 된다면 그것은 미래에 굉장한 경쟁력이 될 것이다. 우리는 하나의 지구인임을 명심하고 서로 배우고 나누는 자세를 가진다면 우리의 미래는 좀 더 희망적일 것이다. 주어진 환경을 최대한 살리는 것이 현명하다고 생각한다.

논제 7) 예시 답안

사람을 겉모습으로 판단하는 것은 옳은가?

　나는 이 논제에 대해 반대의 입장이다. 왜냐하면 인간의 가치는 겉모습만으로 판단할 수 없기 때문이다. 예를 들면『종이 봉지 공주』에서 왕자는 겉모습을 중요시하는 성격이었다. 그래서 공주가 왕자를 죽음에서 구해 주었음에도 불구하고 공주의 내면의 아름다움을 볼 줄 몰라서 헤어지게 된 것이다.『까매서 안 더워?』의 티나의 경우는 한국어를 잘 못 하고 피부색이 까맣다는 이유로 차별을 받았다. 왜냐하면 친구들이 티나의 겉모습만으로 티나를 판단하였기 때문이다. 분명 티나도 티나만의 장점을 가지고 있을 것이다. 그렇지만 눈에 보이는 것만으로 판단되어 차별을 받는 억울한 일이 생긴 것이다. 둘째,『까매서 안 더워?』의 성완이는 한국말로 말하기를 꺼렸다. 왜냐하면 자신의 억울한 한국어 실력 때문에 친구들이 우습게 여기고 자별하게 되는 것을 두려워하기 때문이다. 셋째, 영어 시간에 영어는 잘 못 하시만 다른 교과는 아주 우수한 내 친구가 있다. 영어를 못 한다고 해서 그 친구가 실력이 없는 친구로 판단되면 안 될 것이다. 따라서 사람을 겉모습만으로 판단하는 것은 옳지 않다고 생각한다.

어린이를 위한
심리학 여행

들어가기

   심리학은 인간의 마음과 행동을 연구하는 학문입니다. 마음은 어떻게 정의할 수 있을까요? 마음은 어떻게 움직이는지, 사람의 성격은 마음과 행동에 어떤 영향을 주는지를 알기 위해 사람들은 오래전부터 노력해 왔습니다. 그러나 오늘날과 같이 과학적인 방법을 도입하여 인간의 마음을 분석하기까지는 오랜 시간이 걸렸습니다.
   인간의 마음을 과학적인 방법으로 분석하기 위해 최초의 시도한 사람은 심리학 아버지로 불리는 독일의 빌헬름 막시밀리안 분트(Wilhelm Maximilian Wundt, 1832~1920)입니다. 그는 1879년 독일 라이프치히 대학에 실험실을 개설하고, 실험심리학적인 방법을 도입하여 인간의 심리를 분석하고자 했으며, 심리학을 직접 경험해서 얻어지는 학문이라고 정의했습니다.
   사람의 마음을 탐구하는 일에 흥미를 느꼈던 오스트리아 정신과 의사 지그문트 프로이트(1856~1939)는 마음속에 무의식의 영역이 있음을 발견하여 심리학의 지평을 넓혔습니다. 그가 환자들을 대상으로 한 임상 경험은 정신 분석 이론을 탄생시켰고, 그 후 다양한 심리학 이론들이 나오면서 많은 사람들이 도움을 받았습니다.
   여러분은 평소 자신의 마음이 궁금한 적이 있나요? 여러분은 어떤 생각으로 하루를 보내나요? 여러분이 자주 하는 행동은 무엇인가요? 좋아하는 사람은 누구이며 왜 그를 좋아하는 것 같나요? 싫은 사람은 누구이며 왜 그를 싫어하는 것 같나요?

우리가 인간의 심리에 대해 좀 더 알게 되고, 사람들이 하는 행동의 이유를 좀 더 이해할 수 있게 된다면, 보다 행복한 삶을 살 수 있지 않을까요? 심리학 이야기를 읽으면서 마음의 키를 키우고, 그 생각들이 모여 글쓰기로 연결된다면 재미있는 논술 공부가 되지 않을까 기대해 봅니다.

1-1 제시문 읽기
: **마음의 지도, 의식, 전의식, 무의식**

여러분은 무의식이란 말을 들어본 적이 있나요? 무의식이란 우리가 일상에서 감지하지는 못하지만, 우리 마음 깊은 곳에 갖가지 사건들이 저장되어 있는 기억이나 감정입니다. 프로이트는 마음을 '의식'과 '무의식' 그리고 의식과 무의식 사이에 있는 '전의식'으로 나누었습니다.

의식과 전의식, 무의식을 우리가 사는 집에 비유해 보면, 1층은 의식, 지하실은 무의식, 지하실을 내려가는 입구에 있는 계단은 전의식으로 볼 수 있습니다. 커다란 창문으로 빛이 들어와서 늘 밝고 환한 1층은 바깥에서도 안에서도 잘 알 수 있는 의식에 비유할 수 있습니다. 의식에 있는 생각이나 감정은 언제든 쉽게 보입니다. 그러나 지하실은 어둡고 컴컴해서 무엇이 들어 있는지 잘 알 수가 없습니다. 무의식 역시 어떤 기억과 생각들로 채워져 있는지 아무도 모릅니다. 지하실로 내려가기 위한 계단 입구에는 전의식이 자리하고 있습니다. 조금만 노력하면 꺼내올 수 있는 기억들이 있지요.

친구들과 재미있는 이야기를 하면서 점심을 먹으면서, 자신이 무슨 이야기를 하고 있는지, 어떤 감정을 느끼고 있는지 아는 것은 '의식'적인 마음입니다.

무의식은 다양한 방식으로 활동합니다. 프로이트는 우리가 무심히 하는 실수에서도 그 사람의 진심을 엿볼 수 있다고 했습니다. '말실수'나 '글 실수'도 우연히 일어나는 것이 아니라고 합니다. 때로 하기 싫은 숙제에 대한 기억을 무의식에 밀어 넣고(잊어 버림) 마음 편하게 지내기도 한답니다.

지하실을 내려가는 계단 입구에는 전의식이 살고 있습니다. 평소에는 잊고 지냈던 멀리 전학 간 친구를 도서관에 갔을 때 떠올렸다면, 그 친구는 나의 전의식에 살고 있었던 것입니다. 친구와 함께 도서관에 왔던 기억이 나고, 갑자기 그 친구가 보고 싶다는 생각이 듭니다. 이 모든 것은 도서관이라는 힌트가 주어졌을 때 생각난 것입니다. 어떤 일을 계기로 평소 잊고 있었던 기억이나 감정이 수면 위로 올라오는 경험을 해 본 적이 있나요?

프로이트가 말한 의식과 전의식 그리고 무의식에 대해 알아보았습니다. 이렇듯 눈에 보이지 않는 마음에 영역을 나눈 프로이트는 정말 대단한 분이지요? 여러분의 전의식에는 어떤 기억들이 있는지 한번 잘 관찰해 보시기 바랍니다.

1-2 생각하기

1) '무의식'이라는 말과 '과학적'이라는 말을 들었을 때 두 단어에서 어떤 차이를 느끼게 되는가?
2) 심리학의 아버지 '분트'는 심리학을 직접 경험해서 얻어지는 학문이라고 정의했다. 마음을 직접 경험하는 것에 대해 생각해 보자.
3) 심리학의 분야는 매우 다양하다. 내가 만일 심리학을 새로운 분야에 적용해 본다면 어떤 분야가 떠오르는가?
4) 음악을 통해 마음을 치료하는 것은 음악 치료, 미술을 통해 마음을 치료하는 것은 미술치료, 놀이를 통해 치료하는 방법을 놀이치료라고 부른다.

만일 여러분이 새로운 치료방법을 만든다면 어떤 것을 접목해 만들 수 있을 것인가 생각해 보자.

1-3 논제 만들기

1) 심리에 대해 알아보고자 디자인된 실험을 통해 우리는 사람들이 하는 행동의 이면을 짐작해 볼 수 있다. 학교에서 일어나는 친구들의 행동을 살펴보고, 이런 행동은 친구들의 어떤 심리상태가 영향을 미친것인지 자신의 견해를 논술해 보자.

2) 의식과 전의식, 그리고 무의식을 우리가 사는 집에 비유해서 설명해 보면, 1층은 의식, 지하실은 무의식, 지하실을 내려가는 입구에 있는 계단은 전의식으로 볼 수 있다. 이 세 가지 마음의 영역에 대해 알게 된 것을 자신의 경험에 접목하여 창의적인 방식으로 논술해 보자.

3) 프로이트는 우리가 무심히 하는 실수에서도 그 사람의 진심을 엿볼 수 있다고 했다. '말실수'나 '글 실수'도 우연히 일어나는 것이 아니라고 했다. 자신이 했던 '말실수'나 '글 실수'가 있다면 이야기해 보고 그건 어떤 심리에 근거해서 일어난 일인지 분석해 보고 글로 써 보자.

1-4 답안 쓰기

예시 1

우리 마음에서 나타나는 생각과 감정들이 무의식과 전의식 그리고 의식으로 나누어진다는 게 너무 신기했다. 나도 요즘 들어서 짜증이 많이 늘었는데, 그 이유가 무엇인지 찾아봐야겠다는 생각이 들었다.

더 신기한 것은 어린 시절 부모님이 우리에게 했던 행동을, 내가 커서 부모가 되면 나의 자식들에게 똑같이 하는 경우가 많다고 한다. 맞는 말이라고 생각한다. 그 이유는 우리 엄마가 오빠가 자주 짜증을 내는 것을 보면, 우리 할머니가 아빠에게 짜증 섞인 말투로 말하는 것이 닮아 있다.

예시 2

　보이지도 않는 사람의 마음을 이렇게 구분한 프로이트는 천재인 것 같다. 나는 무의식이라는 게 사고가 나서 정신을 잃었을 때만 쓰는 말인 줄 알았는데 우리가 모르는 많은 것들이 숨겨져 있다는 것을 알고 정말 놀랐다. 엄마가 심부름을 시키거나 방 청소를 시킨 걸 잊어버려서 자주 혼이 났었는데, 어쩌면 내가 하기 싫은 일이어서, 나의 무의식이 잊게 만들 수도 있었다고 생각하니 그렇게 신기할 수가 없었다. 이렇게 숨어 있는 무의식의 생각들을 우리가 원할 때마다 기억하게 만들 수는 없을까? 그렇게 하려면 어떻게 해야 할까? 내가 어른이 되면 그런 걸 기억하는 장치가 만들어지지 않을까?

　전의식도 예전에는 말은 들어본 적이 없어 아주 흥미로웠다. 어릴 때 친구랑 자주 놀았던 놀이터를 지나갈 때, 친구가 생각나는 것이 내 전의식이라고 생각하면서 이렇게 사람의 마음을 나눌 수 있는 심리학이 어렵게 느껴지지 않고 굉장히 재미있다는 생각이 들었다. 오늘 읽은 내용에 처음 듣는 말이나, 어려운 말이 있어서 이해하기가 조금 어려웠지만, 내가 무심코 하는 말이나, 나의 기억들을 이렇게 구분지어서 생각해 보니 참 재미있었다. 앞으로는 내 마음을 좀 더 자세히 관찰해서, 내 마음이 어떤 모습으로 움직이는지 더 자세히 알아보고 싶다. 내가 몰랐던 나의 모습을 찾아봐야지.

2-1 제시문 읽기
: 무의식의 비밀을 찾아보자

　프로이트가 말한 무의식은 우리가 평소 억압했던 생각과 감정들, 그리고 본능으로 이루어져 있습니다. 슬퍼서 다시는 생각하고 싶지 않았던 기억, 공포스러웠던 기억, 불안함 등이 무의식에 들어 있습니다. 마음을 그린 빙산지도에는 수면 위의 '의식'보다 수면 아래 있는 무의식이 매우 크게 그려져 있답니다. 프로이트 박사는 우리 마음의 90% 이상을 차지하는 무의식에는 부정적인 것들(생각, 기억, 감정)이 가득하다고 하였습니다.

정말 무의식에는 어둡고 부정적인 것들만 들어 있을까요? '분석심리학'이론을 창시한 심리학자 칼 융은 프로이트와 다르게 생각하였습니다. 융은 무의식을 '개인 무의식'과 '집단 무의식'으로 나누었습니다. 융은 '개인 무의식'이란 희망적이고 생산적인 에너지가 가득한 곳이며, '집단 무의식'이란 태고 적부터 있어 온 지구상의 모든 정보와 과거, 현재, 미래의 정보가 담겨 있다고 하였습니다.

프로이트가 무의식을 어두운 동굴에 비유했다면 융은 신비로운 길에 비유했습니다. 두 학자의 견해가 다른 것은 그들이 제각기 다른 성격 특성을 가지고, 다른 환경, 다른 경험을 하면서 살았기 때문일 것입니다. 이처럼 학자에 따라 무의식의 정의가 다른 것을 보면서, 여러분의 생각은 어떤지 궁금해집니다.

2-2 생각하기

1) 프로이트는 의식의 밑바닥에 있는 무언가로 인해 마음 상태도 달라진다고 주장했다. 현실에서 아무 일도 일어나지 않았는데 마음 상태가 우울하다거나 화가 나는 등의 경험을 한 적이 있는가?
2) 프로이트는 마음의 보이지 않는 부분을 무의식이라고 했다. 여러분은 자신의 마음에 보이지 않는 부분에 대해 생각해 본 적이 있는가? 자신의 무의식에는 어떤 것들이 있을 거라고 생각하는가?
3) 프로이트는 무의식이 인간의 행동에 영향을 준다고 했다. 특별한 이유가 없는데, 어떤 행동을 하고 싶었던 적이 있는가? 자신의 무의식의 의도를 생각해 보자
4) 융은 '집단 무의식'에는 태고 적부터 있어 온 지구상의 모든 정보와 과거, 현재, 미래의 정보가 담겨 있다고 하였다. 융의 집단 무의식 개념에 대해 어떻게 생

각하나? 자신의 생각을 이야기해 보자.
5) 프로이트가 무의식을 어두운 동굴에 비유했다면 융은 신비로운 길에 비유했다. 개인적인 생각으로는 누구의 이론이 더 마음에 드는지 이야기해 보자.

2-3 논제 만들기

1) 프로이트는 인간의 마음을 의식과 무의식, 전의식으로 나누었다. 나라면 어떻게 나누었을지 창의적으로 생각해 보고 논술하시오.

2) '억압'이란 자신의 생각이나 행동을 표현하지 않고 참거나 마음속에 담아두는 것이다. 하고 싶은 말이 있을 때는 참는 것(억압)이 좋을까? 표현하는 것이 좋을까? 본인이 하고 싶었던 말을 하지 못해 답답했던 기억이 있으면 적어보고, 건강한 마음으로 살려면 어떻게 마음을 관리하면 좋을지에 논술하시오.

3) 프로이트는 무의식에 부정적인 기억이나 감정이 들어 있다고 했다. 그는 이렇게 보이지 않는 마음을 그 사람의 행동이나 이야기를 통해 짐작하고 마음의 병을 치료했다. 심리학이 발달하기 전에는 마음의 병을 앓는 사람들을 어떻게 치료했을까? 심리학의 발전이 우리 생활에 미친 영향에 대해 논술해 보시오.

4) 프로이트는 최초로 인간의 마음을 의식, 전의식, 무의식으로 나누고, 우리가 무심코 하는 것처럼 보이는 행동에도 무의식적으로는 이유가 있다고 했다. 자신의 경험을 돌아보고, 이에 대한 자신의 견해를 논술해 보시오

2-4 답안 쓰기

예시 1

　우리의 마음을 움직이는데 무의식이 의식보다 더 큰 영향을 준다고 하는 걸 읽으면서 나의 경험이 떠올랐다. 나는 바닥에 앉아 있다가 일어날 때 나도 모르게 '아이고, 허리야!' 하고 말한다. 예전에 내가 이렇게 말하면 부모님이 웃으셨는데, 아마도 나는 부모님의 웃음이 좋아서 그래서 계속 그렇게 말해 온 것 같다. 하지만 진짜로 오랜 시간 앉아 있어서 허리가 아파서 그렇게 말하는지도 모르겠다. 그게 무의식인지 아닌지 의문이 간다. 알쏭달쏭하다.
　언젠가 공연을 볼 때 어떤 배우가 나처럼 '아이고, 허리야!'라고 하고는 살짝 웃는 것을 본 적이 있다. 무의식에서 나온 말이었을까?
　무의식은 잠잘 때만 나오는 잠꼬대 같은 느낌도 든다. 나는 평소 무서움을 많이 느끼지 않지만, 잠잘 때는 '피'나 '총' 그런 것을 외친다고 한다. 무서운 꿈을 꾸어서 그런 것일까? 내 무의식에 그런 단어들이 들어 있어서 그런 것일까?

예시 2

　가끔 나는 아빠, 엄마, 언니가 한 말이 다 듣기 싫고 아무 이유 없이 화가 날 때가 있다. 그 일이 나고 다시 생각하면 내가 왜 그렇게 가족들에게 화가 났는지 이유를 알 수 없다. 속으로 이건 정말 안 해야지 했는데, 잘 참고 있다가 어느 순간 쉽게 행동이 나가기도 한다. 이런 걸 보면 무의식에 안 좋은 것만 있는 것 같기도 하다. 하지만 마음속으로는 말하고 싶었지만, 참는 것이 좋을 것 같아 말을 하지 않을 때는 가슴이 답답해지는 것을 느낀다. 이런 답답함이 많이 쌓이면 무의식은 여러 가지 방법으로 본심이 나올 수 있게 해준다니, 그렇게 나의 답답함을 풀어 줄 수 있는 무의식이 있어 무척 다행이란 생각이 든다.
　가끔 엄마랑 아빠도 갑자기 소리치거나, 별것도 아닌 것에 화내시는 적이 있는데, 그때는 화가 나고 속상했지만 이제 조금은 이해할 수 있을 것 같다. 내가 아무 이유 없이 짜증을 냈던 것과 같았을 것이다. 엄마 아빠도 무의식으로 밀려났던 어떤 기억이나 감정들이 밖으로 나오려고 그랬을 것이라는 생각이 든다. 무의식을 알게 되니, 다른 사람의 행동도 좀 더 너그러운 마음으로 볼 수 있어서 좋다. 마음을 알아가는 것은 참 좋은 점이 많구나.

3-1 제시문 읽기
: 정신결정론과 목적론

'정신결정론'은 과거의 여러 가지 경험에 의해 현재의 생각과 행동과 느낌 등이 영향을 받는다는 것을 의미합니다. 과거의 경험들이 무의식에 있기 때문에 현재의 행동과 느낌은 무의식에 의해 결정된다는 것입니다. 특히 6세 이전의 경험이 우리가 평생을 사는 동안 영향을 미친다고 하였습니다. 어린 시절의 기억은 프로이트의 정신분석학 이론에서는 매우 중요합니다. 우연히 일어난 것처럼 보이는 사건은 결코 우연이 아닌 것입니다. 어린 시절은 지나갔지만, 그때의 경험으로 인한 감정이나 생각, 행동은, 일생에 거쳐 지속적으로 영향을 끼칩니다. 프로이트 이론에서는 과거는 언제나 현재와 연결되어 있습니다.

그러나 개인심리학의 창시자 아들러(Alfred Adler, 1870~1937)는 프로이트와 다른 견해를 가졌습니다. 아들러는 우리의 현재 행동은 과거 경험에 의해 만들어진 것이 아니라, 미래에 어떤 목적을 달성하고자 하는가에 따라 달라진다고 하였습니다. 이를 아들러는 목적론이라고 했습니다. 아들러는 우리의 행동이 우리가 알 수 없는 무의식으로부터 지배를 받는다고 한 프로이트의 이론을 부정하고 반박했습니다. 그는 '인간은 자신이 마음먹은 만큼 변할 수 있으며, 언제든 행복을 선택할 수 있다'고 하였습니다. 그래서 아들러의 이론은 교육장면에서 많이 쓰이고 있습니다.

공부를 하기 싫은 미영이의 예로 두 이론을 설명해 보겠습니다. '정신결정론' 입장에서는 미영이가 공부하기 싫어하는 이유를 과거의 경험에서 찾습니다. 미영이는 왜 공부를 싫어할까? 어떤 경험이 있을까? 미영이가 어릴 적 할아버지로부터 꾸중을 들으면서 한글을 배웠다고 했는데 그 경험이 미영이가 공부를 싫어하도록 만들었구나. 나이 드신 선생님을 유독 어려워하는 이유도 이런 경험 때문이 아닐까? 이렇게 과거의 경험을 토대로 현재 행동을 설명하는 것은 '정신결정론'입니다. 그러나 학교에 가기를 싫어하는 미영이의 행동을 '목적론'의 입장에서 살펴본다면, 배가 아프면 학교에 가지 않아도 되기 때문에, 공부하기 싫은 자신의 목적을 이루고자 배가 아프다고 꾀병을 부린 것으로 볼 수 있습니다(진짜 배가 아파서 학교에 못 가는 경우는 제외). 이렇게 인간의 행동을 어떤 목적을 이루기 위해 선택한 것으로 보는 것은 '목적론'입니다.

'정신결정론(인과론)'과 '목적론'은 정반대의 입장을 보이지만, 심리학자나 정신과 의사의 개인적인 경험과 신념에 따라 사람들의 마음을 치료하는데 적절하게 활용되었습니다. 수십 수백만 가지의 마음의 상처가 있기에, 이를 치료하는 방법들도 그만큼 다양할 수밖에 없을 것입니다. 앞으로도 더 새롭고 다양한 이론들이 개발되어 많은 사람들에게 도움을 줄 수 있기를 바랍니다.

3-2 생각하기

1) 지금 떠오르는 어린 시절 기억을 써 보고, 프로이트의 이론에 의하면 이런 자신의 어린 시절 기억은 어떤 행동과 연관되는지 생각해 보자.
2) 어린 시절 폭력적이고 어두운 환경에서 자란 사람은 자라서 어두운 성격이 되기 쉽다고 하는 프로이트의 이론을 들으면 어떤 생각이 드는가?
3) 아들러는 우리의 현재 행동은 과거 경험에 의해 만들어진 것이 아니라, 미래에 어떤 목적을 달성하고자 하는가에 따라 달라진다고 했다. 목적론과 정신결정론의 차이점을 이야기해 보자.
4) 프로이트의 정신결정론에서 보면 공부를 하기 싫어하는 학생은 공부를 싫어하는 이유가 과거의 경험 속에 있다고 했다. 자신이 싫어하거나 좋아하는 것을 한 가지 들어 보고 그 이유가 어디에 있는지 프로이트의 정신결정론을 토대

로 이야기 나누어 보시오.

3-3 논제 만들기

1) 자신의 6세 이전의 경험 중에서 가장 기억에 남는 것은 무엇이며 이 기억이 자신에게 미친 영향에 대해 생각해 보고, 어린 시절의 기억은 현재의 행동에 영향을 미친다는 프로이트의 정신분석학 이론에 대해 자신의 경험을 예로 들어 논술해 보시오.

2) 아들러는 우리의 현재 행동은 과거 경험에 의해 만들어진 것이 아니라, 어떤 목적을 달성하기 위해 무엇을 선택했는가에 의해 달라진다고 하였다. 내가 자주하는 행동 중 하나를 예로 들어 목적론을 토대로 논술해 보시오.

3) 아들러는 '인간은 자신이 마음먹은 만큼 변할 수 있으며, 언제든 행복을 선택할 수 있다'고 하였다. 이런 아들러의 생각은 학교장면에서 학생들의 교육에 유용하게 접목되었다. 자신이 마음먹고 변하고자 했던 행동이 있으면 생각해 보고 예를 들어 논술해 보시오.

3-4 답안 쓰기

예시 1

어릴 때 산책을 갔다가 강아지한테 물린 적이 있어서 아직까지도 강아지를 보면 너무 무섭다. 친구 집에 놀러 갔을 때도 집에 강아지가 있어서 너무 무서워서 놀지 못하고 나왔다. 친구가 절대 안 문다고 했는데도 옆에 강아지가 있으면 막 물 것 같고 따라올 것 같아서 심장이 두근두근했다. 어릴 때 물린 기억이 계속 남아서 나에게 영향을 미치는 것 같다. 왜냐하면 다른 동물은 안 무섭기 때문이다.

프로이트의 이론대로 내가 어릴 때 경험했던 일이 앞으로 내가 살아가는데 영향을 미치게 된다면 나는 앞으로도 강아지가 계속 무서울 것 같다. 어떻게 하면 어릴 때의 무서운 기억을 잊어버릴 수가 있을까? 강아지가 다시 안 무서워지는 날이 나에게도 오게 될까?

예시 2

나에게 지금까지 영향을 미치는 기억을 이야기하라고 한다면 할아버지와 할머니에 대한 일이다. 나는 어릴 때 할아버지 댁에 자주 놀러 갔었다. 할머니와 할아버지께서 나를 무척 사랑해 주셨기 때문에 나는 할아버지 댁에 가는 것을 정말 좋아했다. 그래서 그런지, 길에서 할머니 할아버지를 보면 친근함이 느껴지고, 도와드리고 싶다는 마음이 들어 친절하게 대해 드린다.

어린 시절 나는 할머니 손을 잡고 자주 산책을 갔었다. 그때마다 할머니는 젤리를 사 주셨는데, 그래서인지 나는 지금도 젤리를 엄청 좋아한다.

이렇게 나의 어릴 적 기억과 나의 행동을 연관 지어서 생각해 보니 정말 어린 시절의 경험이 지금 나의 행동과 연관이 있었다. 어린 시절의 기억은 이미 오래전에 잊었지만, 우리의 행동에는 그 경험들이 고스란히 남아 있다는 것을 알게 되었다. 심리학은 생각할수록 신기하고 재미있는 것 같다. 또 어떤 기억이 나에게 영향을 미치고 있는지 내 행동을 잘 살펴보면서 찾아보아야겠다.

4-1 제시문 읽기
: 정신분석과 최면

최면은 정신분석 이론이 탄생하는 데 많은 영향을 끼쳤습니다. 비엔나 의과대학을 졸업한 후 개인병원의 신경과 의사로 활동하던 프로이트는 스승의 추천으로 장학금을 받아 1885년 파리로 유학을 갔습니다. 거기서 그는 유명한 신경의학자인

쟝 샤르코(Charcot)의 최면치료에 크게 감명받습니다. 그 이후 약 10년(1885년부터 1895년까지) 동안 프로이트는 최면치료에 매진하게 되고, 이때의 최면치료 경험은 프로이트가 무의식을 발견할 수 있는 실마리를 제공해 주었습니다.

1886년 봄, 비엔나로 돌아온 프로이트는 동료 의사인 요셉 브로이어 박사와 '히스테리'에 관한 공동연구를 하게 되었습니다. 브로이어 박사는 히스테리 증세를 보이는 유대인 중산층 가정의 딸 '피펜하임'을 치료하게 되었습니다. 피펜하임은 프로이트와 브로이어의 연구에서 '안나 오'라는 가명으로 불린 교양있고 아름다운 아가씨였습니다. 그녀는 늑막염을 앓고 있는 아버지를 간호하던 어느 날 독특한 증상이 나타났습니다. 6주 동안 물을 마시지도 못하고, 모국어인 독일어를 전혀 알아듣지 못하여 영어와 프랑스어를 썼으며, 팔이 마비되는 증세를 보였습니다. 어떤 치료에도 효과를 보이지 않자, 브로이어 박사는 최면치료를 시작했습니다. 그녀는 최면 중에 불편한 감정들을 떠올리기 시작하였고, 무의식적인 기억을 떠올려 이야기하고 나면 증상이 하나씩 사라졌습니다. 그녀가 물을 마시지 못했던 이유는 친구의 집 부엌에 놓인 물컵을 개가 핥는 장면을 보고 심한 불쾌감을 느꼈기 때문이었는데, 그 기억을 떠올린 후 다시 물을 마실 수 있게 되었습니다.

이처럼 최면 상태에서 본인도 기억하지 못했던 억눌린 감정을 떠올리고 나면 불편한 증세가 사라지는 것을 '정화법'이라고 불렀습니다. 그 후 프로이트는 최면치료에 매료되어 약 10여 년 동안 최면으로 환자를 치료하였습니다. 최면은 의식을 희미하게 만들어 의식 밑의 무의식을 드러나게 하는 방법입니다(위키백과). 겉모습만 보면 수면 상태와 비슷하지만, 환자가 다른 의식의 수준에서 기능 하는 특별한 심리 상태입니다. 최면을 통해 원인이 되는 사건을 떠올리면, 증상이 완화되거나 사라졌지만, 모든 사람에게 최면치료가 효과적인 것은 아니었습니다. 최면에 들어가지 못하는 사람, 치료 후 다시 증상을 보이는 사람들이 생기면서 프로이트는 '자유연상'이라는 새로운 심리치료 방법을 개발하였습니다. 자유연상을 사용하기 시작하면서부터 더 이상 정신치료에 최면을 사용하지 않았습니다.

그러나 최면은 다양한 분야에서 꾸준히 발전하고 있습니다. 전통 최면, 현대 최면인 NLP(Neuro-linguistic programming), 어린 시절로 퇴행하는 연령퇴행 최면치료, 다른 삶의 기억을 떠올리는 전생퇴행 최면치료 등 새로운 이론과 기법의 최면치료가 활발하게 연구되고 있습니다. NLP는 두뇌개발 프로그램으로 많은 사람들에게 각광받고 있으며, 최면을 범죄 심리 수사에 도입하여 미제 사건을 해결하기도 합니다. 경기에 임하는 운동선수들도 최면을 접목한 심상법을 활용하여 좋은 결과를 얻고자 노력하고 있습니다. 최면은 앞으로 많은 분야에 다양하게 접목될 것으로 기대됩니다.

4-2 생각하기

1) 최면 요법이 '안나 오'의 히스테리를 치료하였다는 내용을 보고 어떤 생각을 들었는지 이야기해 보자.
2) 브로이어 박사는 '안나 오'를 치료한 최면치료를 프로이트와 함께 연구하자고 제안했고, 프로이트는 브로이어 박사와 함께 '히스테리'에 관한 연구를 하였다. 여러분도 새로운 일을 만나면 연구해 보고 싶다고 생각한 적이 있는가? 그건 어떤 일이었는지 이야기해 보자
3) 세상의 모든 일, 사람의 모든 언행에는 그럴만한 이유가 있고, 그것은 대부분 지난날의 경험이 바탕이 된다고 하는 내용에 대해 자신의 의견은 어떤지, 또는 비슷하게 느낀 경험이 있었는지 찾아보자.
4) 프로이트는 평소에 우리가 전혀 느끼지 못하고 살아가는 무의식이 어느 날 의식을 뚫고 밖으로 드러나면, 우리의 마음은 물론 몸까지 자기 마음대로 움직이게 한다고 했다. 스스로 자신의 몸을 통제하지 못할 때 어떤 일이 일어날까 생각해 보자.
5) 프로이트는 무의식 상태에서 자신 스스로도 몰랐던 어린 시절의 억눌린 감정, 경험, 상처, 기억, 느낌 등을 전부 말하고, 마음의 안정을 찾는다고 하였다. 자신의 속상한 감정을 말 못해서 마음이 답답한 적이 있었는지 생각해 보고, 이

런 경험은 프로이트의 이론과 어떻게 연관지을 수 있을지 이야기해 보자.
6) 프로이트는 최면요법이 한계에 부딪히자 자유연상법을 만들었다. 프로이트가 환자를 치료하고자 하는 마음은 이렇게 어려움을 만날 때마다 새로운 방법들로 탄생하였다. 여러분도 비슷한 경험이 있는지, 생각해 보고 프로이트의 연구하는 태도에 대해 느낀 점을 이야기해 보자.

4-3 논제 만들기

1) 최면요법으로 히스테리를 치료한 사례를 보면서, 현실에서 내가 알지 못하는 생소한 내용을 접하게 되었을 때 나의 반응은 어떤지, 내가 잘 알지 못하는 상태에 대해 수용하고 알아보는 사람인지, 무조건 부정하고 보는 경향이 있는지 논술해 보시오.

2) 사람의 마음을 알아보고자 연구하는 심리학이 발달하지 못한 옛날 사람들은 정신적으로 혼란스러움을 보이는 환자를 마녀라고 생각하여 마을 사람들이 보는 앞에서 죽이기도 했고, 정신이 나갔다면서 손가락질했다고 한다. 심리학의 발전은 오늘날 우리의 삶에 어떤 영향을 미쳤는지 논술해 보시오.

3) 최면요법을 버리고 '자유연상법'을 발견한 프로이트의 연구에 대한 열정이 오늘날 정신분석학이라는 심리학 이론을 탄생시켰다. 그러나 오늘날 최면을 바탕으로 한 새로운 심리치료법이 등장하고 있다. 이렇게 다양한 이론들이 심리학에 접목되는 것을 보면서, 앞으로 사람의 마음을 알아보고 분석하기 위해서 새롭게 탄생할 심리학이론에는 어떤 과학적 이론들이 접목될 것인가? 생각해 보고 논술하시오.

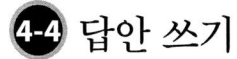 답안 쓰기

예시 1 무의식에 대한 나의 궁금한 점 몇 가지

프로이트 심리학에서는 우리의 마음을 의식과 무의식, 그리고 그 사이에 있는 전의식으로 나눌 수 있다고 했다. 또한 의식적인 면에서 답을 찾지 못한 것들을 무의식에 있을 수 있다고 했으며, 의식적인 면은 무의식에 비교한다면 빙산의 일각이라고 한다. 그렇다면 무의식이란 무엇일까? 나는 궁금한 점을 몇 가지 제시하고자 한다.

첫째, 꿈은 어디에 있을까? 꿈은 잘 때는 생생하게 꿔지지만, 정작 일어나면 기억이 안 난다. 그럼 꿈은 무의식일까? 의식일까? 아니면 전의식일까?

둘째, 공포증의 원인도 무의식에서 찾을 수 있을까? 공포증이 있으면 반드시 그 이유가 있게 마련, 그런 트라우마의 원인, 알 수 없는 공포증의 원인도 무의식을 알면 알 수 있을까?

셋째, 의식에서의 기억이 시간이 지나면 무의식으로 들어갈까? 만약 무의식에서의 기억으로 의식의 문제를 해결할 수 있다면 무의식은 과거에 있던 기억이 내려와서 무의식이 되는 걸까?

아직 자세한 것은 잘 모르지만 참 흥미 있는 주제이다. 계속 관심을 가지고 나의 궁금한 것들을 찾아보고 싶다.

예시 2

사람들은 어렸을 때의 환경이 커서 어른이 되어서의 환경과 닮는 경향이 있다고 한다. 어렸을 때의 환경이 좋지 않은 경우 어른이 된 지금도 환경의 영향을 받아, 자신이 컸던 방식대로 자신의 아이에게 똑같이 할 수도 있다고 한다. 어떤 부모들은 자신의 어린 시절이 행복하지 않았다고 생각해서 자신의 아이에게는 그런 행동을 하지 않으려고 하지만, 무의식 중에 아이에게 자신의 어렸을 때와 비슷한 환경을 만들어 준다고 한다. 부모님의 영향을 많이 받지 않으려면 나 스스로 나의 환경을 좋게 만들려고 노력해야 될 것 같다.

예시 3

최면이라고 하면 TV에서 나오는 목걸이 같은 걸 흔들어서 사람을 잠들게 만들어서 이상한 걸 시키거나 세뇌하는 거라고만 생각했는데 다양한 방법으로 사용할 수 있다고 하니 굉장히 신기하다. 예전에 무한도전에서 최면특집을 했을 때, 무한도전 멤버가 최면으로 어릴 적으로 돌아가 병원에 가서 주사를 맞았던 걸 기억하고 엉엉 울던 장면이 생각난다. 나는 최면이 그냥 잠이 든 상태에서 꿈을 꾸는 거라고 생각했는데 의식이 있는 상태라는 글을 읽으니 신기하기도 하고 어떤 경험일지 궁금하기도 하다. 그리고 어떻게 최면을 치료에 사용하는지도 알고 싶다.

5-1 제시문 읽기
: 정신분석과 자유연상

거짓말을 잘했던 한 소녀의 이야기입니다. 어린 시절 그 아이는 친구들에게 한 번도 먹어 본 적이 없는 아이스크림을 매일 먹는다고 이야기하였고, 컴퍼스로 원을 그리고 나서 손으로 그렸다고 우겼습니다. 왜 소녀는 그런 거짓말을 하였을까요? 소녀는 아버지를 매우 좋아했는데, 점점 커가면서 자신의 아버지가 그리 멋있는 사람이 아니라는 사실을 알게 되었습니다. 소녀는 친구들에게 자기 아버지를 멋있는 사람으로 보이고 싶었습니다. 그래서 제도공이었던 아버지의 기술을 자랑하고 싶어, 컴퍼스로 그린 원을 자신이 손으로 그렸다고 말했고, 부유하고 행복한 집에 사는 것처럼 보이고 싶어 매일매일 아이스크림을 먹는다고 하였습니다. 이렇게 사람들은 자신의 어린 시절로 돌아가, 마음 깊숙이 숨어 있던 기억을 떠올립니다. 이렇게 무의식의 상태를 알아내어 치료하는 방법을 '자유연상'이라고 합니다.

정신분석이란 '자유연상'을 통해 환자가 이야기하는 내용을 정신과 의사나 심리학자가 분석하여, 환자가 알지 못하는 스스로에 대한 정보를 환자에게 알려주는 것입니다. 무의식에 숨어있는 정보를 찾아가는 것이 정신분석입니다. 자유연상은 억압된 기억을 쉽게 찾을 수 있도록 도와주는 방법으로 카우치(소파)에 누워 편안한 상태에서 떠오르는 생각을 자유롭게 말하면 됩니다. 피하고 싶은 이야기를 숨긴다면, 그것이 또 다른 걱정을 가져오고, 그렇게 회피한 문제는 우리 마음속에 자리 잡게 되어, 또 다른 문제를 만든다고 하니, 솔직하게 이야기해서 다음에 올 문제를 만들지 않는 것이 좋겠지요? 편안하고 자유로운 상태에서 솔직하게 이야기하면 치료가 된다고 하니 참 신기하지요?

그럼 우리는 일상에서 어떻게 '자유연상'을 할 수 있을까요? 네, 바로 일기 쓰기입니다. 하루 일을 정리하면서 떠오르는 데로 이야기를 적는 것은 자유연상과 많이 닮았지요? 프로이트도 이런 방법으로 스스로 자신을 분석했다고 하니 여러분도 한번 사용해 보시기 바랍니다. 자신의 이야기를 일기장에 털어놓음으로써, 힘들게 하는 원인들을 찾을 수 있을 것입니다. 일기를 쓰면서 생활 속에서 일어나는 문제를 해결할 수 있다니. 얼마나 멋진 일인가요? 자, 여러분, 이제 우리도 일기 쓰기를 통해 자기분석을 해봅시다. 매일 자신의 행동이나 생각을 일기에 적고, 시간 날 때마다 떠오르는 것들을 적어나가나 보면, 미래의 위대한 정신과학자가 탄생할지도 모르는 일이지요.

5-2 생각하기

1) 정신분석이란 환자가 이야기하는 내용을 정신과 의사나 심리학자가 분석하여, 환자가 알지 못하는 정보를 알려주는 것이라고 한다. 혼자 조용히 있을 때 떠오르는 생각을 적어보고 여태 알지 못했던 내 마음이 가진 정보가 있는지 생각해 보자.
2) 자유연상을 하면서 떠오르는 이야기를 숨긴다면 또 다른 문제가 된다고 한다. 다른 사람 앞에서 자신의 이야기를 하나도 남김없이 솔직하게 이야기하는 것이 쉬운 일이 아니지만, 친구와 서로 솔직하게 자신의 이야기를 해보고, 어떤

느낌이 들었는지 말해 보자.
3) 어떤 문제에 대한 정보를 모르는 이유, 즉 억압의 이유를 찾아가는 것이 정신분석이라고 한다, 자신에게 억압된 것은 무엇이 있는지 한번 찾아보고 이야기해 보자.
4) 억압된 기억을 찾을 수 있는 방법에 자유연상이 아닌 다른 방법을 찾아보고 생각을 나누어 보자.

5-3 논제 만들기

1) 일기를 쓰는 방법도 어찌 보면 자유연상법과 비슷한 점이 있는 것 같다. 마음에서 우러나오는 대로 일기를 써 보고, 내 마음에 어떤 것들이 쌓여있는지 알아본다면 나를 더 깊이 이해하는 데 도움이 되지 않을까? 내 마음에 쌓인 것들을 찾아보는 시간을 가져보고, 그 내용을 글로 정리하여 보자.

2) 프로이트가 정신과 의사를 할 당시에는 남자환자가 거의 없었다. 그래서 프로이트는 남자환자의 정신 분석을 위해 자신을 분석하게 된다. 프로이트를 보면서, 연구에 대한 그의 열정에 대해 어떤 생각이 드는지 글로 적어보자

3) 꿈 분석과 최면 공부, 그리고 자유연상 등 사람들의 마음을 치료하고자 한 프로이트의 열정이 있었기에 '정신분석' 이론이 탄생하였을 것이다. 나는 어떤 분야에 대해 흥미를 가지는지 알아보고 내가 좋아하는 분야에 대한 연구 방법을 정리하여 글로 써 보자.

5-4 답안 쓰기

예시 1

　자유연상을 통해 '거짓말하는 아이'의 문제를 해결한다는 이야기를 읽으면서 신기하기도 하고 놀랍기도 하였다. 왜냐하면 내 생각에는 소파에 누워 그냥 아무거나 막 얘기한다고 문제가 나오거나 해결될 것 같지 않기 때문이다. 이런 것도 치료가 될 수 있다고 하니 놀랍다. 거짓말하는 아이 이야기를 읽으니 나도 어릴 때 집에 좋은 장난감이 없는데도 친구들이 물어보면 있다고 거짓말을 한 기억이 떠올랐다. 어쩌면 나도 우리 집이 잘사는 것처럼 보이고 싶었는지도 모른다. 친구들이 부러워하기를 바라면서 거짓말을 했던 어린 시절의 기억은 어른이 된 후에도 영향을 미친다고 한다. 나도 앞으로 일기를 쓰면서 스스로에 대한 분석도 하고, 안 좋은 점은 고쳐나가야겠다는 생각이 들었다.

예시 2

　가끔 나는 아무 일도 없는데 엄청 슬퍼질 때가 있다. 그렇게 슬플 때는 아무도 만나지 않고 집에 있고 싶다. 엄마나 아빠와도 얘기하고 싶지 않고 혼자 방안에 가만히 앉아 있곤 한다. 그런데 '정신분석과 자유연상'을 읽으면서 나의 무의식에 있는 무언가가 나를 슬프게 만드는지 궁금해졌다. 그 이유가 무엇인지 지금은 알 수 없지만, 심리학에 대해 관심을 가지고 글을 읽어 나가면서, 내 무의식 속에 어떤 것들이 들어 있는지 알아보고 싶다. 나의 어떤 슬픔이 무의식에 자리하고 있길래, 나의 다른 행동에도 영향을 주고 있는지 궁금하다. 나는 이 슬픔을 없앨 수 있을까? 부정적인 무의식을 어떻게 긍정적으로 바꿀 수 있을까? 내 마음을 바꾸는 것이 쉬운 것 같았는데 무의식에 들어간 기억은 바꾸기가 매우 어렵다고 하니, 우리의 마음은 정말 신비롭다.

6-1 제시문 읽기
: 마음이 건강한 사람이 되려면

여러분도 평소 부모님이나 선생님으로부터 착한 사람, 좋은 사람이 되라는 말을 많이 듣고 자랐지요? 여기 착한 사람이 되려고 너무 노력하다 마음을 다친 한 소년이 있었습니다. 늘 착한 사람이 되라는 말을 듣고 자란 소년은 착한 사람이 되려고 무척 노력했습니다. 늘 다른 사람의 입장을 고려하고 그의 의견을 들어주느라 자신의 의견을 말하지 못했습니다. 소년은 친구들에게 늘 양보했지만, 친구들은 소년에게 양보하지 않았습니다. 그런 일이 반복되면서 말하지 못한 생각과 감정은 무의식에 쌓이게 되었고, 시간이 지나면서 점점 우울해졌습니다. 언제부턴가 내가 참아주었던 친구를 만나면 반갑지가 않았습니다. 이렇게 자신의 감정과 생각을 알아주지 않으면 부작용이 옵니다. 우리가 무의식에 지배당하지 않으려면 어떻게 해야 할까요? 여러분들은 표현하지 못한 감정들이 쌓여 있지 않은가요? 말하지 못하고 쌓아놓은 감정은, 조그마한 일에도 크게 폭발하여, 친구와의 사이를 악화시키기도 합니다.

만날 때마다 내 속을 건드리는 얄미운 친구가 있나요? 늘 양보하고, 하고 싶은 이야기도 못하고 꾹꾹 눌러 참다 보면, 나중에는 그 친구와 닮은 사람도 싫어진다고 합니다. 이제부터 솔직하게 자신의 감정을 표현하는 습관을 가집시다. 처음에는 일기장에 적거나, 친한 친구에게 이야기해 보는 것도 좋습니다. 늘 참으면서 감정을 쌓아두지 말고 건전하게 표현할 수 있는 방법을 알아봅시다. 오늘부터 거울을 보고 자신의 생각이나 감정을 솔직하게 이야기하는 것을 연습해봅시다. 매일 조금씩 노력하여 마음이 건강한 사람이 된다면 친구들과의 관계도 더욱 돈독해질 것입니다.

6-2 생각하기

1) 자신이 착한 사람에 속한다고 생각하는가? 착하다는 말을 들었을 때 어떤 마음이 드는지 생각해 보자.
2) 친구 중에 자신의 의견이나 감정을 똑 부러지게 말하는 친구가 있을 때 그가 어떻게 보이나? 밉게 보이나? 부러울 때도 있나?
3) 일기를 쓰는 방법도 어찌 보면 자유연상법과 비슷한 점이 있는 것 같다. 마음에서 우러나오는 대로 일기를 써 보고, 내 마음에 어떤 것들이 쌓여있는지 알아본다면 나를 더 깊이 이해하는 데 도움이 되지 않을까?
4) 내 속을 건드리는 얄미운 친구가 있으면 이야기해 보고 앞으로는 어떻게 그 친구에게 대처해야 할지에 대해서도 생각해 보자.

6-3 논제 만들기

1) 마음이 건강한 사람이 되기 위해서 우리는 어떻게 행동해야 할까? 솔직히 감정을 털어놓는 사람과 늘 참는 사람의 차이점을 생각해 보고 자신의 경험을 토대로 논술해 보시오.

2) 말하지 못한 감정이 쌓여 있는 것이 있다면 이야기해 보자. 우울이나 분노는 어떻게 나에게 찾아올까? 말하지 못한 감정으로 인해 오는 것은 아닐까? 하고 싶은 말을 다 했을 때 느껴지던 시원함에 대해 이야기해 보고, 자신의 의견을 솔직하게 말하기 위해 어떤 태도를 가져야 할지 논술해 보시오.

6-4 답안 쓰기

예시

　지난번에 친구와 싸우고 나서, 나는 괜찮은 척 다른 친구들과 놀았지만 사실 마음속으로는 계속 친구랑 싸운 일이 생각나서 불편했다. 싸운 친구에게 할 말도 많았다. 그런데 그 싸운 일을 계속 마음에 담아두면 소심해 보일 것 같아서 친구들이 무슨 일이 있냐고 물어봤을 때도 아무것도 아니라고 하고, 싸운 친구가 자기한테 뭐가 기분 나빴냐고 물을 때도 기분이 안 나빴다고 말해 버렸다. 하지만 속으로는 계속 기분이 나빴기 때문에 며칠간 속상해서 공부가 제대로 안 되고 집중할 수가 없었다. 그리고 싸운 친구와도 마주치고 싶지 않아져서 피해 다녔다.
　내가 그때 제대로 말을 했더라면 아마 덜 속상했을 텐데, 그때 아무 말 못 한 것이 계속 무의식에 남아 나를 괴롭히는 것 같다. 솔직히 얘기하고 서로 화해했으면 괜찮았을 텐데 내 감정을 참는 바람에 괜히 친구와 사이가 더 멀어진 것이다. 표현하지 못하는 감정은 자꾸 마음속에 쌓이는 것 같다. 나도 앞으로 내 감정을 더 잘 알아차리고 표현하기 위해 노력할 것이다.

7-1 제시문 읽기

: 꿈의 해석

　여러분은 하늘을 날다 떨어지는 꿈, 누군가 따라와서 도망을 가는데 아무리 달려도 발이 떨어지지 않는 등의 꿈을 꿔 본 적이 있나요? 꿈은 무의식의 메시지를 전하는 통로라고 합니다. 어떤 이는 꿈을 통해 앞일을 알게 되고, 어떤 이는 꿈을 꾸고 산 복권으로 1등에 당첨되었다고도 하는데요. 꿈과 무의식은 어떤 관계가 있으며, 우리는 왜 꿈을 꾸는 것일까요?

프로이트는 『꿈의 해석』이라는 저서의 서문에서 '무의미해 보이는 꿈도 의미가 있다. 꿈을 해석한다는 것은 그 의미를 삶의 언어로 번역하는 것이다'라고 하였습니다. 또한 꿈은 우리가 현실에서 생각하는 것들이 반영된 것이라고 하였습니다. 여러분의 꿈에는 어떤 현실이 반영되고 있는지요?

친구들 앞에서 예쁘고 보이고 싶은 서연이는 자주 예쁜 드레스를 입고 소풍을 가는 꿈을 꾸었습니다. 어느 날 어머니가 서연이가 갖고 싶어 하던 드레스를 사 주셨습니다. 그 이후 서연이는 더 이상 예쁜 드레스를 입고 소풍 가는 꿈을 꾸지 않았습니다. 서연이가 하고 싶은 일을 직접 이루자 더 이상 꿈이 서연이 소원을 이룰 필요가 없어진 것이지요.

여러분은 반복하여 꾸는 꿈이 있나요? 그 꿈의 내용은 어떤 것인가요? 그 내용은 여러분의 일상에 어떤 메시지를 주는 것 같나요? 오늘부터 자신의 꿈에 대해 관심을 가지고 꿈 노트를 적어보세요. 무의식이 꿈을 통해 주는 메시지를 알게 된다면, 현실에서 도움을 받을 수 있지 않을까요?

프로이트는 꿈을 무의식의 메시지라고 정의했고, 분석심리학의 창시자 칼 융은 꿈이 오랜 조상들의 정보뿐 아니라 과거 현재 미래의 모든 정보를 담고 있다고 하였습니다. 홉슨이라는 학자는 꿈은 정신착란과 유사하다고 했으며, 보트만과 크로비츠는 모든 꿈 가운데 반 정도는 전날 있었던 일이라고 있었던 일을 재연하는 것이라고 하였습니다. 스위스의 정신과 의사 메다르트 보스는 꿈은 무의식에서 생겨나는 것이 아니라 꿈꾸는 사람에 의해 정신 속에 주입된 것이라고 하였습니다.

이렇듯 학자들마다 꿈의 정의가 다른 것은, 사람들마다 생각하고 느끼고 경험하는 방식이 다른 때문이겠지요? 이런 다양함 속에서 인류는 발전해 왔고 앞으로도 성장해 갈 것입니다. 여러분은 많은 꿈의 이론 중에서 어느 이론에 끌리는지요? 꿈에 관심을 가지고 공부한다면 후에 자신의 고유한 경험을 바탕으로 꿈에 대한 새로운 이론을 세울 수도 있을 것입니다.

7-2 생각하기

1) 꿈은 무의식의 메시지를 전하는 통로라고 한다. 어떤 이는 꿈을 통해 앞일을 알게 되고, 어떤 이는 꿈을 꾸고 산 복권으로 1등에 당첨되었다고도 하는데 여러분의 꿈과 관련된 이야기는 어떤 것인가 생각하고 이야기 나누어 보자.
2) 프로이트는 꿈을 우리가 현실에서 생각하는 것들이 반영된 것이라고 하였습니다. 여러분의 꿈에는 어떤 현실이 반영되고 있는지 생각해 보자.
3) 당시 정신과에 오는 사람들은 대부분 여자였다. 프로이트는 남자환자를 만나고 싶었는데, 그럴 수 없게 되자, 자신을 분석하게 되었다. 프로이트의 이런 열정 덕분에 '정신분석'이 탄생할 수 있었다. 나는 어떤 분야에 그런 열정과 도전정신이 있는지 살펴보고 친구들과 이야기해 보자.

7-3 논제 만들기

1) 꿈의 분석은 한 사람이 꾼 꿈의 내용을 분석하여서 그 꿈 안에 숨어 있는 걱정과 소망, 불안을 알아내고자 하는 방법이다. 자신이 꾼 꿈 한편의 내용을 적어보고, 나의 꿈은 어떻게 구성되어 있는지 살펴보자.

2) 융은 꿈이 오랜 조상들의 정보, 과거 현재 미래의 모든 정보를 담고 있다고 하였으며, 홉슨은 정신착란과 유사하다고 했다. 보트만과 크로비츠는 꿈 가운데 반 정도는 전날 있었던 일이라고 하였고, 메다르트 보스는 꿈은 무의식에서 생겨나는 것이 아니라 꿈꾸는 사람에 의해 정신 속에 주입된 것이라고 하였다. 나는 꿈을 어떻게 정의하고 싶은가? 자신의 견해를 논술하시오.

3) 꿈의 해석은 한 사람이 꾼 꿈을 분석해서 그 꿈 안에 있는 걱정과 불안, 소망을 알아내는 내용이 담겨 있다. 오늘날은 어떤 방법으로 자신의 꿈을 분석할 수 있을까? 영화 '인셉션'에서는 주인공들이 상대의 꿈속으로 들어가서 상대의 꿈을 바꾸어 놓기도 한다. 내가 해 볼 수 있는 꿈 해석의 방법들에 대해 창의적인 아이디어를 가지고 논술해 보자.

7-4 답안 쓰기

예시 1

얼마 전 꾼 꿈에서, 나는 하늘을 날다가 뚝 떨어져 어느 마을에 도착했는데 우리 반 아이들이 전부 한 마을에 살고 있었다. 마을 가운데에 우리 집이 있었는데 나는 마을이 흔들려 우리 집이 무너져 있지는 않을지 계속 걱정했다. 집에 갔더니 엄마랑 아빠가 집은 괜찮으니 빨리 학원에 가라고 했다. 나는 계속 걱정이 되어 집에 있고 싶었지만, 부모님 말씀에 따라 할 수 없이 학원에 가다가 꿈에서 깼다.

꿈은 아무래도 얼마 전 났던 지진 때문에 집이 무너지지는 않을지, 지진이 또 오지는 않을지, 불안한 마음이 반영된 것 같다. 지진이 났는데도 엄마가 학원에 가라고 해서 굉장히 속상했는데 꿈속에서도 학원에 가기 싫었다. 학원에 가기 싫은 내 마음이 꿈에서도 나타난 것이다. 꿈에 내가 확실히 느낄 수 있는 감정이나 걱정이 깨고 나서도 매우 생생했다. 내 감정들에 대해 더 잘 알아차릴 수 있도록 꿈 분석을 열심히 해봐야겠다.

예시 2

나는 시험 공포증이 있다. 학교에서 시험을 치거나 발표하기 전날에는 꼭 실수해서 많이 틀리는 꿈을 꾼다. 분명히 공부도 많이 하고 연습도 많이 했는데 바보같이 제일 쉬운 것을 틀리는 것이다. 아니면 엉뚱한 대답을 해서 보고 있는 친구들이 전부 웃는 꿈이다. 꿈에서도 내 스스로가 한심하고, 왜 그렇게 쉬운 것을 틀렸나 싶어 울고 싶어진다.

  내가 이런 꿈을 꾸는 이유는 시험을 치는 것이 무섭기 때문일 것이다. 공부를 해도 잘 모르는 부분도 있고 외워도 안 외워지는 부분도 있는데 불안한 마음이 실수하는 꿈으로 나타나는 것 같다. 그런데 꿈을 꾸고 난 직후는 많이 무섭고 불안하지만 시간이 조금 지나고 나면, 훨씬 기분이 나아진다. 신기하게도 진짜 시험에서는 더 잘할 수 있을 것 같은 기분도 든다. 내 무의식이 나에게 실수를 줄이기 위해 미리 공부하라고 경험을 시켜주는 것 같다. 꿈을 분석해보니 정말 재미있었다. 이제 내가 꾸는 꿈을 잘 적어 두었다가 분석해 보고 꿈이 전해 주는 메시지를 알아보아야겠다.

정서 심리학

🔲 들어가기

우리는 생활하면서 기쁨과 행복, 감사 같은 긍정적인 감정이나, 화, 분노, 슬픔, 우울 긴장, 불안 등 부정적인 감정을 느낄 때도 있습니다. 감정은 우리에게 어떤 일을 하는 것일까요? 문화권에 따라 사람들은 감정에 더 잘 반응하고 감정을 충분히 느끼면서 살기도 하고, 어떤 문화권에서는 감정을 무시하고 억압하여 느끼지 않으려고 노력하면서 살기도 합니다. 또 감정의 소용돌이에 휘말려 자신을 스스로 통제하지 못하고 힘들어하면서 살아가기도 합니다. 이렇게 우리 생활에 많은 영향을 주는 감정은 무엇일까요? 감정이 무엇인지에 대해 공부해 봅시다.

1-1 제시문 읽기

: 감정이란 무엇일까요?

감정이란 무엇일까요? 왜 어떤 때는 행복하고 어떤 때는 불행한 느낌이 들까요? 왜 A랑 있으면 행복해지고, B랑 있으면 불안해질까요?

우리는 일상생활을 통해 기쁨과 행복과 같은 긍정적인 감정을 느낄 때도 있고, 슬픔과 분노, 불안과 공포 등과 같은 부정적인 감정을 느낄 때도 있습니다. 매일매일 행복한 감정만 느끼면서 살아간다면 얼마나 좋을까요? 만일 우리가 부정적 감정을 전혀 느끼지 않는다면 어떤 일이 일어날까요? 우리는 더 행복해질까요?

　감정이 생존에 어떤 도움을 주는지 알아보기 위해 쥐를 대상으로 한 실험이 있습니다. 감정을 관장하는 '해마'(뇌의 측두엽에 위치한 기관으로 장기적인 기억과 공간개념, 감정적인 행동을 조절하는 역할을 함)를 제거한 쥐를 고양이 앞에 세워 두었습니다. 평소 같으면 혼비백산해서 달아날 쥐가 어떻게 된 일인지 고양이를 보고도 도망갈 생각을 하지 않았습니다. 쥐는 어떻게 되었을까요? 고양이를 무서워하지 않던 쥐는 결국 살아남지 못했습니다.

　부정적 감정인 '두려움'은 상대를 재빨리 파악해서 힘껏 도망가거나, 빠른 공격으로 위험으로부터 자신의 목숨을 지켜 줍니다. 두려움이라는 부정적 감정이 있기에 인류는 오늘날까지 살아남을 수 있었을 것입니다.

　감정은 우리를 움직이게 하고, 살아가는 데 필요한 정보를 주며, 우리가 목적을 가지고 행동할 때, 올바른 방향을 알려 줍니다. 이렇게 유용한 감정을 잘 활용하려면 어떻게 해야 할까요? 먼저 자신의 감정을 수용하고, 자신의 마음을 조율하는 것이 무엇보다 중요합니다. 오늘부터 일정한 시간 동안 마음을 고요히 하는 연습을 하여 감정이 주는 메시지를 잘 알아차릴 수 있도록 합시다.

1-2 생각하기

1) 생활하면서 기쁨과 행복을 느꼈을 때가 언제였는가? 어떤 일이 있었는지 생각해 보고 기쁨과 행복을 느낄 때의 구체적인 마음을 이야기해 보자.
2) 슬픈 감정이 들었을 때 자신의 감정을 무시하고 아무렇지도 않은 척 한 적이 있었나? 그런 경험을 친구들과 공유해 보자.
3) 여러분은 화가 났을 때 어떻게 행동하는가? 주변의 누군가가 사과하거나 위로

해주어서 화가 풀어진 경험이 있는지 생각해 보자.

4) 감정은 우리가 원하는 곳으로 가게 하는 나침반 같은 것이라고 한다. 여러분은 감정이 올라올 때 왜 그런 감정이 올라오는지 생각해 본 적이 있는가? 이렇게 자신의 감정 밑에 있는 또 다른 감정을 찾아보자.

5) 동생이나 형(누나, 언니) 때문에 속상한 적이 있었나? 구체적으로 어떤 기분이 들었는지 친구들과 이야기해 보자.

6) 시험으로 인해 불안감을 느꼈던 적이 있었는가? 그때 어떤 방법으로 불안을 없애려고 노력하는지 친구들과 이야기해 보자.

1-3 논제 만들기

1) 감정의 주인이 되려면 감정을 잘 다룰 줄 알아야 한다고 한다. 감정에 휘둘리지 않으려면 평소 어떻게 지내야 한다고 생각하는지 창의적으로 생각해 보고 논술하시오.

2) '남 앞에서 감정을 보이는 사람은 약한 사람이야'라고 하는 말을 들어본 적이 있는지, 자신이 생각하는 감정에 약한 사람은 어떤 사람이라고 생각하는지 논술하시오.

3) 우리의 '감정'은 우리가 어떤 방향으로 행동할지 방향을 설정해 준다고 한다. 문득 드는 감정으로 인해 일을 시작한 적이 있거나 그만둔 경험이 있는지 생각해 보고 감정이 자신의 행동에 나침반이 되었던 일을 적어 보자.

4) 주위 사람들의 지나친 기대로 어떤 일을 시작하기가 두려웠던 적이 있었나? 두려운 마음을 극복하는 나만의 방법에는 어떤 것이 있는지 생각해 보고 마음의 부담감이 우리 생활에 미친 영향에 대해 논술해 보시오.

1-4 답안 쓰기

예시 1

　사람은 누구나 감정을 느낀다. 나는 감정을 알기 전에는 최대한 기쁜 감정만 보이려고 했다. 그래서 최대한 화난 감정, 슬픈 감정, 좋지 않은 감정은 안 보이는 것이 좋다고 생각하였다. 그런데 오늘 책을 읽고 나니 슬픈 감정이나 화난 감정, 좋지 않은 감정도 다 우리에게 필요한 것이라는 생각이 들었다. 앞으로는 평소 표현을 잘 안 하고 속에 꼭꼭 담아두었던 감정도 표현해 보아야지, 나도 내 감정을 좀 더 편안하게 말하면서 친구들과도 잘 지내는 사람이 되고 싶다.

예시 2

　우리는 평소에 정말 다양한 감정을 느낀다. 나는 최근에 피아노 대회를 나갔다. 학원에서 연습을 할 때 '내가 왜 이러고 있어야 하는 거지?'라는 생각을 많이 했다. 나는 연습하기 싫은데, 선생님께서는 대회 나가는 김에 상을 타자는 말을 계속하셨다. '내가 피아노를 치는 것은 대회를 나가 상을 타기 위한 것인가? 상을 못 타면 잘못 하는 것인가? 이런 생각이 들었다. 나는 피아노 치는 것을 좋아하지만, 선생님께서 자꾸 상에 대해 이야기하니 피아노를 치고 싶은 마음이 사그라들었다. 선생님은 더 잘하라고 하셨겠지만 결과적으로 피아노를 더 멀리하게 했다. 상에 대한 압박감으로 피아노 치는 것이 점점 부담스러워졌다.

　피아노 대회 당일은 정말 긴장되었다. 너무 긴장해서 멍한 상태로 피아노를 치다가 엄청 틀리고 말았다. 짜증나기도 하고 슬프기도 했다. 어머니께서는 이렇게 실수하는 것도 다 경험이고 추억이라고 하시면서 나를 위로해 주셨다. 어머니의 말씀을 들으면서 짜증나는 감정이 편안하고 안정된 마음으로 바뀌었다. 내가 스스로 마음을 다스릴 수도 있지만 다른 사람이 위로해 주어도 마음이 편해진다는 것을 알게 되었다. 내가 편안한 감정을 가질 수 있도록 배려해 주신 어머니가 감사했다.

예시 3

우리가 느끼는 감정은 다양하다. 어떤 상황에서 감정들이 나오게 되면 한 번에 하나의 감정만 느껴지는 것이 아니고, 여러 가지 감정이 복합적으로 작용하기도 한다. 어떨 때는 기쁘면서도 슬프고, 화가 나면서도 웃음도 나기도 한다. 이렇게 다양한 감정들을 동시에 느낄 수 있다는 점이 참 신기하다.

얼마 전 동생이 내가 아끼는 인형을 엉망으로 만들었다. 나는 굉장히 화가 나고 속상했지만, 동생이 인형에 웃긴 낙서를 해 두어서 그걸 보면서 웃음도 나왔다. 속상하면서도 재미있고 화나면서도 웃음이 나오는 상황이 참으로 신기하기도 하고 낯설기도 하였다.

이렇게 여러 가지 감정을 느끼는 것은 우리가 인간으로 살아가는데 굉장히 중요한 것 같다. 디즈니 영화 '인사이드 아웃'에서 감정들은 서로 싸우기도 하고, 다투기도 하고, 협력도 하면서 주인공이 새 학교에 적응할 수 있도록 돕는다. 내 마음속의 감정들도 가끔 다투기도 하고 또 서로 돕기도 하면서 내가 학교생활에 잘 적응할 수 있도록 돕는 것이라는 생각이 들었다.

예시 4

나는 화가 났을 때 입을 꾹 닫고 아무 말도 안 한다. 저번에 내가 하지도 않은 일로 엄마가 화를 내서 너무 속상하고 슬펐는데, 뭐라 해도 엄마가 들어주지 않을 것 같아서 그냥 방에 들어와 문을 닫고 있었다. 마음속으로는 다시는 엄마를 보고 싶지 않았는데, 엄마가 나중에 와서 미안하다고 사과하자 속상했던 것이 많이 풀렸다.

엄마는 왜 내가 하지 않았다고 말하지 않았냐고 물었다. 사실 엄마 말씀대로 처음부터 내가 안 했다고 말했으면 그렇게 혼나지 않았을 것이다. 내가 속상하거나 억울한 감정을 표현하지 않으면 남이 알아주지 않는다는 것을 깨달았다. 앞으로는 내 감정을 잘 표현해서 억울하지도 속상하지도 않으면서 살고 싶다.

2-1 제시문 읽기
: 감정이 하는 일

감정이란 사람의 마음에서 일어나는 여러 가지 느낌, 또는 감정을 불러일으키는 기분이나 분위기라고 정의할 수 있습니다. 인간이 가진 기본정서(감정)를 폴 에크만 박사는 분노, 혐오, 공포, 기쁨, 슬픔, 놀람 등 6가지로 분류하였습니다. '아이자드'는 흥분과 고뇌, 수치심과 죄책감을 덧붙이기도 하였습니다. 시간이 지날수록 학자들이 정의하는 기본정서는 늘어났습니다. 여기에서는 중요한 몇 가지 정서에 대해서 알아보겠습니다.

분노와 두려움의 역할은 위험을 알려주는 것입니다. 분노나 두려움을 느끼게 되면 심장박동이 빨라지면서 팔과 다리에 피를 빨리 보내게 됩니다. 양손에 피가 몰려서 무기를 주거나 적에게 주먹을 휘두르기 쉬운 상태가 되는 것이지요. 사람이 공포를 느끼게 되면 얼굴이 하얗게 질립니다. 언제라도 도망칠 수 있게 몸의 피가 다리와 같은 골격근으로 전달되기 때문입니다. 너무 공포스러울 때는 순간적으로 몸이 굳어지기도 합니다. '혐오'는 코에 주름이 지면서 윗입술이 뒤틀리는 인상을 갖게 되는데, 이는 고약한 냄새가 들어오지 않도록 콧구멍을 막거나 유해한 음식을 내뱉기 위한 시도입니다. 슬픔은 가까운 사람의 죽음이나 엄청난 실망을 겪을 때 적응하도록 도와줍니다. 슬픔으로 인해 몸의 에너지가 저하할 때 우리는 일에서 잠시 물러서 자신의 생활이나 삶을 돌아봅니다. 슬픔은 안전함을 보장해 주어 다시 일어설 힘을 준다고 하니 어때요, 여러분? 우리가 느끼는 부정적 감정도 모두 소중하지요?

사랑은 긍정적인 감정입니다. 사랑을 느낄 때는 우리 몸의 부교감 신경계가 활성화되어 평온하고 만족스러운 상태가 됩니다. 그래서 어떤 일을 할 때나 주변 사람에게 매우 협조적인 태도를 갖게 된다고 하네요. 행복 역시 긍정적인 감정입니다.

행복감은 몸을 안정되게 하고, 어떤 일이나 목표를 향해 나갈 수 있는 의욕으로 가득 차게 됩니다. 놀람은 최상의 행동을 계획할 수 있도록 해줍니다. 사람이 놀라게 되면 눈썹이 올라가면서 보다 넓은 시야를 확보하여 예기치 못한 상황에 대처할 수 있도록 많은 양의 정보를 수집하여 최상을 행동을 할 수 있도록 도와줍니다.

이렇듯 감정은 인간을 움직이는 바탕입니다. 무언가 결정하거나 행동할 때 감정이 차지하는 비중이 이성에 비해 더 크다고 합니다. 우리를 행동하게 하고, 자신을 조절하고, 타인을 통제하게 하며, 우리의 기억과 사고에 영향을 미치는 감정! 여러분, 이제 감정이 우리의 삶에서 얼마나 중요한지 알게 되었지요? 미래에는 자신의 감정을 잘 다스리는 사람이 훌륭한 리더가 될 수 있다고 합니다. 자신의 감정을 잘 다스리는 사람이 되도록 노력합시다.

2-2 생각 열기

1) 에크만이 정의한 인간이 가진 기본정서 6가지를 알아보고, 그 정서들을 느낀 경험을 구체적으로 이야기해 보자.
2) 분노가 느껴질 때, 여러분은 어떤 행동을 하는가? 주변에서 분노를 과격하게 표현하는 사람을 떠올리거나, 드라마 안에서 분노를 표현하는 방법에 대해 이야기해 보자.
3) 두려움이 들 때 어떻게 행동하는지 자신을 돌아보고, 누군가의 도움으로 두려움을 극복한 경험이 있는지도 생각해 보자.
4) 행복한 감정은 우리가 하는 일을 더 잘할 수 있게 해준다고 하는데, 여러분이 행복한 감정을 느꼈을 때 어떤 일이 잘되었는지 이야기해 보자.
5) 공포를 느꼈을 때 사람들은 얼굴이 하얗게 질린다고 한다. 이는 왜 그런 것인지 알아보고 공포가 주는 이로운 점에 대해 생각해 보자.
6) 슬픔은 우리의 행동과 생각을 후퇴하게 하여 자신이 삶을 돌아보게 하고 쉬

는 동안 다시 힘을 얻어 새로운 일상을 출발할 수 있도록 도와준다고 한다. 슬플 때는 참지 말고 충분히 울어라 는 말이 있는데, 슬플 때 크게 울고 나서 마음이 시원한 경험이 있는지, 슬픔이 주는 좋은 점에 대해 이야기해 보자.

7) 사랑은 긍정적인 감정으로 사랑을 느낄 때 평온하고 만족스러운 상태가 된다고 한다. 어떤 일을 할 때나 주변사람에게도 협조적인 태도를 갖게 된다고 하는데 그런 경험이 있는지 이야기해 보자.

8) 행복감은 몸을 안정되게 하고, 어떤 일이나 목표를 향해 나갈 수 있는 의욕으로 가득 차게 된다고 한다. 어떨 때 행복을 느꼈던 적이 있는지 이야기해 보자.

9) 놀람은 눈썹이 올라가면서 시야가 커지고 정보를 많이 모아서 우리가 가장 최상의 방법으로 나아갈 수 있도록 돕는다고 한다. 놀라는 모습을 한번 연기해 보고 진짜 많은 것들이 보이는지 시험해 보자. 그리고 자신이 가장 놀랐던 경험은 어떤 것이었는지 이야기해 보자.

2-3 논제 만들기

1) 감정이 우리에게 주는 이점은 매우 다양합니다. 긍정적 감정과 부정적 감정이 어떻게 다르게 우리의 생존을 돕는지 알아보고, 건강한 삶을 살기 위해 감정을 느낄 때 어떻게 해야 할지에 대해 창의적으로 생각해 보고 논술하시오.

2) 이성은 감정의 하인이라고 합니다. 이성보다 감정이 더 중요한 이유를 생각해 보고, 자신의 평소 감정과 이성을 어떻게 조율하면서 생활하면 좋을지 글로 써 보자.

3) 우리의 '감정'은 우리가 어떤 방향으로 행동할지 알려주는 나침반의 역할을 한다고 한다. 문득 드는 감정으로 인해 일을 시작하거나 그만둔 경험이 있는지 생각해 보고 감정이 자신의 일에 나침반이 되었던 일을 적어 보자.

4) 감정을 잘 다스리는 방법에 대해 이야기해 보고 일상에서 자신의 감정을 잘 다스린 경험을 통해 감정의 다스림이 우리 생활에 어떤 영향을 미치는지 논술해 보시오.

2-4 답안 쓰기

예시 1

나는 분노를 느끼거나 화가 날 때 매운 음식을 먹는다. 매운 음식을 먹다 보면 기분이 한결 나아진다. 많이 매울수록 땀이 나고 헉헉거리면서 물을 마시게 되고, 점점 화난 것을 잊게 된다.

그러나 사람마다 화를 푸는 방법이 다른 것 같다. 내 짝지는 자기가 잘못해 놓고 옆에 앉은 나에게 화를 내기도 하였다. 나도 같이 화가 났다. 어떤 사람은 지나가는 사람에게 싸움을 걸기도 하고, 다른 사람에게 폭력을 휘둘러 많은 사람이 다치기도 한다. 화가 난 한 사람 때문에 많은 사람들이 위험해지는 걸 보면 매우 안타깝다.

그래서 어른들에게 화를 표현하는 법, 화가 났을 때 말하는 법, 화를 긍정적으로 푸는 법 등을 나라에서 가르쳐 주면 좋겠다. 학교를 졸업한 사람들도 다시 이런 방법들을 배우게 된다면 우리가 좀 더 안전한 세상에서 살 수 있지 않을까 생각이 든다.

예시 2

나는 하루에도 여러 감정을 느낀다. 내가 느끼는 감정들은 다양하고, 나는 그런 감정에 다양하게 반응한다. 긍정적인 반응은 나를 기분 좋게 하고 웃게 만들고, 어떤 일을 더욱 열심히 하게 만든다. 사람은 잘한다고 칭찬을 받으면 기분이 좋아서 더 열심히 하게 되는 것 같다. 그렇지만 못한다고 혼나고, 혼나는 일이 반복되면 속이 상하고, 기분이 우울해진다. 물론, 혼이 난 다음에는 혼나지 않기 위해 열심히 하게 되는 경우도 있지만, 칭찬을 받을 때가 더 열심히 하게 되는 것 같다.

가끔 무서울 때도 있는데 그럴 때 나는 다른 사람과 함께 있고 싶어진다. 밝은 곳으로 가거나, 이불 속에 들어가 안전함을 느끼기도 한다. 이렇게 행동하면 마음이 좀 안정되기 때문이다.

감정은 내게 어떻게 행동해야 좋을지를 저절로 알게 해 주는 것 같다. 앞으로도 감정이 나에게 어떤 행동을 하게 하는지 자세히 살펴보면서 생활해야겠다. 감정 너는 정말 소중한 내 친구야!

3-1 제시문 읽기
: 정서(감정)와 학습(공부)은 어떤 관계가 있을까요?

EQ(emotional quotient)는 감성지수입니다. 감성지수란 자신의 감정을 적절히 조절하여 원만한 인간관계를 구축할 수 있는 '마음의 지능지수'를 뜻합니다. 미국의 심리학자 다니엘 골만이 그의 저서『감성지수(emotional intelligence)』에서 소개했고, 《타임》지가 이 책을 특집으로 소개하면서 'EQ'라는 용어를 처음으로 사용하였습니다(매경시사 용어사전). 자신과 타인의 감정을 이해하고 수용하며 잘 조절하는 능력은 사회를 이루고 살아가야 하는 우리에겐 언제나 중요했지만, 첨단 기술이 발달한 지식 정보화 사회에서는 더욱 필요한 능력입니다.

다음은 어떤 감정 상태에서 더 잘 학습할 수 있을지를 알아본 연구를 소개합니다. 실험은 두 그룹으로 나누어 진행되었고, 미소를 띠는 근육을 움직이게 한 그룹(입술을 양옆으로 벌림)과 화날 때 쓰이는 근육을 움직이게 한 그룹(입술을 삐죽 내밀어 화난 것처럼 만듦)에게 동일한 내용의 영상을 보여준 뒤 내용을 얼마나 잘 기억하는지를 알아보았습니다. 실험 결과 미소를 띤 그룹(미소를 띠게 하는 근육을 움직인 그룹)이 화난 그룹(화났을 때처럼 입술을 쭉 내민 그룹)보다 학습한 것을 더 잘 기억했다고 합니다.

독일 괴팅겐대학교 심리학과 프리드리히 헤세 교수는 얼굴 표정, 감정 상태, 사고

방식, 학습효과는 하나로 연결되어 있다고 하였습니다. 특히 감정은 우리가 선택할 수 있는 여러 가지 중에서 무엇이 중요한지를 알려 준다고 하니. 감정이 알려주는 것을 눈여겨봐야 할 것 같습니다. 이제 공부를 할 때에는 좋아하는 것, 흥미로운 방법을 찾아서 해 보세요, 그러면 더 즐겁고 효과적으로 공부할 수 있을 것입니다. 행복한 감정 상태에서 학습이 잘된다는 실험 결과를 여러분의 공부 방법에 적용해 보기 바랍니다.

3-2 생각하기

1) EQ가 무엇인지 설명하여 보고 주변에서 EQ가 높은 사람은 누가 있는지 살펴보자. 그리고 EQ가 높은 사람이 가진 행동특성을 이야기해 보고, 나에게도 그런 점이 있는지 찾아보자.

2) 감성 지수가 높은 사람이 원만한 인간관계를 맺는 확률이 높다고 한다. 전학을 가거나 이사를 가서 친구들과 친해시기가 힘들었던 경험이 있는시 찾아보자. 친구들과 잘 지내기 위해 어떻게 행동하면 좋을지 이야기해 보자.

3) 어떤 감정 상태에서 공부를 더 잘할 수 있을지에 대한 실험을 자신이 연구자가 되어 다시 한다면 어떤 방법으로 할 수 있을지 생각해 보자.

4) 좋아하는 것, 흥미 있는 것 위주로 공부한다면 공부가 더 잘된다고 한다. 여러분 자신은 무엇을 좋아하는지, 어떤 것을 흥미로워하는지 살펴보고 친구들과 각자 좋아하는 것을 이야기해 보자.

3-3 논제 만들기

1) 정서지수(감정지수)는 자신과 타인의 감정을 이해하고 수용하며 잘 조절하는 능력이라고 한다. 자신과 타인의 감정을 이해하고 수용하기 위해서 우리가 가져

야 할 태도에 대해 창의적으로 생각해 보고 논술하시오.

2) 긍정적인 감정은 학습뿐 아니라 다른 일도 성공적으로 이끌 수 있는 바탕이 된다. 긍정적인 감정을 가지고 학습에 임할 때 공부한 것이 더 잘 기억된다고 한다. 그러나 인간이 살아가는 데는 부정적 감정도 들게 마련이다. 우울하거나 슬픈 일이 있어도 공부를 해야 하는 상황이라면 어떻게 하면 좋을까? 창의적으로 생각하여 글로 써 보자.

3) 우리 반에서 EQ가 높은 친구를 찾아 그의 장점을 알아보고, 나의 행동방식도 분석해 보자. 나의 행동과 EQ가 높은 친구들의 행동방식의 차이를 알아보고, 내가 바꾸어야 할 행동방식에는 어떤 것이 있을지 알아보고 글로 써 보자

3-4 답안 쓰기

예시

내가 만일 심리학자라면 어떤 연구를 할 것인가? 나는 사람들이 어떤 상황에서 공부를 더 잘할 수 있을지에 대해 연구해 보고 싶다. 상상을 통해 실험에 참가할 사람들을 두 집단으로 나누고, 그들에게 어떤 방식을 사용할지에 대해 곰곰이 생각해 보았다. 먼저 두 그룹으로 나눈 지원자 중에서, 한 그룹은 가만히 앉아서 혼자 집중해서 공부하게 하고, 다른 그룹은 서로 격려하며 공부하게 하는 것이다. 격려하는 그룹은 서로 문제를 맞힐 때마다 '잘했어, 다음 문제도 잘할 수 있을 거야.' 하고 말해 주어야 하고, 문제를 틀릴 때는 '괜찮아, 다음 문제는 맞힐 수 있어.'라고 말해야 한다.

어느 팀이 성적이 더 높게 나올까? 내 생각에는 격려하는 그룹이 높게 나올 것 같다. 친구들과 수다를 떤다고 공부를 못 하는 상황이 발생하지만 않으면, 혼자 공부하는 그룹보다 서로 격려해 가면서 공부하는 그룹이 성적이 더 높게 나올 것 같다.

칭찬과 격려를 통해 공부하다 보면, 공부가 힘이 나고 즐거워지면서 성적도 같이 오를 것이다. 또 친구들과도 더 친해져서 학교에 오는 것이 더욱 즐거워질 것이다.

오늘부터 친구와 둘이서 격려하면서 공부하자고 말해 봐야겠다. 지금부터 시작한다면 기말고사 성적이 많이 오르지 않을까? 상상만 해도 재미있다. 심리학은 참 재미있는 연구를 할 수 있는 학문이라는 것을 알았다.

4-1 제시문 읽기
: 내 안에 잠들어 있는 '정서지능' 높이기

정서지능(감성지수)=EQ(emotion Quotient)란 자신과 타인의 감정을 이해하고 수용하며 잘 조절하는 능력입니다. 즉, 본인이 경험하는 감정에 압도되지 않고 스스로가 주인이 되어 감정을 잘 다스리고 활용하는 능력이라고 볼 수 있습니다. 정서지능을 자세히 알아보면 첫째, 자기가 느끼는 감정을 잘 알아차리는 능력. 둘째, 자신의 감정을 잘 조절하며 표현하는 능력. 셋째, 어떤 일을 지금 당장 하고 싶지만 참을 수 있는 능력. 넷째, 다른 사람의 감정을 잘 알고 이해하는 능력. 다섯째, 다른 사람과 친하게 지낼 수 있는 능력이라고 합니다.

감정은 우리가 살아가면서 만나는 중요한 순간에 안내자 역할을 한다고 합니다. 긍정적인 감정이 들면 사람들은 더욱 활발하고 탐색적으로 활동하게 됩니다. 부정적인 감정도 우리가 살아가면서 만날 수 있는 위험을 예고한다고 합니다. 위험을 전혀 예상하지 못할 때 갑자기 두려운 감정이 든다면 잠시 멈추어 안전을 생각해 봐야 합니다. 이렇듯 감정은 우리가 살아가는 데, 그리고 생명을 지키는 데 큰 도움을 줍니다.

그러나 평소 감정에 민감하지 못하거나 감정을 무시하는 사람은, 감정이 주는 메시지를 혼동하거나, 감정을 조절하지 못해 큰 사고를 당하기도 합니다. 우리가 느끼는 감정이 행복이나 건강과도 밀접하게 연결되어 있는 것이지요. 이렇게 중요한 감정, 이제 여러분도 평소에 자신의 감정에 관심을 가지고, 감정을 잘 알아차리고, 감정이 무슨 말을 하고 싶은지 귀 기울여 보시기 바랍니다. 그럼 어떻게 해야 감정이 주는 메시지를 잘 알아차릴 수 있을까요?

매일 조용히 자신을 돌아보는 시간을 가지면 자신의 감정이 하는 이야기를 잘 들을 수 있다고 합니다. 다른 사람의 감정을 이해하려고 노력하며, 매사에 호기심을 갖고, 공부(일)와 쉬는 시간(휴식 시간)의 균형을 맞출 줄 아는 사람, 매일 명상하기를 습관화하는 사람이 된다면, 몸도 마음도 건강한 정서지능이 높은 사람이 될 것입니다.

4-2 생각하기

1) 정서지능 EQ는 자신과 타인의 감정을 이해하고 수용하며 잘 조절하는 능력이라고 한다. 자신의 감정을 잘 이해하고 조율하여 행동한 경험을 찾아보고 이야기 나누어 보자.
2) 감정지수가 높다는 것은 본인이 경험하는 감정에 압도되지 않고 스스로가 주인이 되어 감정을 잘 다스릴 수 있다는 것이다. 그러나 우리 대부분은 자신의 감정을 다스리는 역량이 부족하다. 본인의 경험 중 감정에 압도되어 어떤 일을 그르치거나 실수한 적이 있는지 찾아보고 이야기 나누어 보자.
3) 정서지능의 다섯 가지 능력을 알아보고 자신에게 부족한 부분은 무엇인지 살펴보면서 이야기 나누어 보자.
4) 정서지능이 높은 사람들의 특징을 알아보고, 자신의 정서지능을 높이기 위해 할 수 있는 방법을 찾아보자.

4-3 논제 만들기

1) 삶의 중요한 순간 감정은 안내자 역할을 한다고 한다. 긍정적인 감정 상태에서 인간은 더욱 능동적이고 탐색적으로 활동하게 되며, 부정적인 감정 역시 예상치 못한 위험을 예고하기도 한다. 이런 상황을 경험한 예를 적고 위험에서 벗어난 경험을 통해 어떤 교훈을 얻었는지 논술해 보시오.

2) 정서지능이 뛰어난 사람들은 매일 조용히 자신을 돌아보는 시간을 갖는다고 한다. 다른 사람의 감정을 이해하려고 노력하고, 느긋하게 행동하며, 매사에 호기심을 갖고, 공부(일)와 쉬는 시간(휴식 시간)의 균형을 맞출 줄 아는 사람이라고 하는데 자신은 이중 어떤 항목을 실천하고 있는지 생각해 보고, 정서지능을 높일 수 있는 창의적인 방법을 찾아 논술하시오.

4-4 답안 쓰기

예시 1

IQ에 대해서만 알았지 정서지능에 대해서는 잘 알지 못했는데 이 글을 읽고 나의 정서지능은 어느 정도일까 하는 궁금증이 들었다. IQ와 EQ의 차이를 정확히 몰랐는데 글에 따르면 IQ는 공부 잘하는 친구, EQ는 친구가 많은 친구를 이야기하는 것 같다. 나는 공부를 잘하는 친구도 좋지만, 성격이 좋아 주변에 친구가 많은 아이가 더 부럽고, 나도 그렇게 되고 싶다고 생각했다.

예시 2

우리 반에 공부는 잘하지만 늘 혼자서 노는 친구가 있다. 그 친구는 누가 뭘 물어보면 너무 잘난 척을 많이 한다. 친절하게 가르쳐 주기보다는 물어보는 사람의 기분을 상하게 한다. "너는 이런 것도 모르니?", "이런 것도 모르면서 어떻게 점수를 잘 받겠니?" 하는 이야기를 아무렇지도 않게 한다. 한두 번 그런 경험을 한 아이들은 더 이상 그 친구에게 다가가지 않게 되었다. 그 친구가 조금만 더 친절하게 행동한다면 진짜 멋진 친구가 될 것 같은데, 아직 그 친구는 자신을 바꿀 필요를 못 느끼는 것 같다.

정서지능을 높이는 것은 대단히 중요한 일인 것 같다. 나의 경우에는 다섯 가지 정서지능 중에서 느긋하게 행동하는 부분이 부족한 것 같다. 항상 행동이 먼저 앞서나가 일을 망치는 경우가 있기 때문이다. 그리고 공부와 휴식시간의 균형을 맞추는 부분도 잘 안 된다. 정서지능을 높이기 위해 오늘부터 열심히 노력할 것이다.

5-1 제시문 읽기
: 감정이란 무엇일까요?

감정은 꼭 필요한 것일까요? 생활하다 보면 어떤 때 차라리 감정을 느끼지 않거나 감정이 없다면 더 좋을 것 같다는 생각이 들기도 합니다. 나이가 어릴수록 감정 표현은 단순합니다. 아기들은 불편할 때 울고, 기분 좋을 때 웃음으로서 자신의 감정을 표현하지만, 아이가 커가면서 감정은 점점 더 세분화되고 복잡해집니다. 기분 좋은 감정이나 기분 나쁜 감정을 더 자세하게 구분하여 표현하게 되는 것이지요. 특히 사춘기 때에는 특히 감정이 휘몰아쳐 오는 시기여서, 전에는 느껴보지 못한 복잡하고 오묘한 감정을 만날 수도 있을 것입니다.

우리는 자신이 원하는 것을 가질 수 있을 때 기분 좋은 감정을 느끼게 되고, 자신이 원하는 것을 가질 수 없을 때 기분 나쁜 감정을 느끼게 됩니다. 기분 좋은(유쾌한) 감정을 자주 느끼면 면역력이 증가되어 몸과 마음이 더욱 건강해지고, 기분 나쁜(불쾌한) 감정을 자주 느끼면 스트레스로 인해 몸이 아프기도 하고, 여러 가지 부작용이 오기도 합니다. 그러나 기분 좋은 감정을 물론이고 기분 나쁜 감정조차도 우리가 살아가는 데 반드시 필요한 것이기에, 어떤 감정이 들더라도 있는 그대로 받아들이는 것이 좋습니다. 이것을 다른 말로 하면 감정을 수용하는 것이라고 합니다. 우리에게 일어나는 모든 감정이 우리에게 도움이 된다고 생각하면, 감정을 수용하는 일이 훨씬 쉬워지겠지요?

이제 감정이 무엇인지, 감정이 어떤 일을 하는지, 잘 알게 되었나요? 우리가 아는 것이 많아지고 더 잘 이해할수록 우리는 성장하게 될 것입니다. 감정에 대해 더 잘 알게 될수록 감정을 더 잘 활용할 수 있게 된다고 합니다. 감정이 주는 고마운 정보를 잘 활용하여 행복하고 건강한 사람이 되기를 바랍니다.

5-2 생각하기

1) 감정이 없는 사람들이 존재한다고 생각하면 어떤 일들이 벌어질까? 감정이 없는 사람들이 모여 사는 모습은 어떨까?
2) 감정은 어떤 자극을 받았을 때나, 개인의 욕구와 관련해서 일어난다고 한다. 자신에게 가장 자주 일어나는 감정은 어떤 감정인지 이야기해 보자.
3) 슬픈 감정이 들었을 때 자신의 감정을 무시하고 아무렇지도 않은 척한 적이 있었는지 이야기해 보자.
4) 화가 나거나 슬펐을 때 그런 감정으로 인해 몸이 아프거나 불편한 적이 있었는지 생각해 보고 건강과 감정의 관계에 대해서 생각해 보자.
5) 친구가 부정적 감정(분노, 슬픔, 화, 우울)으로 힘들어할 때 위로해 준 경험이 있나? 그때 친구의 반응을 기억해보고, 위로와 같은 따뜻한 감정이 우리의 행복감에 미치는 영향을 이야기해 보자.
6) 나의 생존에 가장 도움이 되었던 감정은 어떤 것일까? 내가 평소 자주 느끼는 감정들이 어떤 이유에서 그렇게 자주 느끼게 되었을지 생각해 보자.

5-3 논제 만들기

1) 오랫동안 좋아한 친구가 다른 친구와 더 친하게 지낼 때 섭섭했던 경험이 있는가? 그런 경험이 있다면 그때의 감정을 생각하면서 글로 써 보자.

2) 감정은 일어나는 즉시 특정 행동을 하게 만드는 특징이 있다고 한다. 자신에게 잘 일어나는 감정과 특정 행동에는 어떤 것이 있는지 생각해 보고 왜 그런 행동이 반복되는지에 대해 나름의 이유를 찾아서 논술하시오.

3) 여러분이 느꼈던 '기분 좋은 감정', '기분 나쁜 감정'에는 어떤 것이 있으며, 그 감정을 느끼도록 했던 각각의 사건을 돌아보고, 자신에 대해 보다 심층적으로 이해할 수 있도록 자신의 감정이 하는 이야기를 글로 적어 보자.

5-4 답안 쓰기

예시 1

우리 학년 O반에 나랑 사이가 좋지 않는 친구가 있는데, 그 친구와 최근 크게 싸운 적이 있다. 처음에는 그 친구의 행동을 최대한 참았는데 더 이상 참을 수 없어서 나도 크게 화를 냈다. 참다 참다 폭발한 것이다. 그 후에도 한동안 말싸움을 했고 그러다가 사이가 더욱 멀어졌다. 그 친구가 잘못한 것도 분명 있고, 나로 화를 많이 낸 부분이 있지만 시간이 지날수록 모든 게 내 잘못인 것 같았다. 그런데 오늘 감정에 대한 내용을 읽으면서 생각이 바뀌었다. 이제 그 친구에게 내 감정을 솔직히 말하고 화해해야겠다. 화내지 않고 내 감정을 말하는 방법에 대해 생각해 보고 오늘 집에 가서 거울을 보고 연습을 한 뒤 친구에게 이야기해 봐야겠다. 친구야, 우리 다시 친하게 지내자.

예시 2

나는 어릴 때부터 힘들거나 속상할 때가 많았다. 엄마한테 꾸중을 들었을 때, 친구와 싸웠을 때마다 화가 나고 분했지만, 감정을 표현했던 것이 잘못된 일이라고 생각해서 참기만 했다. 그런데 오늘 감정에 대해 글쓰기 공부를 하고 나서, 누구나 화가 나고 짜증이 날 때가 있다는 것을 알게 되었다.

짜증이나 화가 났을 때, 감정을 숨기는 것만이 좋은 방법이 아니라는 것을 알고 나서, 화난 감정을 어떻게 표현할 수 있을지에 대해 생각해 보았다. 감정을 표현할 때에는 그 감정을 잘 조절하는 것이 좋다는 것을 알게 되었다. 화나고 힘든 감정을 누구에게도 이야기하지 않고 매번 참다 보면, 어느 날 감정이 폭발하게 된다. 내가 어떤 감정을 느끼는지 알아차리고, 감정을 잘 조절하면서 내 의견을 전달하는 방법을 연습해야겠다. 이제부터 상대의 마음을 헤아릴 줄 아는 따뜻한 사람이 되기 위해 노력할 것이다.

예시 3

나와 가장 친했던 친구가 5학년이 되자 다른 반이 되어서 멀어졌다. 처음에는 그래도 학교 마친 뒤에 만나 같이 놀았는데 서로 점점 다른 친구가 생겼고, 그 친구가 같은 학원에 다니는 다른 애랑 엄청 친해지는 바람에 이제는 복도에서 만나 인사만 하는 사이가 되었다. 나는 아직도 잘 지내고 싶은 마음이 있는데 친구를 볼 때마다 조금 섭섭하고, 아쉽기도 하고, 어쩔 수 없다는 생각도 든다. 그리고 그 친구랑 같이 놀던 생각이 나면 즐거우면서도 슬퍼질 때가 있다. 내가 친구랑 놀고 싶은 욕구가 충족되지 못해 생기는 감정인 거 같다. 이제 내가 느끼는 감정을 잘 조절해서 친구에게 전달할 방법을 찾아보고 싶다.

예시 4

내가 느꼈던 가장 기분 좋은 감정은 내가 정말 갖고 싶었던 것을 엄마가 사주셨을 때이다. 갖고 싶은데 도저히 살 수 없어서 포기하고 있었는데 엄마가 공부를 열심히 하라며 선물로 사주셨을 때 나는 너무 기쁘고 행복하여 날아갈 것만 같았다.

내가 느꼈던 가장 기분 나쁜 감정은 내 물건을 누가 건드려서 다 엉망으로 만들어 놓았을 때이다. 엉망으로 더럽혀진 물건을 보면서 정말 속상하고 기분 나빴다. 누가 했는지 찾아내서 따지고 싶었는데 누구인지 알 수 없어서 그렇게 할 수도 없었다. 지금 생각해도 화가 난다.

이렇게 나의 감정을 돌이켜 보니 내가 정말 여러 가지 감정을 느끼고 있구나, 하는 생각이 들어 신기하다. 앞으로도 내가 어떤 감정을 느끼는지 스스로를 돌아봐야겠다는 생각이 든다.

6-1 제시문 읽기
: 감정과 이성 중 어느 것이 더 중요할까?

예로부터 우리나라 사람들은 얼굴에 감정을 잘 드러내지 않는 것을 미덕으로 삼았습니다. 감정표현을 많이 하는 사람을 경망스럽다고 여겨서, 감정을 표현하지 못하고 억압하는 일이 잦았습니다. 사람들은 슬픔이나 분노의 감정을 느낄 때 자연스럽게 표현하기보다는, 아무렇지도 않은 척 자신의 감정을 참고 억눌렀습니다. 겉으로 감정이 표현되지 않고, 차분하고 이성적으로 행동하는 사람이 더 훌륭하다고 생각했습니다.

그러나 감정은 우리들이 주어진 환경에서 살아나가고 적응할 수 있도록 돕는 것으로, 불안이나 두려움은 닥쳐올 위험에서 자신을 보호하고, 분노는 효과적으로 달아나거나 공격할 수 있도록 해주었습니다. 아기들의 귀여운 모습은 엄마나 주변 어른으로부터 애정과 사랑을 이끌어 내어 적절한 돌봄을 받도록 했습니다.

어떤 감정이 강하게 느껴질 때에는, 차분하게 생각할 수 있는 이성의 역할이 잠시 멈춘다고 합니다. 강한 감정이 느껴질수록 우리 몸은 크게 반응하기에, 생명에 위기가 닥친 것으로 파악되면, 뇌가 생각을 잠시 멈추도록 지시합니다. 여러분은 너

너무 화가 났을 때 주변에서 하는 이야기가 하나도 들리지 않는 경험을 해본 적이 있나요? 아주 화가 났거나, 정말 기뻤을 때 "아무 생각도 안 났어. 생각이 멈춘 것 같았어."라고 하는 것은, 우리의 뇌가 생각을 잠시 멈추게 지시한 것이랍니다. 몸이 빨리 반응하도록 하기 위해… 그리하여 생존에 더욱 도움이 되기 위해….

"저 사람은 참 이성적이야."라고 할 때, 그는 감정에 휘둘려서 할 말을 잊어버리지 않는 사람을 말합니다. 아무리 화가 나도 자신의 말을 한마디도 빠뜨리지 않고 또박또박 하는 친구를 본 적이 있나요? 그런 사람을 우리는 이성적이라고 합니다. 이렇게 감정의 홍수에 빠지지 않고, 합리적이고 이성적으로 대처할 수 있으려면 어떻게 해야 할까요? 평소 자신의 감정을 잘 알아차리고, 수용한다면 감정의 폭풍우에 휘말리는 일이 줄어든다고 합니다.

인지심리학에서는 이성은 감정의 시녀라고 합니다. 감정의 평온 안에서 이성이 잘 활동할 수 있다는 말이지요. 옛 어른들은 공부는 쌓아가는 것이 아니고 비워내는 것이라고 하였습니다. 지식을 쌓는 것도 중요하지만, 마음을 비워 평안함을 얻는다면, 더 큰 일을 해낼 수 있을 것입니다.

6-2 생각하기

1) 사람들은 슬픔이나 분노 등 부정적 감정은 억누르는 것이 좋다고 생각합니다. 감정을 억눌러 본 경험에 대해 친구들과 이야기 나누어 보자.
2) 감정을 억눌러서 참고 또 참다 보면 어느 날부터인가 감정이 잘 느껴지지 않을 때가 있다고 한다. 감정을 느낄 수 없다면 어떤 일이 일어날지 상상해 보자.
3) 화가 잔뜩 나거나 심하게 불안하면 이성적으로 생각하지 못한다고 한다. 심한 불안을 느끼는 중에 시험지를 받으면 공부한 것이 하나도 생각이 나지 않는 경우도 이에 속한다고 볼 수 있다. 이런 경험을 해 본 적이 있는지 생각해 보

고 친구들과 이야기해 보자.
4) 왠지 모를 두려운 감정이 들 때가 있었나? 그랬을 때 어떻게 행동했는지 이야기해 보자.

6-3 논제 만들기

1) "남자는 눈물을 보이면 안된다.", "그만 울어라. 자꾸 울면 호랑이가 물어간단다."는 말들은 슬픈 감정을 표현하지 않는 것이 더 좋다고 하는 말이다. 이렇게 감정을 표현하지 않는 게 더 좋다고 생각하는 문화는 왜 생겼을까? 이런 문화에 대한 여러분의 생각은 어떤지 논술해 보시오.

2) 동양이 감정을 많이 참는 문화권이라면 서양은 감정을 많이 표현하는 문화이다. 외국 사람들의 감정표현과 우리나라 사람들의 감정표현의 다른 점과 공통점을 생각해 보고 창의적인 방법으로 논술하시오.

3) 어린 아기들을 보고 있으면 입가에 미소가 절로 떠오르는 경험을 한번쯤 했을 것이다. 그건 아기 고양이나 강아지도 마찬가지인 것 같다. 어린 동물이 유독 귀여운 것은 젖을 먹고 사는 포유류는 귀엽고 순수한 이미지를 가져야 살아남는 데 도움이 된다고 한다. 여러분은 자신이 원하는 것을 얻기 위해 어떤 표정을 많이 짓는가? 자신이 생활 속에서 많이 사용하는 감정을 생각해 보고 창의적인 글쓰기를 해 보자.

6-4 답안 쓰기

예시1
나는 동생에게 화를 너무나 많이 내는 것 같다. 아마 화내는 감정이 동생과 나

사이에서 나한테 유리하게 작용했을 것이라 생각이 든다. 내가 화를 내면 동생은 겁이 나서 내가 하자는 대로 하게 되고, 나는 화를 냄으로써 동생을 내 마음대로 할 수 있었기에 지금은 그리 심각하지 않은 상황에서도 버럭버럭 화를 낸다.

이제부터 화를 내지 않고도 내 의사를 전달할 수 있는 방법을 찾아봐야겠다. 동생에게 화를 내는 것을 자제하려고 노력해야겠다. 나는 늘 이성이 감정보다 중요하다고 생각했는데, 이 글을 접한 후 감정이 이성보다 덜 중요한 것이 아니고, 감정도 매우 중요하다는 것을 알게 되었다.

예시 2

감정표현을 하는 것은 나쁜 것이 아니란다. 나는 그렇게 힘들었는데 왜 우리 엄마는 그걸 모르셨을까? 나는 엄마한테 늘 혼났다. 내가 울면 엄마가 뭘 잘했는데 우냐고 했고, 울지 않고 있으면 너는 그렇게 또랑또랑 쳐다보는 것 보니 잘못했다는 생각을 하긴 하는 거냐고 화를 내셨다. 나는 그냥 서러워서 눈물이 났을 뿐인데, 내 감정을 솔직하게 표현한 것뿐인데, 엄마는 늘 모든 책임을 나에게 물었다. 이제 감정에 대해 알게 된 것을 엄마께 얘기하고 싶다. 지금이라도 내 감정을 받아들여 달라고, 그래서 억울했던 내 마음이 풀어질 수 있도록….

감정은 주변 사람들에게 피해가 가지 않는 범위에서 자유롭게 표현할 수 있어야 한다. 감정을 자연스럽게 표현하는 것은, 건강한 생활에서도 매우 중요하다. 마음이 울지 못하면 몸이 아프다고 한다. 자연스러운 감정표현을 통해 따뜻하고 건강한 마음을 가진 사람이 되었으면 좋겠다.

7-1 제시문 읽기
: 감정의 경고

불안한 감정이 강력하게 올라올 때, 불같이 화가 날 때 우리는 하던 일을 멈추게 됩니다. 도저히 감정이 제어되지 않기 때문이지요. 원인을 알 수 없는 불안한 감정이 올라오면 우리 몸은 만일의 사태에 대비하는 준비를 합니다. 위급한 일이 발생했을 때 사람들이 본능적으로 행동하는 것은, 이성은 억제되고 감정이 전면에 올라오기 때문이지요. 감정은 순식간에 우리가 생존을 위해 취해야 할 행동을 하게 만듭니다.

불길한 예감은 틀린 적이 없다고 합니다. 이륙 직전의 비행기에 내린 승객이 아슬아슬하게 사고를 면한 경우도 있습니다. 그가 타지 않은 비행기는 이륙한 지 한 시간 만에 실종되었습니다. 왠지 불안한 예감이 그 사람을 살린 것입니다. 온 가족이 피서를 갔다가 목숨을 잃을 뻔한 경우도 있습니다. 계곡에 텐트를 치고 자다가 불길한 예감에 텐트에서 나왔는데, 갑자기 불어난 물로 주변 사람들이 휩쓸려 가 버린 경우도 있습니다. 감정은 이처럼 끔찍한 일을 피할 수 있게도 합니다. 두려움이라는 감정이 위험 신호를 보낼 때, 우리는 그 자리에 멈춰 서기도 하고, 그 자리를 벗어나기도 합니다. 불길함과 두려움은 우리를 위험에서 구해주는 고마운 감정입니다.

7-2 생각하기

1) 자신도 이해하지 못하는 감정이 문득 든 경험이 있나? 그 감정은 여러분 삶에 어떤 도움을 준 것 같은지 이야기해 보자.
2) 감정은 인간이 행동을 향해 나아갈 수 있도록 목표를 설정하게 해 준다. 감정이 단초가 되어 어떤 일을 이룬 경험이 있는지 생각해 보자.
3) 두려움이라는 감정은 위험 신호를 보내는 것이라고 한다. 여러분은 어떤 때 두려운 감정이 드는지 알아보고, 반복되는 두려운 감정은 어떤 경험이 반복되어 나타나는지 생각해 보자.

7-3 논제 만들기

1) 감정이 필요한 이유, 감정이 우리 삶에서 어떤 역할을 하는지 어떤 도움이 되는지에 대해 생활에서 경험한 일을 바탕으로 글을 써 보시오.

2) 기쁘고 즐거운 감정이 올라올 때의 신체 반응은 어떤가? 괴롭고, 우울하고, 슬픈 감정, 즉 부정적 감정이 올라올 때의 신체 반응은 어떤가? 상이한 두 부류의 감정에 대해 각각 달랐던 신체 반응을 경험한 내용을 예를 들어서 적고 이에 대한 자신의 생각을 논술하시오.

3) 문득 드는 불안한 예감으로 끔찍한 일을 피할 수 있었던 경험에 대해 이야기해 보고, 감정이 우리의 생존에 미치는 영향에 대해 논술하시오.

7-4 답안 쓰기

예시 1

작년 여름에 청도에서 계곡에 놀고 있는데 비가 많이 왔다. 일요일 저녁에 집으로 갈까 말까 망설였었는데 비가 너무 많이 쏟아져서 두려운 마음이 들어 포기하고 남아 있었다. 그런데 아침에 일어나서 보니 저녁부터 아침까지 온 비에 물살이 심해져서 무리하게 건넜더라면 큰일 날 뻔했다는 생각이 들었다. 저녁에 나갔다면 물살에 휩쓸려서 무사하지 못했을 수도 있었겠다 싶었다. 나의 경험도 책에서처럼 두려운 감정 덕분에 무사했던 것 같다. 감정은 아주 유용한 것이구나.

예시 2

어릴 때 집에서 놀다가 어쩐지 이상한 느낌에 아파트 밑으로 내려간 적이 있다.

급하게 나가서 아파트 위를 올려다보니 위층에서 연기가 나고 있었다. 어느 집에선가 불이 난 것이다. 불은 금방 꺼졌지만, 나는 눈 깜짝할 새에 집에서 탈출한 나에게 진심으로 감탄했다. 내가 모르는 사이에 연기 냄새를 맡은 것인지 아니면 그냥 두려운 감정에 본능적으로 도망쳐야겠다고 생각했던 것인지는 정확히 모르겠지만 아주 신기한 경험이었다. 만약 내가 나를 믿지 않고 그 느낌을 무시했더라면 더 안 좋은 일이 생겼을 수도 있었기 때문이다. 감정이 위험 신호를 보내 주는 것을 알아차리는 것은 우리 생존에 꼭 필요한 일이라는 생각이 들었다. 감정을 느낄 수 있다는 것은 정말 고마운 일이라는 것을 알았다.

『프로이트의 의자』, 정도언 저, 서울: 웅진지식하우스, 2009.

『프로이트의 환자들』, 김서영 저, 서울: 프로네시스. 2010.

『심리치료에서 정서를 어떻게 다룰 것인가』, Leslie S. Greenberg & Sandra. C. Paivio 저, 이흥표 역, 서울: 학지사, 2008.

『정서심리학』, 김경희 저, 서울: 박영사, 2004.

『아들러 심리학 입문』, 알프레드 아들러 저, 김문성 역, 서울: 스타북스, 2014.

『분석심리학 이야기』, 이부영 저, 서울: 집문당, 2014.

참고 사이트

매경 시사 용어 사전
http://100.daum.net/encyclopedia/view/31XXXXX19106

- 인생을 바꾸는 자기 혁명 몰입

- 성공한 리더는 독서가다

- 불타는 투혼

- 흔적

- 예술과 상상력

- 한복 입은 남자

- 선시 깨달음을 읽는다

- 비유는 나의 힘

- 몽유도원

- 워털루 전투

- 다빈치가 그린 생각의 연금술

- 남자의 물건

Ⅱ. 중등

인문학 논술

인생을 바꾸는 자기 혁명 몰입

황농문 지음 / 알에이치코리아

1. 들어가기

요즘 교육에서 중요한 것이 창의성이라고 한다. 창의성을 강조하면서도 어떻게 해야 창의성을 발달시킬 수 있는지 실질적인 정보를 찾기 힘들다. 이 책은 창의성을 개발할 수 있는 학습법을 소개하고 있다. 그것은 몰입(沒入)을 통한 수많은 실패를 통한 과정에서 온다고 말한다. 여기서 몰입이 갖는 의미는 중요하다. 천재적인 과학자들이 위대한 업적을 성취한 데는 몰입적 사고가 작용했다. 타고난 지적 재능이 아니라는 것이다. 수많은 실패를 극복하고 성공적인 결과를 도출한 직접 원인은 바로 몰입이다. 그렇다면 책의 제목이기도 한 '몰입'은 무엇인가? 칙센트미하이는 "몰입은 의식 경험으로 꽉 차 있는 상태다. 이때 각각의 경험은 서로 조화를 이룬다. 느끼는 것, 바라는 것, 생각하는 것이 하나로 어우러지는 것이다"라고 말한다.

그렇다면 몰입은 어떻게 이루어지는가? 칙센트미하이는 삶이 고조되는 순간, 마치 자유롭게 하늘을 날아가는 듯한 느낌이거나 물 흐르는 것처럼 편안하고 자연스럽게 행동이 나오는 상태에서 몰입이 이루어진다는 것이다. 그는 삶을 훌륭하게 가꾸어 주는 것은 행복감이 아니라 깊이 빠져드는 몰입이라고 단언한다. 몰입에 뒤이어 행복감이 온다는 것이다. 중요한 것은 몰입은 일과 놀이가 하나가 되는 물아일체(物我一體)의 느낌을 받는다. 주어진 과제의 난이도와 자신의 실력에 따라 달라지는 심리상태는 몰입이론을 설명하는 핵심이다. '무관심'은 과제의 난이도도 낮고, 실력도 낮을 때 나타나는 심리상태. '몰입'은 개인의 실력이 높고 과제의 난이도가 상승하면 자신감이 구축되면서 생기는 심리상태다. 자신이 어떤 심리상태에 있는지 알면 몰입으로 가는 길을 파악하기 쉽다는 것이다.

2. 제시문 읽기

먼저 창의적인 노력을 어떻게 정의해야 하는가? 어떤 사람이 아무도 해결책이나 아이디어를 구하지 못한 문제를 해결했다면 그 사람은 창의적이고 창의적인 노력을 했다고 할 수 있다. 그런데 문제의 난이도를 조금 높이자 동일한 사람이 그 문제를 해결하지 못했다. 동일한 사람인데도 창의적인 결과가 나오지 않은 것이다. 그렇다면 이번에는 창의적인 노력을 하지 않았다는 것인가? 아인슈타인은 몇 달이고, 몇 년이고 생각하고, 생각하는데 그러한 과정에서 99번은 틀리고 100번째가 되어서야 비로소 맞는 답을 얻었다고 하였다. 그런데 99번 틀린 경우는 창의적인 노력을 한 것이 아니고 100번째 맞는 답을 얻어냈을 때만 창의적인 노력을 한 것이라고 보아야 하는가? 분명한 것은 결과만 가지고 창의적인 노력을 구분 짓는 것은 잘못이라는 것이다. 즉, '창의적인 노력은 처음에는 해결책을 모르는 상태에서 출발하여 해결책을 얻으려고 노력하는 활동'이다. 문제가 해결되지 않은 경우라도 그 활동은 개인의 창의적인 노력이라고 보아야 한다.

3. 생각하기

1) 창의적인 노력의 정의는 무엇인가?
2) 아인슈타인이 창의적인 노력을 한 것은 무엇인가?
3) 결과만으로 창의적인 노력을 구분 짓는 것의 잘못은 무엇인가?
4) 오늘날 정보화 시대에 개인의 창의적인 노력이 중요한 이유는 무엇인가?

4. 논제 만들기

제시문은 '창의적 노력'에 대한 내용을 다루고 있다. 이를 바탕으로 창의적인 노력의 정의를 제시하고, 개인의 창의적인 노력의 기준으로 우리나라 지폐에 도안된 인물들에 대한 평가와 그에 대한 자신의 생각을 논술하시오. (1,300자 내외)

5. 답안 쓰기

창의적인 노력은 처음에는 해결책을 모르는 상태에서 출발하여 해결책을 얻으려고 노력하는 활동이다. 문제가 해결되지 않은 경우라도 그 활동은 개인의 창의적인 노력이라고 보아야 한다는 것이다. 그 과정에서 많은 실수의 과정과 맞지 않는 해결책을 이끌어 낼 수 있다. 어쩌면 창의적인 노력은 맞지 않는 해결책을 도출하는 것을 전제로 하고 있다고 해도 과언은 아니다. 많은 실수의 과정을 통해 맞는 해결책을 도출하는 것이 연구의 과정이기 때문이다. 오히려 창의적인 노력의 관점에서 본다면 맞는 해결책의 도출보다는 그것을 이끌어 내기 위한 수많은 실패의 과정이 더 위대하다고 할 수 있다. 아인슈타인이 연구 과정에서 99번은 틀리고 100번째가 되어서야 비로소 맞는 답을 얻었다고 한 것은 그 과정에 창의적인 노력을 했다고 평가한 것이다.

우리나라의 지폐의 인물은 그들의 뛰어난 업적의 결과가 국민들로부터 존경을 받았기 때문에 도안된 것이다. 인물의 면면을 생각할 때 성공의 결과만을 평가의 대상으로 삼았다는 생각이다. 뛰어난 업적을 이루기 위한 실패의 과정이 중시된 모습은 생각할 수 없기 때문이다. 지폐에 들어간 인물들의 도안을 볼 때 자칫 성공한 결과만을 강조하는 잘못된 인식을 확산시킬 수 있다. 물론 결과로의 뛰어난 업적을 가진 인물들이 지폐의 인물 도안으로 손색은 없다. 그러나 성공한 결과만을 사회적으로 인정할 경우 성공한 인물만이 최고의 삶의 가치라는 문제가 생길 수 있다. 경쟁과 적대감이 심한 오늘날에 성공적인 결과를 위해 많은 실패를 맛보는 연구자들이 박탈감을 가질 수 있다. 과정에 충실했던 것도 업적으로 인정돼야 한다.

최근 미국은 20달러 지폐 앞면 모델을 앤드루 잭슨 전 대통령(7대)에서 노예 출신이며 흑인 여성 인권운동가인 해리엇 터브먼(1822~1913)으로 변경한다고 발표했다. 미국 화폐 모델로 흑인 여성이 등장한 것은 역사상 처음이다. 언론에 의하면, 흑인 여성 터브먼은 노예농장에서 탈출한 뒤 남부의 다른 노예들을 북부로 탈출시키는 일을 도왔다. 그래서 '흑인들의 모세'로 불린다. 터브먼은 남북전쟁 후에도 흑인 인권과 여성 참정권 운동을 계속했다. "죽을 때까지 자유를 위해 싸우겠다"는 명언도 남겼다고 한다. 미국은 뛰어난 업적의 소유자보다는 노예 해방의 과정에 열정적으로 참여한 사람을 화폐의 모델로 삼은 것이다. 우리나라 지폐의 인물 도안의 상징성은 개인적, 사회적으로 큰 영향력을 갖는다. 이제는 과정만은 충실했던 인물도 성공한 인물과 같이 지폐에 모델로 들어가야 한다. 수많은 실패의 과정이 더욱 창의적인 노력으로 인식될 것이다.

성공한 리더는 독서가다
신성석 지음 / 에이지21

1. 들어가기

책 읽는 당신의 모습이 가장 아름답다는 말이 있다. 사람은 책을 만들고 책은 사람을 만든다는 말도 있다. 모두 독서가 자기계발의 효과적인 방법임을 강조하는 의미다. 한국마이크로소프트 유재성 대표이사는 이 책 추천의 글에서 다음과 같이 말한다. "최근 러시아는 '독서 시간이 줄면 국가 경쟁력이 약해진다'는 캠페인을 하고 있다. 러시아의 주당 독서 시간은 7.1시간으로 세계 7위에 올라 있지만, 지난 17년간 40% 이상 독서 시간이 감소했기 때문이다. 우리나라의 독서 시간은 어떤가? 주당 3.1시간이다. 러시아의 절반도 안 되는 독서 시간으로 OECD 국가 중에서 하위권으로 나타났다. 독서라는 행위는 개인의 자기계발의 수단이지만, 책을 통해 아이디어를 습득하고 그것을 다른 사람과 공유하는 중요한 기능을 한다." 결국 개개인의 독서활동이 결국에는 회사와 국가의 경쟁력을 키워 주는 초석이 된다는 얘기다.

이 책은 독서에 대한 얘기를 소설형식을 취하고 있다. 대부분의 책이 설명 위주로 돼 있다면 이 책의 소설형식은 읽기에 편한 느낌을 준다. 독서에 대한 거부감이 드는 딱딱한 글을 소설의 힘을 빌려 정감 있게 표현하고 있다. 주인공 김 팀장은 가정과 회사의 일에 있어 여러 갈등을 겪지만 독서를 통한 극복을 이룬다. 그 극복은 한 인간의 치열한 노력이라는 점에서 아름답기까지 하다. 이 책의 저자는 '독서는 왜 해야 하나?'라는 화두를 던진다. 성공을 위해서? 성공에 대한 정의가 개인마다 다르다. 물질적, 정치적, 정신적인 측면에서 이 책은 소소한 일상을 중심으로 독서의 중요성을 제시한다. 그 범위는 회사와 가정을 넘지 않는다. 우리들이 얘기일 수 있다는 점에서 친근감 있게 의미가 다가온다. 독서를 통해 행복한 가정과 회사생활을 하는 사람이 성공한 리더라는 점에서 우리들의 얘기가 되는 셈이다.

2. 제시문 읽기

"오늘 정말 배운 것이 많네. 서점 아동코너에 사람들이 그렇게 많은지 몰랐어. 은혜 교육에도 좋을 거고. 앞으로 자주 서점에 가야겠어.", "그러게요. 저도 아는 사람을 통해서 아동전집을 샀었는데 이렇게 한 권 한 권 사주는 게 은혜에게 더 좋겠어요. 은혜도 책 읽는 게 좋은지 독서를 많이 하고요. 아마 아빠의 영향을 받아서 앞으로 책 많이 읽을 거예요.", "그런가, 하하. 나야 읽은 지 얼마 되지도 않는데. 그래 벌써 오십 권 정도 읽었네. 생각보다 많이 읽었어.", "퇴근 후에도 읽고 주말에도 읽고 해서 그런가 보네요. 아무튼 당신이 독서하면서 우리 집 분위기가 학구적으로 바뀐 거 알죠?" 아내는 남편을 바라보면서 입가에 미소를 짓는다. 그동안의 아내와의 갈등을 잊은 채 김 팀장도 덩달아 미소 짓는다. 아무리 생각해도 일과 가정을 행복하게 변화시킨 건 독서라는 생각이 든다. "S사 스카우트 건은 못 간다고 해야겠어. 당신 말대로 지금 회사에서 함께 열심히 일하는 게 더 보람될 것 같거든."

3. 생각하기

1) 독서가 아이에게 좋은 이유는 무엇인가?
2) 김 팀장이 아내와 사이가 좋아진 이유는 무엇인가?
3) 김 팀장이 일과 가정을 행복하게 변화시킨 것은 무엇인가?
4) 김 팀장이 S사 스카우트 건은 못 간다고 한 이유는 무엇인가?

4. 논제 만들기

제시문은 생활 속에서의 독서의 효과를 말하고 있다. 이를 바탕으로 김 팀장의 독서에 대한 관점과 그 효용성을 일상 속의 독서의 입장에서 제시하고, 오늘날 학문 연구를 위한 전문적인 독서도 중요하지만, 생활 속에서의 독서의 중요성에 대해 사례를 들어 자신의 생각을 논술하시오. (1,000자 내외)

5. 답안 쓰기

제시문의 김 팀장은 화목한 가정생활을 누리고 있음을 알 수 있다. 김 팀장의 독서에 대한 관점은 일상 속에서의 독서로, 그 효용성은 가족 간의 의사소통의 회복으로 나타났다. 김 팀장은 아내와의 일상에 대해 대화가 많아졌고, 공감하는 부분까지 생겼다. 독서를 매개로 한 대화가 배려까지 만들어 낸 셈이다. 바로 일상 속의 독서의 힘이다. 김 팀장의 학문적 탐구가 목적인 독서가 아닌 일상 속에서의 독서이기에 가능했던 것이다. 학문적 탐구인 독서는 전문성을 바탕으로 하고, 일상 속의 독서는 일상성을 바탕으로 한다. 전문성은 개인적이고 일상성은 전체적이다. 소소한 일상에 대한 정서의 공유는 전체성에서 나온다. 일상 속에서의 독서의 힘이다. 그동안 아내는 은혜를 낳으면서 직장을 접고 전업주부로서 육아에만 관심이 있었다. 김 팀장도 아내와의 의사소통이 소원한 상태였기에 대화의 회복은 더욱 소중하다. 일상 속의 독서의 힘은 무한하다. 가족을 이해하고 배려하는 힘으로 작용한다.

독서의 힘은 김 팀장이 직접 방문한 서점의 '아동도서'에서 찾을 수 있다. 김 팀장이 서점에서 직접 산 아동도서는 인터넷으로 산 것보다 그 감동의 가치가 높다. '아동도서'는 김 팀장의 독서에 대한 열정을 단적으로 표현한다. 생활 속의 독서는 현장감에서 찾을 수 있다. 만약 아는 사람이나 인터넷에서 샀다면 그 감동은 축소됐을 것이다. 김 팀장의 정성에 아내도 마음을 열고 공감하는 대화가 이루어진 것이다. "그런가 보네요."라는 아내의 맞장구가 그렇다. 다른 사례로는, 자녀에게 책을 사주는 것도 중요하지만 직접 읽어주는 것도 의미가 크다. 독서에 대한 열정과 정성이 '읽어주는 것'의 다른 행동으로 확대되고 심화됐기 때문이다. 아내의 독서에 대한 공감과 인정은 김 팀장의 꾸준한 독서의 습관으로 직결된다. 김 팀장은 S사의 스카우트 건도 당당하게 거절한다. 김 팀장의 스카우트 거절은 회사에 대한 무한 애정에서 비롯된다. 무한 애정의 유지는 생활 속의 독서가 주는 당당함이며 효용성이다.

불타는 투혼
이나모리 가즈오 지음 / 양준호 옮김 / 한국경제신문사

1. 들어가기

이 책의 저자 소개란에 다음과 같은 글이 있다. 이나모리 가즈오는 일본 교세라 창립자이며 세계적인 기업가다. 살아있는 '경영의 신'으로 불린다. 일본에서 가장 존경받는 경영자 중의 한 사람이다. 마쓰시다 고노스케(파나소닉 창업자), 혼다 소이치로(혼다 창업자)와 함께 일본의 3대 기업가로 꼽힌다. 그는 실적 저하의 원인을 경제 상황이나 시장 동향 등 외부 환경에 돌리지 않고, 위기를 극복의 핵심은 그것을 극복하고자 하는 강한 의지와 용기임을 일깨운다고 한다. '불타는 투혼'이 필요하다고 역설한다. 적자에 허덕이던 일본공항(JAL)을 살려낸 것도 불타는 투혼이었다. 그가 던지는 불타는 투혼의 메시지는 적자에 허덕이는 한국기업에도 유효하다. 불타는 투혼의 의미는 무엇일까? 분노로 뭉쳐진 투혼이다. 그는 "경영자는 격투기를 할 때와 같은 투혼이 필요하며, 무슨 수를 써서라도 기업을 강하게 만들겠다는 마음가짐으로 투혼을 불태워야 한다"고 역설한다.

일본항공을 살린 경영경험을 바탕으로 저자의 경영철학을 이 책에서 제시하고 있다. 기업경영을 근시안적인 표층적인 부분에만 초점을 맞춰 단기적인 성과에만 집착하는 국내외 기업에 던지는 메시지다. 불타는 투혼은 기업의 불황 국면을 성장 기회로 바꿀 수 있다는 신념을 준다. 옮긴이는 이나모리 가즈오의 핵심 메시지를 다음과 같이 언급하고 있다. "첫째, 경영자는 전 직원과의 끈을 불황일수록 더 튼튼히 묶어야 한다. 둘째, 경비란 경비는 모두 삭감해야 한다. 셋째, 불황일수록 임직원 전원이 모두 영업에 임해야 한다. 넷째, 불황 국면일수록 신제품과 신상품을 적극적으로 개발해야 한다. 기업은 불황에 직면하게 되면 위축된 경영을 하게 되는데 이럴 때일수록 중·장기적인 관점이 필요하다는 것이다. 이나모리 가즈오의 경영철학인 불타는 투혼! 개별적인 합리성, 단기적인 관점에서 이윤 극대화를 추구하는 기업에 정문일침(頂門一鍼)이 될 것이다.

2. 제시문 읽기

자신이 정한 목표를 어떻게든 달성하는 것이 불타는 투혼의 하나하고 한다면, 그것은 예컨대 마라톤과 같이 먼저 자신에게 승리해야 하는 스포츠 세계와 닮았다. 바르셀로나 올림픽 때 교세라의 여자 육상경기부 선수가 출전해 5위에 입상한 일이 있었다. 때마침 유럽 출장 중이었기에 나도 경기장을 찾아가 관전하며 응원했다. 잠시 후의 인터뷰에서 그녀는 "목표가 8위였는데 5위로 들어와 기쁘다"고 대답했다. 그 말을 듣고 나는 이해할 수 없었다. 엄청난 가능성을 갖고 있던 것을 생각하면 아쉽다는 느낌도 들었다. 경영자에 대해서도 마찬가지 이야기를 할 수 있다. 젊은 시절, 청년회의소 모임 같은 곳에서 동료 경영자들과 이야기를 나눌 기회가 있었다. 그중 실적이 신통치 않은 사람에게 말을 걸어보면, "뭐, 별일 아니야. 괜찮아"라며 적당히 얼버무리려고 한다. '불언실행(不言實行)'이라는 말이 있다. 말로 내세우지 않고 실행한다는 뜻이다. 그러나 불언실행이라는 것은 속임수가 가능하다. 무엇도 약속하지 않았으므로 나중에 가서 "8위가 목표였다"고 말할 수 있는 것이다. 만약 "금메달을 따겠다"고 약속했더라면 "죄송합니다. 노력이 부족했습니다"라고 변명해야 할 텐데 말이다.

3. 생각하기

1) 불타는 투혼은 무엇을 말하는가?
2) 마라톤의 사례가 주는 핵심은 무엇인가?
3) 마라톤 선수와 경영자의 공통점은 무엇인가?
4) 경영자가 가져야 할 불타는 투혼은 무엇인가?

4. 논제 만들기

제시문은 마라톤 선수를 사례로 들어 경영자의 투혼을 강조한 글이다. 마라톤 선수를 통해 암시한 불타는 투혼을 제시하고, 이를 바탕으로 특히 실패한 경영자가 가져야 할 경영관에 대해 사례를 들어 자신의 생각을 논술하시오. (1,000자 내외)

5. 답안 쓰기

마라톤 선수를 통해 암시한 불타는 투혼은 실패를 극복하기 위한 치열한 정신이다. 치열한 정신은 분노에 가깝다고 해야 옳은 말이다. 마라톤 여자 선수가 치열한 분노 정신을 지녔다면, 승리를 위해 투혼을 불태워 힘겨운 연습에 몰두해 왔다고 한다면 인터뷰에서, "금메달을 따고 싶었는데 5위로 들어와 정말로 아쉽고 분하다"고 말해야 했다. 여기서 아쉽고 분한 마음은 다음 경기에서 실패를 극복할 수 있는 동기로 작용한다. 아쉬움과 분노는 자기 자신에 대해 아쉬워하고 분노하는 것으로 앞으로 자신과의 싸움을 치열하게 하겠다는 의지로 해석할 수 있다. 제시문에서 그녀는 분노를 보이지 않고, 인터뷰에서 "목표가 8위였는데 5위로 들어와 기쁘다"고 대답했다. 그녀는 5위가 별일 아니라는 식의, 자신마저 속이는 행위였던 것이다. 운동선수는 사력을 다하겠다는 불타는 투혼이 분노로 전달될 때 감동을 느끼게 된다. 투혼은 자기 자신과의 싸움이며 자신을 이길 때 진정한 승리자가 된다.

실패한 경영자에게 어떤 경영관이 필요할까? 여기서 경영관은 분노로 뭉쳐진 투혼으로 보는 것이 적절하다. 실패를 극복하고자 하는 분노로 생각할 때 의미는 적절하다. 제시문에서 실패한 젊은 경영자들은 대부분 "별일 아니야. 괜찮아"라고 얼버무린다. 그러나 "좀 더 매출을 올려서 남들 이상으로 이익을 내고 세금도 많이 내고 싶었어. 그런데 생각과 달리 잘 안 되더라. 생각해 보면 참으로 분한데, 내년에는 다시 한 번 나사를 바짝 조이고 힘을 내려고 해"라고 하면 어떨까? 분노로 뭉쳐진 투혼이다. 사례로, 한국 축구 국가대표를 들 수 있다. 몇 년 전 선수들의 유니폼에 '투혼(鬪魂)'이라는 글이 선명히 새겨져 있었다. 붉은색의 상의 유니폼은 선수들의 '분노의 투혼'의 색깔로 해석하면 어떨까? 분노의 투혼 때문인지 그 후 축구 선수들의 성적은 승승장구하는 것으로 나타났다. 축구 국가대표들은 자신과의 싸움에서 분노의 투혼으로 승리했다. 바로 경영자들이 투혼을 명심해야 한다.

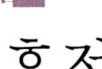

흔적
차인태 지음 / FKI미디어

1. 들어가기

나이 40대 이상은 차인태 아나운서를 기억한다. 그는 1969년 MBC 아나운서로 입사한 후 1998년 제주문화방송 대표이사로 퇴임하기까지 30년간 대한민국의 대표 아나운서로 방송현장을 누빈 사람이다. 특히 MBC 문화방송의 '장학퀴즈'를 진행한 사람 하면 차인태 아나운서를 떠올린다. '차인태=장학퀴즈'인 셈이다. 그는 자신이 진행한 '장학퀴즈'에 대해 "내가 1973년 2월에서 1990년 4월까지 17년 2개월 동안 진행한 '장학퀴즈'는 한 시대를 풍미했던 문화 아이콘이자, 21세기 대한민국을 움직이는 인재들의 요람으로 지금 이 순간에도 진화, 발전하고 있는 대한민국 방송 최초, 최고의 인재육성 프로젝트다. 그러나 1973년 2월 28일 '장학퀴즈'가 처음 전파를 타던 날까지만 해도, 이 프로그램이 한국 방송 사상 최장수 기록을 세우며 기네스북에 오르리라 예상한 사람은 아무도 없었다"고 말한다. '장학퀴즈'에 대한 차인태 아나운서의 애정과 자부심의 표현이다.

차인태가 제시하는 아나운서의 덕목은 '역사의식'이라고 말한다. 이데올로기 갈등, 계층 갈등 속에 자신도 모르게 편향된 생각이 생길 수도 있고, 프로그램 진행, 제작 과정에 개인의 주관이 영향을 미칠 수도 있다는 것이다. 그러나 아나운서라면 철저하게 중립을 지켜야 한다는 것으로, 판단은 언제나 청중이나 시청자의 몫이라는 것이다. 역사의식이 부족한 아나운서는 프로로 인정받기 어렵다는 것이다. 차인태의 역사의식은 요즘 방송에 출연하는 방송인들에게 시사점을 준다. 요즘 왜

곡된, 빈약한 역사인식으로 논란을 일으키는 방송인을 볼 때 차인태의 말은 교훈으로 다가온다. 또한 차인태 아나운서는 스스로에게 엄격할 필요가 있다고 말한다. 공인과 개인, 방송 말과 사적인 대화는 분명 다르기 때문이다. 차인태는 30년의 아나운서 방송생활의 기본 원칙은 '불가근불가원(不可近不可遠)'이다. 가까이하기도 멀리하기도 어렵다는 말이다. 자신에게 엄격했던 차인태도 이 원칙이 깨진 경우가 있었다. 다음의 제시문을 보자.

2. 제시문 읽기

30여 년의 방송생활을 통해 지키고 싶었던 몇 가지 원칙이 있다. 그중 하나가 '불가근불가원(不可近不可遠)', 방송을 통해 만난 사람과는 일정한 거리를 둔다는 원칙이다. 출연자와 진행자의 관계는 너무 소원할 필요도 없지만, 너무 가까워져도 문제다. 불필요한 사적인 정에 휘둘리기 쉽기 때문이다. 내가 생방송이나 녹화가 끝난 다음 출연진과 차 한 잔, 밥 한 끼 정도는 함께해도, 2차는 절대로 가지 않는 이유도 거기에 있다. 그런데 이런 원칙을 깨뜨린 사람이 있다. 한국의 슈바이처, 장기려 박사다. '행복한 사람' 장기려 박사는 스스로 그렇게 불렀다. 자기 분수에 벗어나는 말씀이나 행동도 절대 하지 않았다. 이런저런 일로 내가 부산에 들를 때마다 '서울에서 귀한 손님이 왔다'며 식사를 대접했는데, 따라가면 늘 허름한 백반집이었다. 백반집의 소박한 밥상을 마주하고 앉은 장기려 박사는 이렇게 말했다. "참, 감사한 일이야. 차 선생이 왔기 때문에 이렇게 반찬 많은 집에서 밥도 한 번 먹어보고." 그런 그를 사람들은 '바보의사 장기려'라고 부르기도 했다. 가난한 환자의 치료비를 자신의 월급으로 대신 내준 일, 입원비를 낼 여력이 없는 환자를 몰래 도망치게 해준 일 등 '바보의사 장기려' 박사의 일화는 수없이 많다.

3. 생각하기

1) 저자의 장기려 박사에 대한 핵심 내용은 무엇인가?
2) 장기려 박사가 '바보의사'로 불린 직접적인 이유는 무엇인가?
3) 장기려 박사가 스스로 '행복한 사람'이라고 한 이유는 무엇인가?
4) 저자가 장기려 박사에게만 '불가근불가원'의 원칙을 어긴 이유는 무엇인가?

4. 논제 만들기

제시문은 장기려 박사에 대한 회고를 담은 글이다. 장기려 박사가 '바보의사'라고 불린 이유를 구체적으로 제시하고, 오늘날 이런 글이 감동을 주는지 그 이유를 구체적으로 밝히고 그에 대한 자신의 생각을 논술하시오. (1,000자 내외)

5. 답안 쓰기

장기려 박사가 '바보의사'로 불린 이유는 의사의 본분에 충실했기 때문이다. 의사의 본분은 '봉사정신(奉仕精神)'이다. 의사(醫師)의 사전적 의미는 일정한 자격을 가지고 병을 고치는 것을 직업으로 하는 사람이다. 의사는 환자의 병만 고친다는 직업을 떠나서 사회적으로 또 다른 본분이 요구된다. 고귀한 생명의 치료는 돈을 떠난 '봉사정신'이 필요하다는 것이 사회적 합의다. '의사=봉사'라는 등식이 우리들의 뇌리에 이해되는 이유다. 장기려 박사는 의사 본분에 충실한 외과 의사다. 제시문에 의하면, 가난한 환자의 치료비를 자신의 월급으로 대신 내준 일, 입원비를 낼 여력이 없는 환자를 몰래 뒷문으로 도망치게 해준 일 등 '바보의사' 장기려 박사의 일화는 수없이 많다고 한다. 여기서 일화는 봉사정신을 의미한다. 차인태 아나운서는 '바보의사' 장기려 박사에 대한 감동으로 가득 차 있다. 방송 30년 동안 지켜온 차인태 아나운서의 '불가근불가원(不可近不可遠)'의 원칙이 깨진 이유다. 차인태 아나운서의 감동의 원천은 장기려 박사의 '바보의사'에서 비롯된다.

　오늘날 의사들은 국민들로부터 오해를 받고 있다. 일부 의사들 때문이겠지만 의사들의 본분을 잃었다는 것이다. 언론에 의하면, "대표적 비인기과인 외과와 흉부외과, 비뇨기과 등은 올해도 역시 지원자가 크게 적었다. 반면 성형외과, 피부과, 영상의학과 등 인기과는 지원율이 최상위권이었다"고 한다. 어떤 전문가는 "내과는 병원에서 심장이 멈추는 환자가 생기면 가장 먼저 달려가는 의사입니다. 그 의사가 줄었다는 건 병원도 안전할 수 없다는 게 여실히 드러나는 겁니다. 전공의 쏠림 현상을 줄일 수 있는 적극적인 지원책이 요구됩니다"라고 말했다. 의사들의 특정과 기피현상의 원인으로 열악한 근무환경을 꼽을 수도 있지만, 수입의 저하도 한 원인이 됐을 것이다. 요즘 우리들이 간혹 감동을 느낄 때가 있다. 내과 의사 등이 의료 취약지역인 아프리카 등으로 무료봉사를 떠나는 뉴스를 접할 때다. 의사의 본분은 봉사라고 보기 때문이다. 무료봉사를 떠나는 의사를 '바보의사'라고 부를 수 있을 것이다. '바보'는 의사의 본분인 봉사정신의 표현이다. 장기려 박사가 의료 봉사의 원조인 셈이다.

예술과 상상력
홍병선 외 7명 지음 / 생각쉼표

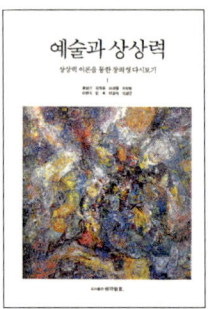

1. 들어가기

일반적으로 상상력은 사물이나 현상을 마음속으로 그려보는 힘이나 이미지를 형성하는 심적 능력 혹은 감성과 오성(悟性)을 매개하는 능력으로 이해할 수 있다. 상상력은 인간의 사유능력에서 본질적인 능력으로 본다. 교육에서도 상상력은 매우 중요한 교육적 가치로 내세운다. 인간의 상상력은 창의력으로 이어지고 창의력은 최고의 지적 수준으로 이해된다. 창의력이 중시되는 이유는 창조, 창작, 발견, 발명, 고안 등과 관련이 있기 때문이다. 이 책은 대학의 전공 수업에서 '예술과 상상력'이라는 주제로 학생들과 세미나를 실시한 것에서 비롯됐다고 한다. 즉, '예술과 상상력'이라는 주제에 대한 각자의 관심에 따라 그 이론적 근거를 마련하기 위한 의도로 집필됐다고 한다.

이 책의 〈예술에서 '상상력'이 갖는 의미〉 부분은 예술 분야에 대한 상상력의 의미를 구체적으로 다루고 있다. 전제 조건인 상상력이 예술에서 어떤 역할을 수행하며 또 어떤 관계가 있는지 탐구하고 있다. 일반적으로 상상력이라는 말은 예술적 창조성, 과학적 발견이나 발명, 혹은 독창성 등을 의미하는 경우가 많다. 상상력은 자의적 공상과는 구별된다. 상상력이 발휘되는 것은 감성의 영역 내에 포착된 감각자료에 대한 재구성이기 때문이다. 결국 예술은 상상력의 소산이다. 상상력은 경험 외적인 방식을 통해 경험된 것을 재구성하는 능력이라는 점에서 예술의 모든 구성성분들을 통일시키고 다양한 요소들을 하나로 융합하는 힘인 것이다.

2. 제시문 읽기

과학자와 예술가는 그 상상(image) 활동에 있어서 차이가 난다. 과학자의 상상 활동은 실재(reality)나 법칙의 발견, 그리고 이론의 수립에 주안점을 둔다는 점에서 객관성과 보편성에 초점이 맞추어져 있는 반면, 예술가들은 그들 스스로의 감정, 사상, 가치 등과 관련된 상상이라는 점에서 '예술만을 위한 상상'이라는 특징을 갖는다. 이와 같이 상상 활동의 주체에 따라 상상이 갖는 성격의 차별성을 갖는 것으로 이해할 수 있다. 말하자면 그것이 적용되는 방식과 목표에 따라 차별성을 갖는다는 의미를 반영한다. 그렇지만 상상력이 갖는 기능적인 측면에 있어서는 어느 누구나 동일한 방식으로 작용한다고 볼 수 있다. 인간의 사고 수행에 있어 공통적이고 가장 핵심적인 능력임에 분명하다. 그렇다면 인간 사고의 가장 본질적인 능력 가운데 하나가 상상력이다.

3. 생각하기

1) 과학자와 예술가의 상상력의 차이점은 무엇인가?
2) 과학자와 예술가의 상상력의 공동적 측면은 무엇인가?
3) 상상력이 인간에게 핵심적인 능력임이 분명한 이유는 무엇인가?
4) 상상력이 인간에게 때로는 비합리적, 신비적인 이유는 무엇인가?

4. 논제 만들기

제시문은 상상력에 대한 내용을 다루고 있다. 이를 바탕으로 과학자와 예술가의 상상력에 대한 차이점과 공통점을 제시하고, 그 사례로 오늘날 '달에 토끼가 살고 있다고 상상하는 것'에 대한 긍정적인 측면에서 자신의 생각을 논술하시오. (1,000자 내외)

5. 답안 쓰기

　과학자의 상상 활동은 객관성과 보편성에 초점이 맞추어져 있는 반면, 예술가들은 주관성과 특수성에 기반을 두고 있다. 과학자는 흑백의 이론을 통한 하나의 진리를 탐구하려 하고, 예술가는 자신의 개성과 열정으로 다양한 진리를 표현한다. 여기서 진리는 아름다움일 수 있고 삶의 진실일 수도 있다. 과학자와 예술가의 관점에 따라 하나의, 또는 다양한 측면에서 진리를 발견되고 표현된다. 그런 점에서 과학자는 실재(reality)나 법칙의 발견으로, 예술가는 '예술만을 위한 상상'이라는 특징을 갖는다. 과학자와 예술가의 상상 활동에 대한 공통점은 상상 활동이 인간의 사고 수행에 있어 가장 핵심적인 능력, 인간 사고의 가장 본질적인 능력이라는 것이다. 그런데 과학자와 예술가의 상상 활동에 서로 융합(融合)을 시도한다면 그 발생되는 효과는 어떠할까.

　그 사례로 오늘날 '달에 토끼가 살고 있다고 상상하는 것'에 대한 결과는 적절해 보인다. 얼핏 생각하기에 과학이 발달한 오늘날 '달에 토끼 운운'하는 것은 비합리적이고 신비적인 느낌을 준다. 그것은 하위 인식으로 생각된다. 과학적으로 접근한 하나의 진리만 찾을 때 생기는 느낌이다. 그러나 예술가는 다양한 진리를 추구하기에 '달에 토끼 운운'은 다양한 창조적 사고의 원천이 될 수 있다. 그런데 '하나의 진리'와 '다양한 진리'는 인간의 정신활동을 포괄하는 총체적인 능력에 포함되는 진리가 된다. 단지 진리를 근경과 원경으로 본 결과의 차이일 뿐이다. 그런 점에서 대상에 대한 총체적인 정신활동을 얻기 위해서는 과학자와 예술가의 상상 활동에 대한 융합이 필요하다. 다른 대상 간의 융합은 +가 아닌 ×로 나타난다. 통합(+)이 아닌 융합(×)의 결과는 실로 엄청나다. 오늘날은 융합의 시대다. '달에 토끼가 살고 있다고 상상하는 것'은 상상력의 복권(復權)이라는 측면에서 유용하다.

한복 입은 남자
이상훈 지음 / 박하

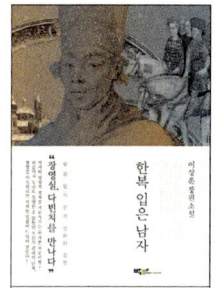

1. 들어가기

　작가는 세종대왕의 영화를 준비하면서 장영실에 대한 이상한 사건을 접하게 됐다고 말한다. 조선왕조실록에 1442년 장영실이 가마를 잘못 설계했다는 이유로 곤장을 맞고 퇴출되었다는 내용이 그것이다. 장영실은 세종의 총애를 받으며 승승장구하였는데, 고작 가마를 잘못 설계했다는 이유로 파직을 당했다는 것은 누구나 쉽게 이해하지 못할 것이다. 작가의 관심은 이 내용으로부터 시작하여『한복 입은 남자』라는 많은 분량의 장편소설을 쓰게 된 이유가 된다. 누구나 알고 있듯이, 15세기 조선은 세계 최고 수준의 과학기술을 지니고 있었는데, 그 중심에 천재 과학자 장영실이 있었다. 기생의 아들인 노비 장영실은 당시 엄격한 신분사회에서 종3품 대호군에 이르기까지 승승장구했던 이유가 된다. 장영실은 자격루, 측우기 등을 만들고 갑자기 역사의 무대에서 사라진 이유가 이 소설의 중심 내용이다.
　이 소설은 장영실이 설계했다는 기계 그림들이 바로 레오나르도 다빈치의 스케치 그림과 비슷하다는 사실에 바탕을 두고, 장영실과 다빈치의 만남에 초점을 맞춘다. 도르래의 원리를 이용한 기중기와 다연발 로켓의 원리, 물시계, 비차의 모형도에 이르기까지 기록에 남은 설계 그림들이 묘하게도 다빈치의 스케치 그림과 유사했던 것이다. 작가는 상상한다. 혹시 장영실이 조선에서 사라진 뒤 유럽으로 건너간 것은 아닐까? 장영실과 동시대 사람이었던 명나라의 항해가 정화대장의 배를 타고 장영실이 유럽으로 건너간 것은 아닐까? 다빈치의 제자였던 1607년 루벤스가 그린『한복 입은 남자』그림의 모델은 장영실이 아닐까? 그 그림의 모델은 조선의 남자가 조선의 복식인 한복을 입고 있지 않은가? 작가는 상상의 날개를 넓게 펴며 이야기를 흥미진진하게 이끌고 있다. 조선의 천재 과학자 장영실은 머릿속의 생각을 시각화하는 뛰어난 재능으로 최고의 과학자 반열에 오른 사람이다.

2. 제시문 읽기

"걱정 말고 기다려 보십쇼." 영실은 잠시 기다리라는 말을 뱉어 놓고는 부리나케 노방으로 뛰어 들어갔다. 잠시 후 영실이 서너 뼘쯤 되는 종이 한 장을 들고 사또의 아들 앞으로 달려왔다. 사또의 아들이 눈을 휘둥그레 뜨고 물었다. "이게 무어냐? 이건 그림이 아니냐?" 정체를 알 수 없는 그림이었다. 수레바퀴를 닮은 원형의 나무들이 축을 중심으로 회전하도록 돼 있었는데, 둥근 원의 바깥에 움푹 파인 홈들이 일정한 간격으로 나 있었다. "이건 무자위라고 하는 건데 이것만 있다면 가뭄으로 타 들어가는 백성들의 들녘에 어느 정도는 물을 댈 수 있을 것입니요. 속히 황산강(지금의 낙동강)과 인접한 마을마다 사람을 보내서 설계도대로 무자위를 만들도록 주청하시지요." "이걸 만들어서 무얼 하게?" 사또의 아들이 설명을 다 듣고도 엉뚱한 질문을 뱉었다. "백성의 시름을 덜어 주기 위해섭니요."

3. 생각하기

1) 장영실이 만든 것은 무엇인가?
2) 장영실이 만든 무자위의 기능은 무엇인가?
3) 장영실이 무자위를 만든 목적과 이유는 무엇인가?
4) 장영실은 먼저 그림을 그린 후 무자위를 만든 이유는 무엇인가?

4. 논제 만들기

제시문은 조선조 장영실이 무자위를 발명하는 내용이다. 이를 바탕으로 장영실이 무자위를 개발하는 과정에서 보이는 사고의 독창성을 제시하고, 오늘날 '비주얼 씽킹+논술 학습법'과 관련지어 어떤 부분에서 관련을 맺는지 자신의 생각을 논술하시오. (1,000자 내외)

5. 답안 쓰기

제시문에서 장영실은 어린아이의 입장에서 무자위를 개발하기 위한 과정을 보여주고 있다. 특히 장영실은 어린아이로서 무자위를 만드는 개발하는 과정에서 독특한 사고의 발상을 보여 주고 있다. 무자위는 낮은 곳의 물을 보다 높은 곳의 논과 밭으로 올리는 농기구를 말한다. 비록 자신의 친구인 사또의 아들에게 설명해주는 것이지만, 먼저 무자위를 그린 '그림'부터 제시한다는 것이다. 여기서 장영실의 무자위를 그린 그림은 오늘날 설계도와 비슷한 것이다. 그런데 조선조의 장영실이 그린 무자위의 그림은 사진과 비슷한 구체적인 것으로 사또 아들의 관심을 불러일으키기에 손색이 없었다. 그런데 사또의 아들은 무식하여 "이걸 만들어서 무얼 하게?"라고 말할 정도로 무자위의 기능을 쉽게 알아차리지 못한다. 어린이 장영실은 기회가 주어질 때마다 자신이 구상한 작품을 먼저 그림으로 제시하려 한 것이다.

오늘날 머릿속의 생각을 시각화하는 교수 학습법을 비주얼 씽킹(Visual Thinking)이라고 한다. 여기에 논술을 융합하면 비주얼 씽킹+논술 학습법이 된다. 그 과정은 '1) 〈질문하기〉 2) 〈그리기〉 3) 〈살펴보기〉 4) 〈발견하기〉 5) 〈공유하기〉 6) 〈논술하기〉'로 진행된다. 2) 〈그리기〉는 주제에 해당하는 그림을 감성적으로 접근하는 스케치로, 주로 우뇌의 작용을 통한 딱딱한 머리를 부드럽게 해준다. 4)의 발견하기는 자신이 그린 그림을 통해 나만의 생각과 관점을 발견하는 것이다. 대상에 대한 자신의 독창성을 표현하는 중요한 단계가 된다. 6) 〈논술하기〉는 그림으로 그리면서 형성된 내용을 원고지에 논리적인 글을 쓰는 것이다. 논술의 과정은 좌뇌와 관련된 것으로 논리성을 중시한다. 그런 까닭에 학생들이 직접 논술을 쓰면 어려워하고, 그림을 먼저 그리고 논술을 쓰면 우뇌의 작용으로 시작되어 쉽게 글을 쓰게 된다. 조선조의 천재 과학자 장영실이 시도했던 학습방법이다.

선시 깨달음을 읽는다
이은윤 지음 / 동아시아

1. 들어가기

이 책의 표지에 '선시(禪詩) 깨달음을 읽는다'가 쓰여 있다. 그렇다면 선시는 눈이 아닌 마음으로 읽어야 한다는 것이다. 오늘날 선시, 선서화(禪書畵)란 말이 널리 사용되고 있다. 그만큼 방황하는 현대인들에게 선시는 마음의 깨달음을 얻는 데 중요한 역할을 한다. 선시에서 시라는 예술 창작은 '심미(審美)'가 그 핵심이다. 심미란 대상을 통해 아름다움을 살펴 찾는다의 의미다. 선(禪)도 미학적 관점에서 삼라만상에 대한 심미다. 시와 선의 심미는 욕망을 대동하지 않는 초월적, 비공리적 활동이다. 그런 점에서 이 책은 선시를 통해 일체 욕망을 떠난 무아(無我)의 경지로 들어가 현실 속의 자아분열과 자아모순이 초래하는 고통으로부터 해방시키고자 쓰여졌다고 한다. 총 13편의 선시를 통해 불교의 진여(眞如)의 세계를 보여 주고 있다.

이 책의 작가는 '디자인과 색깔 같은 감수성을 소비하는 오늘의 시대는 선과 시에서 많은 것을 얻을 수 있을지도 모른다. 그래서 평소 관심이 많았던 선시를 한번 되새겨 보았다'고 말한다. 이 책에 제시된 지지선사의 〈단칸 초옥〉 선시를 보자.

'높은 산꼭대기 한 칸 초옥 / 노승이 반 칸, 구름이 반 칸을 차지하고 산다. / 지난밤 구름이 몰고 와 휘몰아치고 간 풍우의 급함은, / 끝내 노승의 한담자적과는 다르다.'

이 선시는 높은 산꼭대기에서 한가로이 홀로 지내는 노승의 풍경을 표현했다. 초옥에 찾아오는 사람 없이 오직 흰 구름만 오간다. 지난밤 풍우의 빠름이 산을 더

푸르게 했지만, 노승의 한담자적(閑談自適)이 더 값지다는 것이다. 한담자적은 노승의 한가로움과 자자적함을 말한다. 오늘날 현대인들은 자연 속에서 한담자적을 꿈꾼다. 우리들도 선시를 통해 먼저 한담자적을 느껴봄이 어떨까.

2. 제시문 읽기

긴 낚싯대 드리우니

화정선자

긴 낚싯대 곧장 아래로 드리우니
한 물결 일렁이자 일만 물결이네
고요한 밤 물이 차가워 고기는 입질 않고
텅 빈 배에 밝은 달빛만 가득 싣고 돌아오네

당나라 때의 선승 화정선자의 선시이다. 고금의 선객들이 지향하는 깨달음의 경계가 잘 그려진 시로, 불교가 그토록 갈구하는 깨침의 미학을 대표하는 게송 중 하나이다. 서리가 내리는 달 밝은 가을밤에 낚시를 한다. 포물선을 그으며 낚싯줄이 물 위로 떨어진다. 낚시 추가 수면 위로 한 점을 찍어 물결의 동심원을 그리자 수없는 물결이 뒤따르며 파문을 일으킨다. 파문이 가라앉을 때까지는 그저 수면만을 바라볼 뿐이다. 깊은 밤은 적막한데 고기는 입질이 없다. 어부는 애초부터 고기에는 마음이 없었다.

3. 생각하기

1) 이 선시의 시적 분위기는 어떠한가?

2) 이 선시가 제시하는 주제는 무엇인가?

3) 이 선시에서 보여 주는 불교의 깨달음은 무엇인가?

4) 이 선시에서 '고기가 입질이 없다'는 의미는 무엇인가?

4. 논제 만들기

제시문은 당나라 때의 선승인 화정선자의 선시이다. 이 선시에서 보이는 불교적인 주제의식을 감상과 함께 제시하고, 오늘날의 현대인들이 선시를 읽을 때 어떤 점에서 깨달음을 가질지에 대하여 자신의 생각을 논술하시오. (1,000자 내외)

5. 답안 쓰기

이 선시는 담백하고 그윽하며 고요하고 한가한 선취가 느껴진다. '긴 낚싯대 곧장 아래로 드리우니'에서 '곧장'은 대상에 대한 무념무상(無念無想)을 드러낸다. 아무 생각 없이 화자가 낚시에 몰입하는 모습이다. '한 물결 일렁이자 일만 물결이네'는 낚시 추가 수면 위에 떨어지자 강에 수많은 물결의 동심원이 생기는 것을 표현한다. 화자에게 낚시 추에 따라 일렁이는 물결처럼, 일파만파의 번뇌 망상이 생겼음을 암시한다. '고요한 밤 물이 차가워 고기는 입질 않고'는 차가운 가을 강의 모습을 통해 주객일체의 고요한 심정을 표현한다. 화자는 세속적 탐욕을 벗기 위한 낚시가 아니라 세속적 탐욕을 초월하기 위한 낚시를 할 따름이다. '텅 빈 배에 밝은 달빛만 가득 싣고 돌아오네'는 이 선시의 주제를 제시한다. 바로 휘황찬란한 달빛을 통해 텅 빈 충만의 세계를 주제로 제시한다. 공즉시색(空卽是色) 색즉시공(色卽是空)의 세계다.

오늘날 대부분 현대인들은 세속적 탐욕에 젖어있다. 고기를 많이 잡기 위해 낚시를 하는 꼴이다. 이기심이 가득한 현대인들은 번뇌 망상에 정신이 피폐해지고 있다. 우선 '깊은 밤의 정적'이 아닌 '세속의 소음' 속에서 '위대한 고독감'이 아닌 '저열한 승리감'에 도취돼 있다. 그런 점에서 우리 현대인들은 선시에서 제시하는 속인의 태를 초월하고 위대한 고독감을 통해 우리에게 깨끗한 삶의 모습을 깨달아야 한다. 선시를 통해 깨달은 사람은 속세를 초월하여 홀로 살면서도 결코 외롭거나 초라하지 않다. 오히려 자연과 더불어 맑은 삶을 추구하며 소생의 원기를 회복한다. 선시의 마지막 구절인 '텅 빈 배에 밝은 달빛만 가득 싣고 돌아오네'를 통해 '텅 빈 충만'을 깨달아야 한다. 텅 비었을 때 비로소 충만감을 느끼는 세계를 경험해야 한다. 현대인들은 선시를 통해 예술적 심미를 회복해야 한다. 예술적 심미는 객관 사물의 감성 형태를 관찰해서 주체의 정감에 일치시키는 것이다. 바로 선시의 깨달음이다.

비유는 나의 힘
김경한 지음 / 지식과 감성

1. 들어가기

"그 사람은 한겨울의 따뜻한 난로 같은 사람이야, 편하게 만나 봐." 이 책 머리말의 첫 내용이다. 그 사람의 성격이나 경력, 업적에 대해 이런저런 말을 많이 들었지만, 결국 머리에 남은 것은 '따뜻한 난로'라는 말뿐이었다고 한다. 그 사람의 모든 것을 '따뜻한 난로'가 모두 감각적으로 기억시켜 주고 있다. 비유를 들어 묘사한 그의 이미지는 그대로 필자의 머릿속에 첫인상으로 남았다고 한다. 비유가 갖는 힘이다. 이 책의 머리말의 내용을 좀 더 인용하면, '특히 정보를 전달하거나 상대방을 설득해야 하는 일에 종사하는 사람들은 수많은 비유를 접하고 또 사용한다. 비유는 이성과 감성을 모두 아우르는 결정적인 한 방으로 작용할 때가 많다' 의식적으로 비유를 소통의 도구로 사용할 때 우리도 자신감을 가질 수 있다는 얘기다.

이 책은 1) 생각의 바다에 떠운 항공모함, 비유 2) 비유는 생각보다 가까이 있다 3) 리더들의 비유 4) 기사 제목의 필수 아이템, 비유 5) 비유와 친해지자 6) 골라 쓰는 비유 표현 7) 비유의 확장으로 구성돼 있다. 그중에서 '7) 비유의 확장' 부분의 내용을 인용해 보자.

그녀는 갖고 싶은 화장품이 있었다. 그러나 화장품 가격 24만 원을 부담할 수 없어 망설이던 그녀에게 매장 직원은 "이 제품은 24만 원인데 이번에 행사대상이어서 12개월 할부가 가능해요. 한 달에 2만 원씩만 부담하면 돼요." 그래도 계속 망설이던 그녀에게 매장 직원은 "한 달에 2만 원이면 일주일에 커피 한 잔 덜 마신다고 생각하시면 돼요."라고 말하자 그녀는 화장품을 구입하게 되었다. 여기서 '일주일에 커피 한 잔'이라는 말이 엄청난 힘을 가진 비유가 된다.

2. 제시문 읽기

제26회 청룡 영화제에서 여배우들의 드레스나 아이돌 스타의 축하공연을 모두 제치고, '너는 내 운명' 영화의 주인공 황정민 씨의 남우주연상 수상 소감이 핫 이슈로 떠올랐다.

"저한테도 이런 좋은 상이 오는군요. 하나님께 감사드립니다. 전 항상 사람들에게 그래요. 일개 배우 나부랭이라구. 왜냐면 60여 명이나 되는 스태프들이 멋진 밥상을 차려 놔요. 그럼 저는 맛있게 먹기만 하면 되는 거거든요. 제가 한 거는… 이 여자(트로피) 발꼬락 몇 개만 떼어 가면 제 것 같아요. 스텝들한테, 감독님한테 너무너무 감사드려요. 그리고 항상 제 옆에 있는 것만으로도 저를 설레게 하고 현장에서 열심히 할 수 있게 해 준 전도연 씨한테 너무너무 감사드려요. 도연아! 너랑 같이 연기하게 된 건 나한테 너무 기적 같은 일이었어! 고마워! 그리고 지금 지방에서 공연하고 있는 황정민의 운명인 집사람한테 이 상을 바치겠습니다."

3. 생각하기

1) 황정민의 수상 소감의 핵심 내용은 무엇인가?
2) 황정민의 수상 소감이 핫 이슈로 떠오른 이유는 무엇인가?
3) 황정민의 수상 소감이 내용적 측면에서 감동을 준 이유는 무엇인가?
4) 황정민의 수상 소감이 표현적 측면에서 감동을 준 이유는 무엇인가?

4. 논제 만들기

제시문은 감동을 준 황정민의 남우주연상 수상 소감이다. 황정민의 수상 소감의 표현적 측면에서 감동을 준 이유를 구체적으로 제시하고, 오늘날 대화나 글쓰기에서 왜 그런 표현이 필요한지 자신의 생각을 논술하시오. (1,000자 내외)

5. 답안 쓰기

황정민의 청룡 영화제 남우주연상 수상 소감은 참석자들로부터 큰 박수를 받았다고 한다. 시상식이 끝난 후에도 '황정민의 밥상 수상 소감'이라는 제목으로 많은 사람들로부터 회자되었다고 한다. 단순히 영화배우 황정민의 수상 소감을 두고 왜 이런 많은 찬사가 쏟아질까. 그것은 황정민의 수상 소감의 표현이 '비유(比喩)'를 통해 구체적으로 이루어졌기 때문이다. 황정민의 수상 소감에서 많은 비유를 발견한다. 우선 '나부랭이'를 들 수 있다. 나부랭이는 통상적으로 사람이나 직책을 낮추어 말할 때 쓰인다. 즉, 황정민 자신을 나부랭이로 표현한 그는 스태프들의 영화 연출 무대를 '밥상'에 비유했다. 또한 자신의 연기를 '먹는다'라는 행위로 표현했는데, 거기서도 '맛있게'라는 표현을 더했다. 자신의 기여도를 수상 트로피의 '발꼬락 몇 개'로 비유하여 겸손을 드러냈고, 연기한 동료에게도 '나에게는 기적 같은 일'이라며 영광을 돌렸다. 자신의 집사람에게는 '너는 내 운명'이라는 영화 제목을 빗대어 '황정민의 운명'이라고 표현했다. 비유를 통한 감동을 이루었다.

비유는 어떤 현상이나 사물을 직접 설명하지 아니하고 다른 비슷한 현상이나 사물에 빗대어서 설명하는 일이다. 문학용어 사전에 의하면, 비유는 일상 언어와 문학 작품에서 두루 사용되지만 주로 순수한 시와 산문에서 비유는 더욱 의식적, 예술적이며 훨씬 더 미묘하게 사용되어 강한 지적, 정서적 효과를 낸다고 한다. 오늘날 현대인들은 정신적으로 삭막하다. 정치인들의 막말이 판치고 청소년들의 욕설은 늘어 간다. 오늘날 비유를 통한 대화나 글쓰기가 필요한 이유다. 비유는 상대방에 대한 배려와 예의를 갖춰 말할 수 있게 하는 표현법도 된다. 오히려 적절한 비유의 활용은 유머를 통한 효과적인 의사소통의 수단이 된다. "내가 국민에게 줄 수 있는 것은 피와 수고, 눈물, 땀밖에 없다. 우리의 정책이 무엇이냐고 묻는다면 바다와 땅과 하늘에서, 하느님이 내게 주신 모든 능력을 동원해 싸우는 것이라고 대답할 것이다." 적절한 비유로 1940년 영국 국민에게 감동을 준 처칠의 연설 내용이 있다.

몽유도원

권정현 지음 / 예담

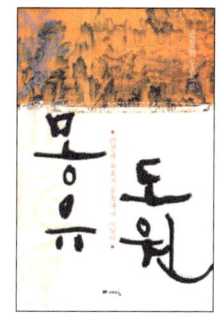

1. 들어가기

이 책은 몽유도원도와 관련한 장편소설이다. 몽유도원도는 안평대군의 꿈을 그린 안견의 그림이다. 작가는 안견의 몽유도원도를 대하고 쉽게 보지 못했던 기괴한 절경이었으며, 몽유도원도(夢遊桃園圖)라 휘갈겨 쓴 안평의 글씨는 복숭아 다섯 알이 놓인 듯 색감과 향기가 흘렀다고 말한다. 작가에게 몽유도원도는 감동의 극치였던 것이다. 몽유도원도에는 안평대군이 이 그림이 천년 동안 유지되길 기원하는 찬문이 전한다. 안평대군의 바람대로 몽유도원도는 숱한 전란과 세월의 풍파 속에서도 아직도 건재하다. 신비로운 그림이다. 『한국미의 재발견』이란 책에 의하면, "몽유도원도는 소요나 혼란으로부터의 해방을 추구하는, 원시림이나 피안으로의 도피 혹은 은둔과 같은 소극적인 개념도 아니다. 오늘을 사는 우리 현대인이 상실한, 그러나 동양이 이룩한 최고의 미적 가치인 '고요의 미학'이 무엇인지를 보여 주는 것이다"라고 제시한다. 여기서 고요의 미학은 모든 것이 고요하다는 의미는 아니다. 몽유도원도가 고요한 듯 고요하지 않은 모습이기에 '미학'이 붙었을 것이다. 바로 이 소설의 '보이되 보이지 않는 곳까지 포함한'의 내용과 관련된다.

2. 제시문 읽기

죽탄을 쥔 채 안견은 구도를 머릿속에 그렸다. 그러나 구도가 잡히지 않았다. 안견은 상상의 화면을 둥글게 말아 끝과 끝을 연결했다. 특별한 구도가 없으나 전체가 하나의 구도로써 균형을 이루는 그림, 하나의 공간이 아닌 다중의 공간, 보이되 보이지 않는 곳까지 포함한, 몽환적이면서도 때론 사실적인, 하나의 정지된 화면이 아니라 시간의 흐름을 압착한, 시작과 끝이 또한 하나로 연결된 그림이 머리에 스쳐 갔다. 꿈속이되 꿈이 아니요, 안평의 꿈이되 가난한 세상 백성들의 꿈이기도 한, 일찍이 그려진 바 없는 한 풍경, 그 풍경 속으로 너무도 선명한 길 한줄기가 꾸불거리며 계곡을 기어올랐다. '길을 먼저 그려야 한다. 바람을 멈추고 물이 흐르는 장풍득수의 명당을, 그곳으로 향하는 한 줄기 외길. 풍경은 길을 따라 자연스럽게 열리리라.'

3. 생각하기

1) 안견의 몽유도원도는 어떤 모습을 하고 있는가?
2) 안견은 어떤 마음과 사상으로 몽유도원도를 그렸는가?
3) 안견은 몽유도원도를 그리면서 어떤 점에 중점을 두었는가?
4) 안견은 몽유도원도 통해 궁극적으로 느끼고자 하는 것은 무엇인가?

4. 논제 만들기

제시문에서 안견이 몽유도원도를 그리기 위해 가장 중점을 두었다고 생각되는 부분을 찾아 제시하고, 안견이 왜 그런 마음을 가졌는지 그에 대한 자신의 생각을 논술하시오. (500자 내외)

5. 답안 쓰기

'몽환적이면서도 때론 사실적인, 시작과 끝이 또한 하나로 연결된, 꿈속이되 꿈이 아니요, 안평의 꿈이되 가난한 세상 백성들의 꿈이기도 한' 안견이 몽유도원도를 그리면서 중점을 둔 부분이다. 두 가지의 대립적인 현상이 하나로 통합된 그림이다. 신비스러운 느낌을 주는 이유다. 안견이 안평대군의 꿈을 바탕으로 한 몽유도원도는 보는 이에 따라 감상이 달라질 수 있다. 몽유도원도에서 다중적인 의미를 추출할 수 있는 이유다. 안평대군의 꿈이 그림의 중심이겠지만 보는 사람에 따라 자신의 꿈이 될 수도 있다는 의미다. 그렇다면 안평대군의 꿈이 다른 사람들을 대표하여 역설적으로 표현된 것이다.

몽유도원도는 안견의 그림이자, 안평대군의 그림이요, 세상 사람들의 그림이 될 수 있는 이유는 무엇인가? 그것은 안견의 천재적인 능력일 수 있지만 바로 세상을 규정하는 안견만의 독특한 안목에서 찾아야 할 것이다. 안견은 안평대군의 꿈이 자신의 꿈이 될 수 있고 모든 세상 백성들의 꿈이 될 수 있게 하기 위해 몽환적(꿈속)이면서도 사실적(현실)으로 몽유도원도를 그렸기 때문이다. 세상 사람들의 꿈과 현실이 중첩된 중간항을 그림으로 표현된 것이다. 모든 인간의 보편적 정서인 꿈과 현실의 갈등이 내재돼 있다. 몽유도원도가 영원한 생명을 얻은 이유다. 바로 몽유도원도의 참모습이다.

워털루 전투
빅토르 위고 지음 / 고봉만 옮김 / 책세상

1. 들어가기

나폴레옹에 대한 평전이 예수 평전 다음으로 많다고 한다. 나폴레옹이 전쟁의 위대한 영웅, 천재라고 인식되는 이유다. 나폴레옹을 평가할 때 워털루 전쟁을 빼놓을 수 없다. 1815년 6월 엘바섬에서 탈출한 나폴레옹 1세가 이끈 프랑스군이 영국, 프로이센 연합군과 벨기에 남동부 워털루(Waterloo)에서 벌인 전투로, 프랑스군이 패배하여 나폴레옹 1세의 지배가 끝나게 되는 결정적인 사건이었다. 그런 전쟁인 만큼 나폴레옹의 워털루 전쟁 패배에 대한 많은 논란이 존재한다. 논란과 영웅의 필연적 관계를 볼 때 나폴레옹은 진정한 영웅인 셈이다.

워털루 전투는 '박빙의 승부', '극적인 반전'이 있었다고 한다. 전쟁의 신이라 불리던 나폴레옹이 패배한 워털루 전투가 오늘날 우리에게 분명하게 기억된다. 워털루 전투는 영국군의 웰링턴보다 프랑스의 나폴레옹이 더 유명한 전투다. 승자보다 패자가 더 유명한 이른바 역설이 존재한다. 역설의 발생은 바로 나폴레옹에 대한 많은 논란이 존재하기 때문이다. 단순히 워털루에 비가 와서 나폴레옹이 웰링턴에게 졌다는 것은 많은 사람들이 수용하지 않으려 한다. 나폴레옹을 전쟁의 신(神)으로 생각한다. 영웅과 논란의 관계는 과연 필연적인가?

2. 제시문 읽기

워털루 전투의 패배에서 나폴레옹은 어느 정도의 실수를 범한 것일까? 과연 그 난파의 책임은 키잡이에게 있었던가? 나폴레옹의 몸이 이 시기에 쇠약해진 것은 사실이지만 그렇다고 당시에 그가 정신적으로 약해져 있었던 것일까? 20년의 전쟁이 칼집과 칼날을 모두 무디게 만들었듯, 육체와 마찬가지로 정신도 소모시킨 것일까? 이 비범한 장군에게도 유감스럽게도 노병(老病)의 기운이 나타나기 시작했던 것일까? 한마디로 저명한 역사가들 다수가 믿는 바와 같이 이 천재도 기운이 다해가고 있었던 것일까? 그는 자신의 쇠약을 스스로 감추기 위해 광란에 빠진 것일까? 모험심 때문에 정신이 혼미해진 것일까? 위험을 의식하지 못하는, 군사를 거느리는 우두머리에게 치명적인 상태에 이른 것일까? '행동의 거인'이라 부를 수 있는, 객관적으로 실재하는 그 위대한 인물에게도 천재성이 근시안적이 되는 나이가 있는 것인가?

3. 생각하기

1) 나폴레옹이 위대한 이유는 무엇인가?
2) 나폴레옹에 대한 많은 논란이 생기는 이유는 무엇인가?
3) 나폴레옹에 대한 역사가들의 평가가 다른 이유는 무엇인가?
4) 나폴레옹에 '천재, 위대한'이 자주 붙는 주된 의미는 무엇인가?

4. 논제 만들기

제시문의 내용은 워털루 전투에서 패한 나폴레옹에 대한 많은 논란을 제시하고 있다. 전쟁의 천재인 나폴레옹에 대한 많은 논란이 생기는 이유를 제시하고, 그에 대한 사례를 들어 자신의 생각을 논술하시오. (500자 내외)

5. 답안 쓰기

위대한 영웅의 행위는 많은 논란이 따른다. 워털루 전투에서 패한 나폴레옹도 마찬가지다. 특히 당시 영국군을 상대한 프랑스군의 전략적 실책에 대해 논란이 많다. 나폴레옹이 몸 상태가 좋지 않아 네 원수에게 지휘를 맡겼다는 설도 그 하나의 사례에 속한다. 그렇다면 나폴레옹에 대해 많은 논란이 생기는 이유는 무엇인가? 흔히 나폴레옹을 전쟁의 신(神)이라고 평한다. 워털루 전투에서 단순히 비가 와서 패했다는 것은 나폴레옹이라는 영웅에 비추어 상식적으로 맞지 않는다. 영웅의 격에 맞는 또 다른 요인이 있을 것이라는 추측한다. '영웅은 영웅다울 것이다'가 무의식적으로 지배한다는 것이다.

이순신 장군의 죽음이 그 대표적인 사례에 속한다. 이순신은 23전 23승의 가장 위대한 장군으로 불리고, 성웅이라는 극존칭도 애용된다. 이순신에게 성웅에 어울리는 죽음에 대한 논란이 존재한다. 전사설(노량해전에서 왜군의 총탄에 전사함), 자살설(자살하기 위해 일부러 전사함), 은둔설(측근들과 상의한 후 탈출하여 16년간 운둔함)이 그것이다. 일반적으로 영웅의 죽음은 그 호기심 때문에 쉽게 미화된다. 그 방법 중 하나는 영웅의 죽음이 미스터리로 남아 논란을 증폭시키는 것이다. 영웅이기에 논란이 생기고 논란이 생기기에 영웅인 셈이다. 논란은 영웅의 생명에 영속성을 갖는다.

다빈치가 그린 생각의 연금술
신동운 지음 / 스타북스

1. 들어가기

우리는 천재를 언급할 때 우선 레오나르도 다빈치를 떠올린다. 다빈치의 천재성은 시공간을 초월하여 오늘날까지 다양한 업적에서 재발견되고 있다. 그 바탕에는 그의 '모나리자', '최후의 만찬' 같은 명화가 자리 잡고 있다. 또한 다빈치는 오늘날 시대적 화두인 통합, 융합적 사고를 한 최초의 선구자다. 그는 그림뿐만 아니라 수학, 물리학, 천문학, 식물학, 해부학, 지리학, 토목학, 기계학, 군사학, 건축학 등을 융합하여 업적을 이룩한 천재다. 그 바탕에는 다빈치만의 왕성한 호기심과 상상력이 있었다.

오늘날은 다빈치 같은 천재들을 기다리고 있다. 그와 같은 위대한 업적을 이룰 사람이 아니라 호기심과 상상력을 지닌 사람을 원한다는 것이다. 호기심은 상상력을 이루는 출발선이다. 대상이나 현상을 경직된 관점으로 인식하는 것이 아니라 놀이처럼 즐길 때 호기심이 유발되는 것이다. 바로 '놀면서 즐기는 것'이 다빈치가 가진 핵심적 삶의 가치였다. 다빈치는 대상을 호기심으로 대하고 상상을 통해 생각을 하여 마지막으로 창조라는 놀라운 작품을 완성하였다. 만약 당신이 호기심과 상상력을 지녔다면 천재, 남이 아닌 자신일 수 있다.

2. 제시문 읽기

21세기의 핵심 가치, 천재성의 기본인 상상력을 키우면 한여름 베짱이처럼 평생을 살 수 있을 것이다. 일도 즐기면서 노는 것처럼 하라. 그러니 우선 놀아라. 일할 때도 노는 것처럼 즐기면서 하라. 그럼 항상 놀 수 있을 것이다. 그야말로 닥치는 대로 놀 수 있는 것. 으레 잘 놀 줄 아는 사람이 일을 잘하는 법도 알고 있다. 열정적으로 놀듯이 열정적으로 일하라. 이 방법이 상상력을 키우는 우선적 마인드이다. 흔히 천재들은 세상 만물에 관심이 많다. 바로 호기심인 것이다. 이 호기심이야말로 천재의 업적을 만들어낸다. 천재들은 일생 동안 모든 것에 강한 호기심을 나타낸다고 한다. 평생 끊임없는 호기심으로 모든 것에 질문이 많고, 나름의 해답을 내놓는다. 천재는 항상 세상과 대화하며, 우주에 대한 해답을 내놓으려 하고, 어떤 방식으로든 이 세상 만물과 질문과 대답을 통해 자신을 나타낸다.

3. 생각하기

1) 21세기의 핵심 가치는 무엇인가?
2) 21세기는 베짱이처럼 살아야 하는 이유는 무엇인가?
3) '놀듯이 열정적으로 일하라!'의 진정한 의미는 무엇인가?
4) '호기심'이 천재들의 업적을 만들어내기에 중요한 이유는 무엇인가?

4. 논제 만들기

21세기의 핵심적 가치는 상상력이라 할 수 있다. 호기심, 상상력과 천재들의 관계를 설명하고, 그런 관점에서 삶의 가치 창조를 위한 방법에 대한 자신의 생각을 논술하시오. (500자 내외)

5. 답안 쓰기

'배가 고픈 베짱이가 겨울이 되자 개미의 집을 방문하게 되었는데, 아무리 문을 두드려도 개미가 나타나지 않았다. 들어가 보니 개미가 죽어 있었는데, 바로 사인은 과로사였다.' 이 유머는 오늘날 우리들에게 많은 시사점을 준다. 21세기의 삶은 베짱이처럼 놀면서 살아가야 한다는 것이다. 여기서 '논다'는 의미는 일을 노는 것처럼 즐기면서 한다는 것을 말한다. 일과 놀이의 관계가 융합된 삶은 인간의 삶의 가치를 높일 것이다. 제시문에 따르면 이런 사람을 천재라고 하고, 그들은 호기심을 바탕으로 무한한 상상력을 즐긴다는 것이다. 천재들은 호기심, 상상력을 바탕으로 일을 놀이처럼 즐기는 사람이다.

21세기의 삶의 가치 창조를 위한 방법은 무엇이 있을까? 여러 방안이 있겠지만, 우선 현대인들이 대상이나 상황에 대한 고정관념을 깨는 것이 중요하다. 고정관념은 중독성이 있어서 시간과 공간의 변화를 읽어내지 못하게 한다. 고정관념은 시대적 화두에 어울리지 못하고 삶에 대한 인식에 획기적 변화가 없는 경우다. 넓은 의미의 천재들은 엄청난 업적을 이룩한 비상한 사람이 아니라 호기심, 상상력을 바탕으로 삶을 살아가는 사람이다. 고정관념만 깬다면 누구나 천재가 될 수 있다는 얘기다. 그렇다면 오늘날 '게으름'을 어떻게 볼 것인가? 만약 긍정적으로 본다면 당신은 천재가 될 것이다.

남자의 물건

김정운 지음 / 21세기북스

1. 들어가기

이 책은 이어령, 차범근, 조영남의 물건을 본 적이 있는가 묻는다. 『남자의 물건』은 작가가 오래전부터 구상했던 것으로, 한국 사회가 왜 이렇게 힘들고 복잡한가에 대한 고민에서 출발했다고 한다. 작가가 진단하는 한국 사회의 문제는 불안한 결국 한국 남자들의 문제다. 남자들의 심리적인 불안감, 적에 대한 적개심, 분노를 통한 자신의 존재감 확인 등이 한국 남자들이 갖는 문제라는 것이다. 이를 극복하기 위해서는 남자들의 물건이 필요하다고 작가는 제시한다. 여기서 남자의 물건은 물건을 통해 매개된 자신만의 이야기(스토리텔링)를 만들자는 것이다.

이 책은 유명인 열 명을 인터뷰하고 그분들 각자가 펼쳐놓은 자신만의 물건 이야기를 담고 있다. 이어령의 책상, 신영복의 벼루, 차범근의 달걀 받침대, 문재인의 바둑판, 안성기의 스케치북, 조영남의 안경, 김문수의 수첩, 유영구의 지도, 이왕종의 면도기, 박범신의 목각 수납통 등의 이야기가 흥미진진하다. 이 남자들의 물건은 자신들에게 분신과 같은 존재로 특별한 이야기를 담고 있다. 심리학에서 사람에게 그 어떤 것과 자신을 동일시하는 것은 존재 유지의 필수 조건이라고 말한다. 소외된 남자에게 남자의 물건은 자신의 정체성을 확보해 주기 때문이다.

2. 제시문 읽기

이어령의 서랍은 엉망이다. 대부분의 사람들은 서랍을 깨끗하게 정리하고 자물쇠로 채워둔다. 그의 서랍은 사정이 많이 다르다. 거의 쓰레기통 수준이다. 책상에서 사용하다가 책상 아래 책장이나 서가의 책장으로 넘어가지 않는 것들은 죄다 서랍행이다. 가끔 서랍을 뒤지다 보면, '도대체 내가 왜 이 물건을 여태 가지고 있지' 하는 것들이 대부분이다. 오래된 노트북 가방과 연결선은 보통이고, 이미 버려진 기기의 사용설명서들로 그의 책상 서랍은 가득 차 있다. 서랍에서 새 배터리를 찾는 일은 그에게 매번 반복되는 리추얼이다. 새 배터리를 갈아 끼울 때, 사용한 배터리는 바로 버려야 하나, 그냥 새것들과 섞어 놓는다. 나중에 새것과 사용한 것을 구분하지 못해 일일이 배터리를 끼워본다. 작동하면 사용하고, 작동하지 않으면 다시 끼워 넣는 일을 반복한다. 그래도 가끔 보석처럼 귀중한 자료가 나오기도 한다.

3. 생각하기

1) 이어령의 책상의 모습은 어떠한가?
2) 이어령에게 책상은 어떤 역할을 하는가?
3) 이어령의 책상이 일반인의 책상과 다른 점은 무엇인가?
4) 이어령의 풍부한 창조력과 책상과의 관계는 필연적인가?

4. 논제 만들기

이어령의 책상은 일반인의 책상과 서랍의 내용물은 사뭇 다르다. 일반인들의 책상과 다른 모습과 내용물이 이어령에게 어떤 의미가 있는지 제시하고, 그에 대한 자신의 생각을 논술하시오. (500자 내외)

5. 답안 쓰기

우리는 이어령을 최고의 지성으로 표현한다. 풍부한 상상력을 바탕으로 한 많은 저술과 강의가 지금도 회자되고 있다. 풍부한 상상력은 바로 창의력으로 이어지는 법, 그의 저술 대부분이 새로운 관점으로 접근한 독창성이 뛰어난 작품이다. 요즘에는 통합, 융합에 관심이 많아 그에 관한 책을 쓰기도 했다. 이어령의 책상이 일반인의 초미의 관심사가 되는 이유다. 책상은 그 사람의 독창적 사유체계를 이루고 자신의 존재를 확인하는 기본적 도구이다. 최고의 지성이라는 이어령이 아낀다는 책상은 더욱 그렇다. 그런 점에서 이어령의 책상은 무엇인가 달라도 많이 다르다는 것이 일반인의 생각이다.

우선 이어령의 책상은 골동품을 쌓아놓은 모습이다. 서랍은 쓰레기통 수준이라는 것이다. 헌 것을 버리지 못하고 새 것과 섞어 놓은 모습은 일반인들을 당혹하게 만든다. 그러나 이어령은 평소 학문적 통합과 융합에 많은 관심을 가지고 저술과 강연 활동을 많이 했다. 융합은 서로 다른 것이 섞여서 새로운 가치를 창출하는 것이다. 그렇다면 이어령의 서랍의 내용물은 시공간을 초월한 모든 것이 섞인 물건이기에 이어령에게는 융합학문을 평소 생활로 실천하는 것이 아닐까? 자신의 지성적 정체성을 책상에서 확인한 것이다.